Beiträge der Fritz Reuter Gesellschaft
Band 20

Literatur aus dem Ostseeraum und der Lüneburger Heide

Herausgegeben im Auftrag
der Fritz Reuter Gesellschaft

von Christian Bunners, Ulf Bichel
und Jürgen Grote

HINSTORFF

Die Deutsche Bibliothek verzeichnet diese Publikation in der Deutschen Nationalbibliografie; detaillierte bibliografische Daten sind im Internet über http://dnb.ddb.de abrufbar.

© **Hinstorff Verlag GmbH, Rostock 2010**
Lagerstraße 7, 18055 Rostock
Tel. 0381 / 4969-0
www.hinstorff.de

Alle Rechte vorbehalten. Reproduktionen, Speicherungen in Datenverarbeitungsanlagen, Wiedergabe auf fotomechanischen, elektronischen oder ähnlichen Wegen, Vortrag und Funk – auch auszugsweise – nur mit Genehmigung des Verlages.

1. Auflage 2010

Herstellung: Hinstorff Verlag GmbH
Druck und Bindung: Stadtdruckerei Weidner GmbH, Rostock
Printed in Germany
ISBN 978-3-356-01368-9

INHALT

Vorwort 7

Hans Wißkirchen
Buddenbrooks – ein pathetischer Roman? 10

Barbara Scheuermann
„Dat is nu Allens so as dat is." Fritz Reuter im Kommentarband
zu Thomas Manns *Buddenbrooks* 21

Klaus Lüders
Auf den Spuren Fritz Reuters in Lübeck 35

Irmtraud Rösler
Lubece – aller Steden schone. Mittelniederdeutsch als lingua franca
in Nordeureopa 45

Wolfgang Brandes
Vom fliegenden Holländer und dem Einsiedler von Juan Fernandez.
August Freudenthals Beschäftigung mit maritimen Stoffen 59

Barbara Scheuermann
Erinnerungsort Gravelotte. Zur Wahrnehmung des Deutsch-
Französischen Krieges 1870 / 71 in der zeitgenössischen
niederdeutschen und hochdeutschen Literatur 74

Renate Drefahl
„Jeder Schritt, den wir gehen, führt über eine unsichtbare Schwelle."
Das Fischland in den Romanen, Erzählungen und Aufsätzen
Käthe Miethes 101

Jürgen Manthey
Ratte und Schwan: Der Dichter Günter Grass lässt sein
Wappen nicht ändern 121

Dieter Stellmacher
Das Niederdeutsche als literarisches Gestaltungsmittel bei
Siegfried Lenz und Walter Kempowski 130

Anja-Franziska Scharsich
„Tatsächliche Erfindungen" – Uwe Johnsons Mecklenburg und
das Literaturhaus „Uwe Johnson" in Klütz 139

Wolfgang Mahnke
Hei wier wiss un wohrhaftig bi mi 149

Lienhard Böhning, Stellvertretender Stadtpräsident der
Hansestadt Lübeck
Grußwort 152

Helmut Wischmeyer, Stellvertretender Direktor der Gesellschaft zur
Beförderung Gemeinnütziger Tätigkeit, gegr. 1789, Lübeck
Grußwort 154

Verzeichnis der Autoren und Herausgeber 156

Bildnachweis 160

Vorwort

Eine gemeinsame Tagung der Fritz Reuter Gesellschaft, Neubrandenburg, und der Freudenthal-Gesellschaft, Soltau, in Lübeck-Travemünde ist die Grundlage für die Beiträge des vorliegenden Bandes. Ein Sinn solcher gemeinsamen Tagungen ist es, dass sich die Beteiligten einander vorstellen, dabei den Horizont erweitern und sich auf ihre Eigenart besinnen. Der Gedanke an den Partner fördert dabei kritischere Selbstbetrachtung. Daneben ist es naheliegend, den Ort der Veranstaltung zu berücksichtigen, besonders wenn er so bedeutungsträchtig ist wie Lübeck. Unter diesen Umständen ist es verständlich, wenn für eine solche Tagung recht divergierende Beiträge angeboten werden, für die sich kaum ein gemeinsamer Bezugspunkt ergibt. Dennoch hat sich im vorliegenden Fall ungesucht ein solcher ergeben, der sich aus der Aufgabenstellung der beteiligten Gesellschaften und der kritischen Selbstbefragung herleitet. Dieser Bezugspunkt ist der Begriff „Heimat", der bei regional verankerten Autoren wie Fritz Reuter und den Brüdern Freudenthal gar zu leicht als Abstempelung und Erledigung benutzt wird. Bei kritischer Betrachtung eröffnet er aber überraschend viele und nicht selten widersprüchliche Perspektiven, die zusammen ein komplexes, spannungsreiches Bild ergeben. Eben das ist bei den vorliegenden Aufsätzen der Fall.

Der Tagungsort Lübeck(-Travemünde) ist Ansatzpunkt für die erste Gruppe der hier vorgelegten Arbeiten, und dabei ist es naheliegend, zunächst auf Thomas Mann einzugehen. Allerdings kann im ersten Beitrag, in dem Hans Wißkirchen pathetische Situationen in Thomas Manns von ironischer Haltung geprägtem Roman *Buddenbrooks* herausarbeitet, nur in übertragenem Sinne von ‚Heimat' die Rede sein. Jedoch pathetisch erscheinen hier gerade Augenblicke, in denen Personen, die sonst – selbstentfremdet durch ihre Rolle in der Gesellschaft – nur ihre Bestimmung erfüllen, vorübergehend zu ihrem eigentlichen Selbst oder – anders gesagt – „heim" finden. – Auch Barbara Scheuermann befasst sich mit Thomas Mann und speziell mit den *Buddenbrooks*, aber ihr geht es um das Verhältnis Manns zu Fritz Reuter; sie kommt damit zu dem Namengeber der einen literarischen Gesellschaft, die die Tagung ausgerichtet hat. Fritz Reuter hat erklärtermaßen zu Thomas Manns Vorbildern gehört, was aber in der so ausgedehnten Literatur über ihn bisher fast nicht untersucht worden ist. Barbara Scheuermann weist einige überzeugende Spuren Reuters in Manns Lübeck-Roman nach, speziell auch beim Einsatz lokal gebundener Spracherscheinungen, insbesondere des Plattdeutschen (das landläufig gern mit „Heimat" zusammengebracht wird), und sie zeigt damit ein weites Feld für die Forschung auf. – Klaus Lüders wendet sich dann Fritz Reuters persönlichem Verhältnis zu Lübeck zu, wobei es auffällig ist, dass hier nicht zuletzt Freunde eine Rolle spielen, die in Lübeck eine zweite Heimat und berufliche Wirkungsmöglichkeit gefunden haben, nachdem sie ihre eigentliche Heimat aus politischen Gründen hatten verlassen müssen. – Ganz der Stadt Lübeck gilt der Beitrag von Irmtraud Rösler, und zwar deren Geschichte als „Haupt der Hanse", wobei diese Stadt nicht nur mit ihrem Handel, ihrem Recht und ihrem Baustil, sondern nicht zuletzt mit ihrer mittelniederdeutschen Sprache zur bestimmenden Größe im ganzen europäischen Norden geworden ist.

Die zweite Vortragsgruppe ist auf die Brüder Freudenthal, die Namengeber der zweiten beteiligten Literaturgesellschaft gerichtet. Deren literarisches Wirken bezog sich vor allem auf ihre Heimat, die bis dahin missachtete Lüneburger Heide. Aber beide hier gedruckten Beiträge entziehen sich gerade diesem Thema. Wolfgang Brandes befasst sich mit „zwei literarischen Ausflügen auf See" des schon früh als „Heidedichter" benannten August Freudenthal, bei denen es um Gestalten geht, die ihre Heimat verloren haben, nämlich um Robinson Crusoe und den fliegenden Holländer. Brandes betrachtet dabei kritisch August Freudenthals Versuche, die hinter den Fiktionen stehende Realität zu ermitteln und zu gestalten. – Barbara Scheuermann bezieht sich anschließend zwar nicht nur, aber doch zu einem wesentlichen Teil auf Friedrich Freudenthal, den älteren Bruder von August. Der Titel ihrer Ausführungen lautet: „Erinnerungsort Gravelotte. Zur Wahrnehmung des Deutsch-Französischen Krieges 1870/71 in der zeitgenössischen niederdeutschen und hochdeutschen Literatur". Das massenhafte und grausame Sterben auf diesem Schlachtfeld wird in der Literatur weit überwiegend aus nationalistischer Sicht als Heldentum stilisiert. Freudenthals Darstellung setzt sich davon durch genaue und ungeschönte Beschreibung ab. Da geht es um viele, viele junge Menschen – auch auf der andern Seite –, die ihre Heimat nicht wiedersehen.

Der dritte und letzte „Block" von Vorträgen ist nicht eindeutig auf eine der veranstaltenden Gesellschaften oder die Tagungsstadt bezogen, aber Beziehungen der einen oder andern Art sind immer vorhanden. Renate Drefahl behandelt „Das Fischland in den Romanen, Erzählungen und Aufsätzen Käthe Miethes". Damit tritt eine Landschaft im Übergang von Mecklenburg zu Pommern in den Blick, deren große Zeit – die der Frachtsegelschifffahrt – schon versunken, aber noch in lebendiger Erinnerung war, als Käthe Miethe sie in ihren „feinfühligen literarischen Arbeiten" erfasste. Sie leistete damit einen Beitrag dazu, dass „Heimatgeschichte […] lebendig im Gedächtnis der Leser aufgehoben werden" kann. – Von einem, der endlich mit 68 Jahren in Lübeck eine Heimat gefunden hat, ist dann die Rede: von Günter Grass. Zu ihm steuert Jürgen Manthey einen Beitrag bei mit dem Titel: „Ratte und Schwan. Der Dichter Günter Grass lässt sein Wappen nicht ändern." Manthey bezieht sich mit der Überschrift auf ein Grass-Gedicht, das dem französischen Dramatiker Racine vorwirft, er habe die in seinem Wappen unterhalb eines Schwans abgebildete „heraldische Ratte" gestrichen, denn nun werde die Ratte nicht aufhören, dem Wappen zu fehlen. Manthey interpretiert das so: „Ohne die finstere Seite, ohne die dunkle Hälfte ist Kunst nicht zu haben, nicht zu machen." – Dieter Stellmacher untersucht „Das Niederdeutsche als literarisches Gestaltungsmittel bei Siegfried Lenz und Walter Kempowski" vor allem aus dialektologischer Perspektive, wobei er den Gebrauch mundartlicher Einschübe bei Thomas Mann zum Vergleich heranzieht. Sein Ergebnis ist, dass diese Autoren sicher nicht als Gewährspersonen im engeren Verständnis gelten können, „wohl aber als zuverlässige Informanten, wenn man sich über ein dialektologisches Forschungsfeld einen Überblick verschaffen will, nach allgemeinen Hinweisen zur Sprachsituation sucht, nach den zeitlichen, sozialen, regionalen funktionalen und emotionalen Bedingungen des Sprachgebrauchs". – Zum Abschluss rückt Anja-Franziska Scharsich Uwe Johnson in den Blickpunkt, jenen Dichter, der die jüngste deutsche Vergangenheit unbestechlich realistisch und seine mecklenburgische Heimat gleichzeitig unnachahmlich liebevoll gestaltet hat. „‚Tatsächliche Erfindungen' – Uwe Johnsons Mecklenburg und das Literaturhaus ‚Uwe Johnson' in Klütz" ist der Titel des Beitrags. Er gilt einem neuen literarischen Ort, der sich bewusst bemüht, nicht nur Uwe Johnson zu ehren, sondern der Vielschichtigkeit von Person und Werk sowie der kunstvollen Verbindung von Realität und Fiktion in der Dichtung Johnsons gerecht zu werden.

Im Anschluss an die Aufsätze zum Tagungsthema drucken wir eine kurze Erzählung Wolfgang Mahnkes und die Grußworte ab, die als Auftakt zu den Vorträgen gesprochen worden sind. Der stellvertretende Stadtpräsident der Hansestadt Lübeck drückte seine Freude darüber aus, dass die Fritz Reuter Gesellschaft „mit ihrer Jahrestagung wieder einmal an den Ort ihrer Gründung zurückgekehrt" sei. Er bedauerte, dass die Gesellschaft ihren Sitz aus der „Literaturstadt des Nordens" in das mecklenburgische Neubrandenburg verlegt hat. – Nicht minder hatte Helmut Wischmeyer als stellvertretender Direktor der Lübecker Gesellschaft zur Beförderung gemeinnütziger Tätigkeit Grund, auf die Verbundenheit der Fritz Reuter Gesellschaft mit seiner „Gemeinnützigen" hinzuweisen, denn die Fritz Reuter Gesellschaft ist ihre Tochtergesellschaft, und zwar heute die einzige, die außerhalb Lübecks ihren Sitz hat.

Wir meinen, dass die Betrachtung der vorliegenden Aufsätze unter dem Blickpunkt „Heimat" einige weitere Perspektiven zu öffnen vermag, nicht zuletzt auch, dass der Begriff „Heimat" in seinem Gewicht und seiner Gefahr dabei greifbar wird. Aber wir sind auch sicher, dass es daneben andere Gesichtspunkte gibt, von denen aus die verschiedenen Beiträge aufschlussreich beleuchtet werden können.

Die Herausgeber

Hans Wißkirchen

Buddenbrooks – ein pathetischer Roman?

„Was ist das. – Was – ist das …"
„Je, den Düwel ook, c'est la question, ma très chère demoiselle!"
Die Konsulin Buddenbrook [...] kam ihrer kleinen Tochter zur Hilfe, die der Großvater am Fenster auf den Knieen hielt.
„Tony!" sagte sie, „ich glaube, daß mich Gott-"
Und die kleine Antonie, achtjährig und zartgebaut, in einem Kleidchen aus ganz leichter changierender Seide, den hübschen Blondkopf ein wenig vom Gesichte des Großvaters abgewandt, blickte aus ihren graublauen Augen angestrengt nachdenkend und ohne etwas zu sehen ins Zimmer hinein, wiederholte noch einmal: „Was ist das", sprach darauf langsam: „Ich glaube, daß mich Gott", fügte, während ihr Gesicht sich aufklärte, rasch hinzu: „– geschaffen hat samt aller Kreaturen", war plötzlich auf glatte Bahn geraten und schnurrte nun, glückstrahlend und unaufhaltsam, den ganzen Artikel daher, getreu nach dem Katechismus, wie er soeben, anno 1835, unter Genehmigung eines hohen und wohlweisen Senates, neu revidiert herausgegeben war.[1]

So beginnt Thomas Manns Roman *Buddenbrooks*. Schon in den ersten Sätzen seines Debütromans begegnet uns der Ironiker Thomas Mann. Und so ist seine Kunst von Beginn an – von den Interpreten, aber auch vom Autor selbst – als eine ironische begriffen, bewertet und beschrieben worden. *Der ironische Deutsche*, so hieß eine frühe und bahnbrechende Thomas-Mann-Studie von Erich Heller.

Was aber auf den ersten Blick so klar und eindeutig ist, ist es auf den zweiten, wie so oft bei Thomas Mann, nicht mehr. Blicken wir auf den Schluss des Romans, der den Anfang aufnimmt, zitiert und variiert. Der kleine Hanno ist gestorben. Mit ihm ist das letzte männliche Familienmitglied der Buddenbrooks dahingegangen. Zurück bleiben die Frauen. Sie klagen über die vielen Toten und fragen nach einem Wiedersehen nach dem Tod. Man äußert Skepsis. Dann aber geschieht Folgendes:

> Da aber kam Sesemi Weichbrodt am Tische in die Höhe, so hoch sie nur irgend konnte. Sie stellte sich auf die Zehenspitzen, reckte den Hals, pochte auf die Platte, und die Haube zitterte auf ihrem Kopfe.
> „*Es ist so!*" sagte sie mit ihrer ganzen Kraft und blickte Alle herausfordernd an.

Sie stand da, eine Siegerin in dem guten Streite, den sie während der Zeit ihres Lebens gegen die Anfechtungen vonseiten ihrer Lehrerinnenvernunft geführt hatte, bucklig, winzig und bebend vor Überzeugung, eine kleine, strafende, begeisterte Prophetin.[2]

Mit diesem Auftritt Sesemi Weichbrodts endet der *Buddenbrooks*-Roman. Neben allen auch hier zu findenden ironischen Elementen vermitteln uns diese letzten Sätze doch noch sehr viel mehr: Auch wenn die Begeisterung der kleinen Prophetin nicht ungebrochen erzählt wird, erzählt werden kann, so geht doch eine Macht von ihr aus, die uns beeindruckt oder sogar berührt.

Es handelt sich bei diesen Schlusssätzen der *Buddenbrooks* und ihrer Wirkung auf den Leser nicht um einen Einzelfall im Werk Thomas Manns. Allerdings überliest man diese Textstellen nur allzu leicht. Es ist Daniel Kehlmann gewesen, der mir den Titel dieses Vortrags eingegeben hat, denn in seiner Dankesrede anlässlich der Überreichung des Thomas-Mann-Preises in Lübeck im Oktober 2008 hat er sich als ein Thomas-Mann-Leser erwiesen, der genau diese Stellen in den Blick genommen hat. So behauptete er in seiner Rede: „Thomas Mann ist ein Autor der Unmittelbarkeit, der sich als Virtuose der Vermittlung tarnt, ein Pathetiker, maskiert als ein Ironiker." Und um die Verwunderung, die alle Zuhörer damals überkam, erst gar nicht weiter aufkommen zu lassen, fuhr er erläuternd fort:

Ich habe, offen gesagt, noch nie einen Leser getroffen, der an den Diskussionen zwischen Naphta und Settembrini echte Freude gehabt hätte – und doch wird kaum einer leugnen, dass der Roman diese Dialoge ebenso braucht wie die doch oft recht bleiernen Passagen über Krankheit, Bakterien und Kosmologie. Denn sie bereiten jene Stellen vor, die ganz plötzlich kommen und treffen wie Blitze; jene Stellen, deren Energie über das ganze Buch ausstrahlt und in denen gewissermaßen immer von neuem der Knabe Tadzio vor Aschenbach hintritt, so dass es diesem die Würde und die Rede verschlägt.[3]

Daniel Kehlmann hat in seiner Rede nicht über *Buddenbrooks* gesprochen, aber er hat eine Spur ausgelegt, die ich an einigen Beispielen des Lübeck-Romans im Folgenden überprüfen will. Es ist die Frage: Gibt es solche pathetischen Textstellen – wenngleich vielleicht nicht in der Zuspitzung, in der sie später im *Zauberberg*, im *Doktor Faustus* oder im *Tod in Venedig* zu finden sind – schon in den *Buddenbrooks*, in Thomas Manns Romanerstling? Oder anders gefragt: Kann man auch in den *Buddenbrooks* eine These Kehlmanns bestätigt finden, die folgendermaßen lautet: „Thomas Mann ist unter allen Autoren der Klassischen Moderne der pathetischste, der gefühlsunmittelbarste, er ist distanzierter als die anderen, weil er mehr zu verbergen hat."[4]

Eine nähere Betrachtung einiger Passagen aus den *Buddenbrooks* mag hierauf eine Antwort geben.

Ein erstes Beispiel: Die Familie Buddenbrook sitzt im Landschaftszimmer und wartet auf den Konsul, man will ausfahren und draußen ist es heiß, geradezu schwül, ein Gewitter kommt immer näher. Im Roman heißt es:

> Die Luft war dumpf. Draußen war das letzte Stück Blau verschwunden und tief, schwer und trächtig hing der dunkelgraue Himmel hernieder. Die Farben des Zimmers, die Tinten der Landschaften auf den Tapeten, das Gelb der Möbel und der Vorhänge, waren erloschen, die Nüancen in Tonys Kleide spielten nicht mehr, und die Augen der Menschen waren ohne Glanz. [...]. Es war einen Augenblick vollkommen still.[5]

Alle Ironie ist aus dieser Schilderung verschwunden. Und auch die zentralen Insignien des Raumes, mit denen der Erzähler den ganzen Roman hindurch sein Spiel treibt – die Farbe Gelb etwa oder die Farbgebung des Kleides von Tony – spielen jetzt keine Rolle, haben keine Bedeutung mehr, weil etwas Größeres, etwas Stärkeres, etwas Intensiveres dominiert. Das drohende Gewitter ist dabei nur die vordergründige realistische Erzählfassade, der äußere Ausdruck eines existentiellen, ja eines pathetischen Augenblicks, der einen Blick in das Innere der Welt ermöglicht, wie Nietzsche, dem der junge Thomas Mann Entscheidendes verdankte, gesagt hätte. Und ganz in diesem Sinne fährt der Text fort und trifft uns wie ein Blitz:

> Da, plötzlich, trat dieser Moment ein ... ereignete sich etwas Lautloses, Erschreckendes. Die Schwüle schien verdoppelt, die Atmosphäre schien einen, sich binnen einer Sekunde rapide steigernden Druck auszuüben, der das Gehirn beängstigte, das Herz bedrängte, die Atmung verwehrte ... drunten flatterte eine Schwalbe so dicht über die Straße, daß ihre Flügel das Pflaster schlugen ... Und dieser unentwirrbare Druck, diese Spannung, diese wachsende Beklemmung des Organismus wäre unerträglich geworden, wenn sie den geringsten Teil eines Augenblicks länger gedauert hätte, wenn nicht auf ihrem sofort erreichten Höhepunkt eine Abspannung, ein Überspringen stattgefunden hätte ... ein kleiner erlösender Bruch, der sich unhörbar irgendwo ereignete und den man gleichwohl zu hören glaubte ...[6]

Dieser Moment! Es ist der Tod des Konsuls, der wenige Zeilen später, abermals in sehr ironischer Darstellung, durch das Folgemädchen Line der versammelten Familie verkündet wird. Aber Ironie ist in den eben zitierten Sätzen nicht zu finden. Im Gegenteil: Der Tod des Konsuls, das Ende eines

Lebens, die existentielle Wucht, die größer ist als alle Ruhigstellung des Lebens durch das ironische Erzählen – all das wird uns in diesem Moment mitgeteilt. Der ganz junge Erzähler der *Buddenbrooks* ist jemand, der dies weiß und immer wieder solche Sätze in seinen Roman einfügt, die *ausstrahlen*, wie Daniel Kehlmann sagt, und die dieser Verfallsgeschichte eine Frische und Tiefe verleihen, eine Allgemeingültigkeit, die untrennbar mit der Geschichte verknüpft ist, sie aber immer wieder mit einer Dignität versehen, die bis heute von ihrer Kraft nichts verloren hat.

Das Pathos findet sich auch bei den beiden zentralen Liebesgeschichten des Romans: Bei Tony und Morten und bei Thomas und dem Blumenmädchen Anna.

Tony und Morten, der Sohn des Lotsenkommandanten Schwarzkopf, gehen gemeinsam am Strand von Travemünde spazieren. Erinnern wir uns: Tony wurde zum Lotsenkommandanten geschickt, weil sie Bendix Grünlich nicht heiraten wollte. Sie sollte ausspannen, auf andere Gedanken kommen. Der Plan geht auf, wenn auch ganz und gar nicht im Sinne der Familienräson.

> Hier irgendwo, weil der Strand zu steinig wurde, kletterten sie hinauf, um droben durch das Gehölz den ansteigenden Weg zum Seetempel fortzusetzen. Der Seetempel, ein runder Pavillon, war aus rohen Borkenstämmen und Brettern erbaut, deren Innenseiten mit Inschriften, Initialen, Herzen, Gedichten bedeckt waren ... Tony und Morten setzten sich in eine der kleinen abgeteilten Kammern, die der See zugewandt waren und in denen es nach Holz roch wie in den Kabinen der Badeanstalt, auf die schmale, roh gezimmerte Bank im Hintergrunde. Es war still und feierlich hier oben, um diese Nachmittagsstunde. Ein paar Vögel schwatzten, und das leise Rauschen der Bäume vermischte sich mit dem des Meeres, das sich dort tief unten ausbreitete und in dessen Ferne das Takelwerk eines Schiffes zu sehen war.[7]

Die Liebe von Tony und Morten, die hier ihren Anfang nimmt, hat im Roman einen ganz besonderen Stellenwert: Neben der von Thomas und Anna ist sie die einzig echte, unverfälschte. Sie ist zudem unabhängig, ja im direkten Gegensatz zum alles dominierenden Prinzip der Familie zu verstehen. Sie ist mit einem anderen, gegenläufigen Prinzip verknüpft – dem der Freiheit. Morten, der Burschenschafter und radikale Demokrat, sieht sie als das Prinzip, das gegen die herrschende Monarchie gerichtet ist. Der Roman aber gibt ihr eine weitere, eine metaphysische Bedeutung, die ganz eng mit dem Meer verbunden ist und weniger mit Freiligrath und den Burschenschaften als mit Schopenhauer zu tun hat. Auf Tonys naive Frage, was Morten denn mit Freiheit meine, antwortet dieser:

„Nun ja, die Freiheit, wissen Sie, die Freiheit …!" wiederholte er, indem er eine vage, ein wenig linkische, aber begeisterte Armbewegung hinaus, hinunter, über die See hin vollführte, und zwar nicht nach jener Seite, wo die mecklenburgische Küste die Bucht beschränkte, sondern dorthin, wo das Meer offen war, wo es sich in immer schmaler werdenden grünen, blauen, gelben und grauen Streifen leicht gekräuselt, großartig und unabsehbar dem verwischten Horizont entgegendehnte …[8]

Tony und Morten sind sich in diesem Moment einig in einem Begriff von Freiheit, den beide nur als einen „großen, unbestimmten, ahnungsvollen und sehnsüchtigen"[9] fassen können. Dieser Begriff von Freiheit wird hier mit dem Meer verbunden und er bleibt in seiner traumhaften Unbestimmtheit präsent als eine Kontrafaktur zur bürgerlich ökonomischen Sphäre, die den Roman in seinem hauptsächlichen Handlungsstrang dominiert.

Die Liebesgeschichte zwischen Tony und Morten – sie wird in aller Ausführlichkeit weitererzählt. Wobei es der Erzähler nicht an einer ironischen Distanzierung sowohl von Tony, deren Naivität und Unwissenheit immer wieder herausgestellt wird („Ich bin nur eine dumme Gans" ist der leitmotivische Satz, den sie immer wieder gebraucht), als auch vom Studenten Morten, dessen burschenschaftlich demokratisches Denken und glühender Idealismus mehr als einmal spöttisch reflektiert werden, fehlen lässt.

Aber es bleibt eben nicht bei dieser Distanzierung des Erzählers seinen beiden Figuren gegenüber. Fast scheint es, als diene sie nur der Hinführung auf ein ganz anderes Ziel, der Vorbereitung auf eine pathetische Textstelle, die die Liebe ganz ungebrochen feiert, die aber in ihrem Pathos nur in einer ironischen Umgebung möglich ist, weil einzig diese Umgebung verhindert, dass das, was erzählt wird, zum Kitsch, zur harmlosen Romantik wird.

Es ist der letzte Tag am Strand. Die See wird rauer, die Winde heftiger, die Sonne schwächer und die Umgebung einsamer. Morten gesteht Tony auf eine wunderbar umständliche Art und Weise seine Liebe. Tonys Antwort ist ironisch in einem ästhetischen Sinne. Sie ist nämlich nicht eindeutig. Sie halte große Stücke auf ihn, sie habe ihn lieber als alle, die sie kenne. Eine enthusiastische Liebeserklärung hörte sich auch 1901 anders an. Aber Morten ist glücklich und außer sich vor Freude. Zum Ende dieser Szene gewinnt die Beschreibung an Intensität und Eindeutigkeit. Die beiden liegen im Sand und Morten zieht ihre Hand an seine Brust.

„Wollen Sie mir daraufhin nicht … Darf ich das nicht … bekräftigen …?"
Sie antwortete nicht, sie sah ihn nicht einmal an, sie schob nur ganz leise ihren Oberkörper am Sandberg ein wenig näher zu ihm, und Morten küßte sie langsam und umständlich auf den Mund. Dann sahen

sie nach verschiedenen Richtungen in den Sand und schämten sich über die Maße.[10]

Die hier besiegelte Liebe hat keine Chance, kurz darauf folgt Tonys Heirat mit Bendix Grünlich. Aber die Liebe zu Morten wird den ganzen Roman hindurch immer wieder aufgerufen, wenn Tony Rückbezüge herstellt zu jenen glücklichen Tagen in Travemünde. Die Kuss-Szene ist denkbar nur in einem ironischen Ganzen. Das Pathos der reinen Liebe kommt nur in dieser kurzen Sequenz zum Ausdruck und ist dabei so unreal, dass es selbst in der fiktiven Welt eines Romans keine Chance auf Verwirklichung hat. Aber es wird dennoch erzählt und jeder kundige Leser weiß, dass die literarische Bedeutung einer Textstelle beileibe nicht in Korrespondenz zu ihrer Länge steht.

Ein weiteres Beispiel: Die Liebe Thomas Buddenbrooks zu seiner „kleinen Anna". Die im Folgenden betrachtete Textstelle hat, wie so oft bei Thomas Mann, zwei Ebenen der Darstellung und des Verstehens. Da ist auf der einen Seite die ironisch-konventionelle Ebene. Der Sohn aus reichem Hause hat eine Geliebte, die „wunderbar hübsch"[11] und von fremdländischem, exotischem Aussehen ist. Sie ist zudem verständig und hat nie auf einer Hochzeit oder anderen unstandesgemäßen Forderungen bestanden. Thomas Buddenbrook weiß das zu würdigen, als er sich von Anna verabschiedet, um in Amsterdam bei einem Geschäftsfreund seines Vaters in die Lehre zu gehen. „Alles ist bestimmt und in Ordnung …"[12] – zwischen den Küssen und Zärtlichkeiten findet ein sehr verständiges, vernunftbetontes Gespräch statt. Thomas schaut in die Zukunft. Er wird die Firma übernehmen und eine „Partie" machen und auch Anna wird einen Mann finden, das sagt er ihr und sie nimmt es ohne Kommentar hin. Dabei bleibt es aber nicht, denn er schließt mit dem Rat, den er wie zur Beschwörung noch einmal wiederholt: „Aber wirf dich nicht weg, hörst du? … Denn bis jetzt hast du dich nicht weggeworfen, das sage ich dir …!"[13].

In diesem zweimaligen Aufruf findet der Übergang von der einen erzählerischen Bedeutungsebene zur anderen statt. Aus unserer Perspektive ist es der Übergang zum Pathos der Liebe, der hier in einem ganz kleinen, isolierten Raum und für einen nur ganz kurzen Moment stattfindet. Bei der Formulierung „Wirf dich nicht weg" ist zum einen der männliche Dünkel zu beobachten, der die Liebesbeziehung zum Ladenmädchen Anna eitel aufwertet und zum Ausdruck bringen will, dass er sie wirklich geliebt hat – was im klaren Widerspruch zu seinen Handlungen steht. Man mag das zu Recht als den Versuch kritisieren, die Beziehung von ihrem Ende aus betrachtet zu romantisieren, mit einer Weihe zu versehen, die sie bei genauem Hinsehen gar nicht hat.

Aber es liegt mehr in dieser Bemerkung. Diese Liebe zu Anna wird als Gegenpol zur kalten Gerda Arnoldsen bleiben. So ist es auffällig, dass das Blumenmädchen im Roman immer präsent bleibt, speziell an den existentiellen Wendepunkten im Leben Thomas Buddenbrooks. So ist es ganz sicher kein Zufall, dass Thomas Buddenbrook sein neues Haus direkt gegenüber vom „kleinen Blumenladen mit der schmalen Thür und dem dürftigen Schaufensterchen" errichten lässt. Der Richtkranz für das neue Haus ist von Anna gemacht. Er dankt ihr herzlich, wobei er „mit einem kleinen Ruck den Kopf erhob, und eine Sekunde lang hell, fest und freundlich in das Gesicht Frau Iwersens blickte".[14] Die Szene erhält dadurch eine tiefere Bedeutung, dass sie gleichzeitig eine Art Familientreffen darstellt. Iwersens haben einen fünfjährigen Sohn, ein weiteres Kind im Kinderwagen, den Anna hin- und herschiebt, und sie ist schon wieder schwanger. Dagegen steht die Senatorin mit dem kleinen Hanno im Kinderwagen, der vorher als sehr schwächlich geschildert wird und der schließlich auch der einzige Nachkomme der Buddenbrooks bleiben wird. Hinzufügen ist: „Hell, fest und freundlich" blickt der Senator weder seiner Frau noch sonst jemandem aus der Familie in die Augen – dieser Blick bleibt einzig und allein für Anna reserviert.

Die letzte Begegnung der beiden Liebenden findet am Totenbett Thomas Buddenbrooks statt. Die Reaktion der erneut schwangeren Anna ragt aus der konventionellen Trauer der vielen anderen hervor. Dies wird dadurch besonders hervorgehoben, dass der Erzähler, der in der Menschenbeschreibung seine zentrale Aufgabe sieht und dies den ganzen Roman hindurch mit großer Ausführlichkeit und Perfektion tut, hier dem Leser seine Grenzen mitteilt: „Es wäre schwer gewesen, den Ausdruck ihrer bleichen und verwischten Wöchnerinnenzüge bei Namen zu nennen."[15]

Es stellt keine Übertreibung dar, wenn man konstatiert: Der wirtschaftlichen und persönlichen Entwicklung Thomas Buddenbrooks ist immer der Einspruch jener ersten und reinen Liebe eingeschrieben. Dass es sich dabei um einen ironiefreien Raum handelt, der gleichsam aus einer anderen Welt die Ökonomie der Verhältnisse, das gebändigte und ordentliche Leben des Thomas Buddenbrook zart dementiert, das macht auch der Schluss des oben beschriebenen Abschieds der beiden Liebenden deutlich. Denn hier gewinnt die Beschreibung eine ganz unironische, das Pathos streifende Kraft, die sicher nicht zufällig den vorläufigen Schlusspunkt der Liebesgeschichte mit der „kleinen Anna" markiert. Es ist der Augenblick, bevor Thomas Buddenbrook den Laden verlässt, nach Amsterdam geht und dort seine spätere Frau Gerda kennenlernt.

> Hier drinnen war es warm. Ein feuchter Duft von Erde und Blumen lag in dem kleinen Laden. Draußen schickte schon die Wintersonne sich an, unterzugehen. Ein zartes, reines und wie auf Porzellan gemalt blasses Abendrot schmückte jenseits des Flusses den Himmel. Das Kinn in den aufgeschlagenen Kragen ihrer Überzieher versteckt, eilten

die Leute am Schaufenster vorüber und sahen nichts von den Beiden, die in dem Winkel des kleinen Blumenladens von einander Abschied nahmen.[16]

Der Raum der Liebe wird gegen den der Bürger abgegrenzt. Er ist beschienen von einem reinen und zarten Licht, Erde und Wärme sind mit ihm verbunden. Es ist das kreatürliche, das außerhalb der Verhältnisse angesiedelte Liebeserlebnis, das hier mit seiner ganzen Vorläufigkeit und Endlichkeit gegen die Stadt und ihre Verhältnisse gesetzt wird. Festzuhalten bleibt jedoch: Thomas Buddenbrook ist sich seiner Rolle als künftiger Firmenchef schon in frühen Jahren bewusst und er lebt sein Leben auf diese Rolle hin. Später wird er sie ausfüllen, erst mit großer Überzeugung und ebenso großem Erfolg, später mit immer mehr Anstrengung und daher immer geringerem Erfolg.

Kehren wir noch einmal zu Daniel Kehlmann zurück, der über den Erzählstil Thomas Manns sagt:

> Dieses Erzählen lebt von Momenten des Umschlags. Aschenbach habe immer so existiert, sagt jemand im „Tod in Venedig" und zeigt seine zur Faust geschlossene Hand, nie aber so, und lässt die Hand offen herabfallen. So arbeit auch Manns Prosa: Über lange Kapitel ist die Faust geschlossen, und wir betrachten mit ambivalenter Bewunderung ihre distanzierte Brillanz, ihren vollkommenen Stil, ihre scheinbar unzerstörbar souveräne Ironie ... – doch plötzlich öffnet sich die Hand, die Masken fallen, das Geordnete bricht [...].[17]

Das kann leise, fast unmerklich stattfinden, wie in den beiden geschilderten Liebesszenen, das kann den Tod zur Folge habe, aber auch die Zerstörung eines mühselig aufgebauten *Pathos der Distanz*, um eine von Thomas Mann sehr geliebte Nietzsche-Formel zu verwenden. So wie etwa im Verhältnis der Brüder Thomas und Christian, das im Roman ständig präsent ist. Hier ist in den Charakteren der Brüder der Gegensatz von Kontrolle und Sich-Gehenlassen angelegt, der durch den Erzähler immer kontrolliert und mit großer Prägnanz und Distanz vorgetragen wird. Nur einmal im gesamten Romangeschehen verliert Thomas die Contenance. Am Totenbett der Mutter gibt es Streit mit dem Bruder, der eskaliert, als Christian seinem Bruder Thomas Kälte, fehlende Liebe und Demut seiner Person gegenüber vorwirft:

> „Ach!" rief er plötzlich, indem er beide Hände hinter seinen Kopf bewegte und sie dann weit vorwärts stieß, als wehrte er die ganze Welt von sich ab ... „Wie satt ich das Alles habe, dies Taktgefühl und Feingefühl und Gleichgewicht, diese Haltung und Würde ... wie ster-

benssatt! …" Und dieser letzte Ruf war in einem solchen Grade echt, er kam so sehr von Herzen und brach mit einem solchen Nachdruck von Widerwillen und Überdruß hervor, daß er thatsächlich etwas Niederschmetterndes hatte, ja, daß Thomas ein wenig zusammensank und eine Weile wortlos und mit müder Miene vor sich nieder blickte. „Ich bin geworden wie ich bin", sagte er endlich, und seine Stimme klang bewegt, „weil ich nicht werden wollte wie du. Wenn ich dich innerlich gemieden habe, so geschah es, weil ich mich vor dir hüten mußte, weil dein Sein und Wesen eine Gefahr für mich ist … ich spreche die Wahrheit."[18]

So spricht Thomas Buddenbrook im gesamten Roman nicht noch einmal. Für einen kurzen Moment öffnet sich seine Maske und wir schauen hinter die Fassade des routinierten Schauspielers, als den ihn uns der Erzähler gegen Ende des Buches präsentiert, schauen dahin, wo die Seele keine Faxen macht, wie es im *Erwählten* einmal heißt. Nur ein kurzer Moment, wenige pathetische Sätze, in denen er mit bewegter Stimme die Wahrheit spricht, ausgelöst durch einen tief aus dem Herzen kommenden Ausruf des Bruders – alles Insignien der pathetischen Rede, die aber in *Buddenbrooks* immer nur für Momente sichtbar werden, um dann wieder durch das distanzierte und ironische Erzählen abgelöst und kontrolliert zu werden. So auch in diesem Fall, denn nach dem Ausbruch Thomas Buddenbrooks heißt es im Roman weiter: „Er schwieg einen Augenblick und fuhr dann in kürzerem und befestigtem Tone fort: ‚Übrigens haben wir uns weit von unserem Gegenstande entfernt.'"[19] Und schon wird das Geschehen wieder ins sichere Gleis des hochartifiziellen und reflektierten Erzählens zurückgeführt.

Buddenbrooks – ein pathetischer Roman? Natürlich nicht im Sinne eines Schillers oder Lessings. So konnte man in der literarischen Moderne nicht mehr schreiben. Und dennoch kann Thomas Manns Erstlingsroman nicht nur als ein ironischer Roman verstanden werden, geschrieben von einem kalten Künstlerherzen, wie Thomas Mann in einer frühen Rezension einmal tituliert wurde, einem Schriftsteller, der im Sinne des von ihm geliebten Flauberts keine Nähe zu den Figuren aufkommen lässt, sondern mit einer unbestechlichen ästhetischen Souveränität und Sachlichkeit das Schöne und das Schlimme, das Gute und das Schlechte, das Traurige und das Lustige erzählt, auf dass der Leser sich sein Urteil bilde. Im Gegenteil: Das Buch kennt Momente des Pathos dergestalt, dass die Distanz von Erzähler und Figur und damit auch von Leser und Figur nahezu schwindet. Dann entstehen Momente von großer erzählerischer Eindringlichkeit, die uns rühren. Freilich nicht in einem trivialen Sinne, indem eine falsche Harmonie vorgespielt wird, die wohlfeil nicht zu haben ist, sondern in einem tiefen und ehrlichen Sinne, indem nur kurz ein anderer Zustand aufscheint, der auch in *Buddenbrooks* dem gebrochenen, nur mit Ironie erzählbaren Leben lediglich für Augenblicke *abgerungen* werden kann.

Die Behauptung, Thomas Mann habe seinen gewaltigen, meisterlichen literarischen Aufwand nur für diese Augenblicke betrieben, die in allen seinen Romanen – da hat Daniel Kehlmann ohne Frage recht – vorkommen, würde wohl zu weit gehen. Aber man sollte diese existentiellen Textstellen, in denen Thomas Mann sich ungeschützter als sonst im Werk darstellt und in die Abgründe der menschlichen Seele blickt, wichtiger nehmen als bisher. Denn hier taucht ein anderer Thomas Mann auf, der nicht weit vom Leser weggerückt ist, sondern sehr nahe bei unseren Sorgen und Nöten ist. Es ist ein sehr moderner und aktueller Thomas Mann zudem.

In genau diesem Sinne ist auch der Schluss der Rede Daniel Kehlmanns zu verstehen, der auch diese Überlegungen beenden soll – gleichsam als Referenz gegenüber einem großen Autor, der einen anderen großen Autor mit Augen liest, wie es nur ein Kollege auf Augenhöhe tun kann. Daniel Kehlmann hatte seine Rede mit einem großen Zitat von Susan Sontag begonnen, die als Schülerin der Highschool ein Interview mit Thomas Mann geführt hatte – in den frühen fünfziger Jahren, als Drogen und Sexualität die Schulen zu bestimmen begannen und Thomas Mann sich nach ihren *Studien* erkundigte. Sie bringt ihre Enttäuschung über sein sehr kontrolliertes und scheinbar weltfremdes Verhalten sehr eindrucksvoll zum Ausdruck. Kehlmann aber fragt:

> Wäre Thomas Mann nun also schockiert gewesen über all das, was sie ihm nicht sagen wollte – Kondome auf der Wiese, der Schulkollege mit der Waffe, die Drogenhändler? Ja und nein; als ältlicher Würdenträger sicherlich, als Künstler wohl kaum, denn noch der zahmste Teil seines Werks enthält mehr Chaos und Brutalität als all diese Schreckensbilder vom kalifornischen Schulhof. Es ist ein Werk von unvergleichlicher Perfektion, voll Witz und voller Dämonen, voll Schönheit und dunkler Winkel, denen man sich nur unter Aufbietung seines ganzen Mutes nähern kann. Erzengel treten in ihm auf und der Teufel und eine Menge zivilisierter Leute aus dem Zwischenreich; sie alle versuchen ordentlich zu sein und respektabel, aber es will ihnen nicht gelingen. Nur er selbst brachte es einigermaßen fertig und war sehr stolz darauf [...]."[20]

Das aber ist eine andere Geschichte, die über Thomas Mann und Daniel Kehlmann hinausreicht und an einem anderen Ort zu einer anderen Zeit erzählt werden muss.

Anmerkungen

1 Thomas Mann: Buddenbrooks. Verfall einer Familie. Frankfurt a. M. 2002, S. 9.
2 Mann, Buddenbrooks (s. Anm. 1), S. 836f.
3 Daniel Kehlmann: Dionysos und der Buchhalter. Dankesrede zur Verleihung des Thomas-Mann-Preises 2008. In: Thomas-Mann-Preis 2008. Dokumentation zum Zeitgeschehen in der Hansestadt Lübeck. Lübeck 2008, S.25.
4 Kehlmann, Dionysos (s. Anm. 3). S. 26.
5 Mann, Buddenbrooks (s. Anm. 1), S. 269f.
6 Ebd., S. 270.
7 Ebd., S. 148.
8 Ebd., S. 153.
9 Ebd., S. 153.
10 Ebd., S. 158.
11 Ebd., S. 182.
12 Ebd., S. 182.
13 Ebd., S. 184.
14 Ebd., S. 468.
15 Ebd., S. 761.
16 Ebd., S. 184.
17 Kehlmann, Dionysos (s. Anm. 3), S. 27.
18 Mann, Buddenbrooks (s. Anm. 1), S. 638.
19 Ebd., S. 638f.
20 Kehlmann, Dionysos (s. Anm. 3). S. 30f.

Barbara Scheuermann

„Dat is nu Allens so as dat is."
Fritz Reuter im Kommentarband zu Thomas Manns *Buddenbrooks*

„Was ist das. – Was – ist das ..." „Je, den Düwel ook, c'est la question, ma très chère demoiselle!" Mit dieser Figurenrede eröffnet Thomas Mann seinen Roman *Buddenbrooks*.[1] Die Eingangssätze zur Katechismusfrage sind so bekannt wie gut erforscht: Seit 1991, als die erste Lieferung der Notizbücher von Thomas Mann veröffentlicht wurde, kann jedermann nachlesen, dass der Autor jenen kurzen Wortwechsel vermutlich bereits im Sommer 1897 schriftlich festhielt,[2] bevor er dann nur wenige Monate später die Niederschrift seines Romans mit eben diesen Sätzen tatsächlich begann.[3] Das Besondere an ihnen: Thomas Mann mischt hier drei Sprachen: das Hochdeutsche aus dem Luther-Katechismus, das Niederdeutsche, wie man es in Lübeck zu jener Zeit auch noch in der Oberschicht zu sprechen wusste, und das Französische als Ausdruck eines gehobenen Bildungsniveaus. Die Mischung betrifft Form und Inhalt: den hier vom alten Buddenbrook völlig selbstverständlich praktizierten Sprachenwechsel und die spannungsvolle Verknüpfung von Ernst und Komik in seinem Einwurf. Das Niederdeutsche spielt in diesem Roman eine wichtige Rolle; der Autor nutzt dialektale Syntagmen sowohl zur Charakterisierung von Figuren als auch zur Veranschaulichung gesellschaftlicher Verhältnisse.[4]

Mehrfach hat sich Thomas Mann zu dem Eindruck geäußert, den er als Heranwachsender vom Mecklenburger Platt erhalten hat – durch seine Mutter, die „unter der Lampe des Wohnzimmertisches Fritz Reuters Erzählungen vorlas". Offensichtlich hat er die darin erzählte Welt als gelungene poetische Darstellung von Wirklichkeit rezipiert: „mit unendlichem Vergnügen folgte ich den Kapiteln des ersten Romans, der sich, breit und humoristisch, vor meinem inneren Auge aufbaute: der ‚Stromtid'. Die ‚Buddenbrooks' lassen, glaube ich, merken, daß ich damals gut zugehört habe."[5]

Zu dieser Einlassung fügt sich die besondere Rolle, die Thomas Mann 1926 – in seinem Vortrag *Lübeck als geistige Lebensform* – der Sprache seiner Heimatstadt zuerkennt. Für ihn steht außer Frage, dass seine Heimatstadt Lübeck für sein Schreiben grundlegend war. Nuancenreich beschreibt er die Sprache, in der sich die Landschaft einer Stadt zu erkennen gebe, „als Stimmung, Stimmklang, Tonfall, *Dialekt*, als Heimatlaut, Musik der Heimat",[6] und folgert, dass, „wer sie hörbar mache, der beschwöre auch den Geist der Landschaft, mit der sie so innig verbunden, deren akustische Erscheinungsform sie ist."[7] Unter dem Rubrum „Sublimierung des Dialekts seiner Väter" will er die Merkmale seines Stils – „kühl, unpathetisch, verhalten", einem

„eher langsamen, spöttischen und gewissenhaften" Geist zugehörig – auf die Einwirkungen der niederdeutsch-hanseatischen Sprachlandschaft zurückgeführt sehen.[8] Ausdrücklich hebt er auf den Gehalt des Niederdeutschen ab, wenn er sich zu einem inneren Wohlbehagen bei der Abfassung von Dialogen bekennt, deren „heimlicher Silbenfall durch einen Unterton von humoristischem *Platt* bestimmt war".[9]

Mit Harry Matter ist davon auszugehen, dass Reuters Erzählen dem Autor der *Buddenbrooks* lediglich durch Vorlesen, nicht aber aufgrund eigener Lektüre vertraut war; wohl deshalb hat Thomas Mann selber diese Einflusslinie weniger detailliert beschrieben als die Einflüsse skandinavischer, russischer und französischer Autoren des 19. Jahrhunderts.[10] Freilich hat er mehrfach, in ganz unterschiedlichen Kontexten, Fritz Reuter seine Reverenz erwiesen. Dass er dies eher en passant tut, sollte nicht darüber hinwegtäuschen, dass ihm die frühen Eindrücke durch den auf Platt geschriebenen Roman Fritz Reuters als wichtiger Baustein für das eigene Schreiben gelten. Die Spur ist deutlich gelegt: „Wieviel Wagner, Schopenhauer, ja – Fritz Reuter ist in dem Buch!"[11]

Die Bezüge zu Wagner und Schopenhauer, die Einflüsse skandinavischer, französischer und russischer Romanciers auf Thomas Mann sind gut erforscht.[12] Zu Fritz Reuter schweigen sich indes auch jene Untersuchungen aus, für die die Beschäftigung mit Thomas Manns Verhältnis zu Reuter thematisch nahegelegen hätte.[13] Die Thomas-Mann-Philologie scheint an Fritz Reuter kaum interessiert zu sein;[14] thematisiert findet man Einflüsse des Mecklenburgers auf den Verfasser der *Buddenbrooks* lediglich in der Reuter-Forschung.[15] Der Kommentarband zu *Buddenbrooks* der Großen kommentierten Frankfurter Ausgabe schreibt nun die bekannten Lücken fort: Sie betreffen Thomas Manns Reuter-Rezeption und seinen Umgang mit dem Niederdeutschen. Dies hat Hartwig Suhrbier in seiner 2002 im *Quickborn* erschienenen Rezension zu Recht moniert.[16]

Thomas Mann charakterisiert das Plattdeutsche als *humoristisch*. In diesem Sinne verwendet er es in der berühmten Szene im dritten Kapitel des vierten Teils des Romans. Anfang Oktober 1848 findet eine außerordentliche Sitzung der Lübecker Bürgerschaft statt; als sich deren Mitglieder durch den Tumult revolutionär gesinnter Hafenarbeiter „unter den Fenstern des Sitzungssaales" bedroht sehen,[17] gelingt es Konsul Buddenbrook, die Menge zum Abzug zu bewegen, indem er einen ihrer Anführer auf Platt zurechtweist. Am Ende löst sich die Bedrohung in Heiterkeit auf, „in breitem und gutmütigem Gelächter" der Umstehenden. Auf Platt bezeugt Konsul Buddenbrook Nähe und Verständnis; auf Platt korrigiert er Missverstehen und setzt die bestehende Ordnung gegen die revolutionäre Aufsässigkeit in ihr Recht. Ihre Komik bezieht diese Szene, in der der Lagerarbeiter Corl Smolt von der geforderten, ihm von Buddenbrook indes als bereits vorhanden vorgeführten

„Republike" dann eben „noch een" verlangt, aus der offensichtlichen Diskrepanz zwischen lautstarkem Anspruch und sichtbarem Unvermögen der ‚Revolutionäre'.[18] Eine solche Diskrepanz besteht allerdings nicht nur draußen, „unter den Fenstern des Sitzungssaales", sondern auch in dessen Innerem. Humoristisch wirkt das Erzählen von der geglückten Intervention des Konsul Buddenbrook durch deren Rückbindung an das kopflose Verhalten der Sitzungsteilnehmer, die eine Reihe so hilflos wie abwegig erscheinender Rettungsvorschläge äußern und völlig überfordert sind: „Man faltete, stumm vor Entsetzen, die Hände auf dem Bauch und sah einander ins Gesicht oder auf die Fenster, hinter denen sich Fäuste erhoben."[19]

Eine ähnliche Szene schildert Fritz Reuter im 38. Kapitel der *Stromtid*; erzählt wird von einer Sitzung des Rahnstädter Reformvereins Anfang 1848, in der es hoch hergeht. Im Zentrum steht die Frage, „woans de Armaud tauirst in de Welt kamen was un worüm dat sei sick noch ümmer in de Welt uphollen ded".[20] Als der eben in den Reformverein aufgenommene neureiche Rittergutsbesitzer Pomuchelskopp der Versammlung weismachen will, dass die Tagelöhner auf dem Lande sehr gut gestellt seien und bestens behandelt würden, fühlt Zacharias Bräsig sich zu einer Gegenrede herausgefordert und konstatiert: „aber, Mitbürger, mit die Tagelöhner-Elemente ist es grademang so as mit Rindfleisch un Plummen: sie smecken sehr gut, aber wir kriegen sie man nich." Mit seinem Resümee *„die große Armut in der Stadt kommt von der großen Powerteh her!"* erntet er schließlich breite Zustimmung und Hochrufe.[21] Reuter verbindet hier Komik mit Humor; erstere entsteht aus den lautstarken, eigensinnig-kurzsichtigen Reaktionen des aufgebrachten Publikums, letzterer erwächst aus der Sicht des Erzählers auf das Missverhältnis zwischen Reden und Handeln der im Rahnstädter Reformverein agierenden Demokraten.[22]

Die Hilflosigkeit der Rettungsvorschläge in der Sitzung der Bürgerschaft bei Thomas Mann korrespondiert den abwegigen Erklärungsbemühungen in der Armutsfrage bei Fritz Reuter, der den Befund von Kaufmann Kurz „Armut muß sein, aber 'ne vernünftige" ironisch fortführt mit dem hintersinnigen Erzählerkommentar „un Snider Wimmersdörp hadd den vernünftigen Satz upstellt: för de Armaud müßt wat dahn warden".[23] Während in der *Stromtid* der Tumult im Rahnstädter Reformverein zu Zwischenrufen führt wie „runne mit den Däs'kopp! Wat de weit, weiten wi all lang'!", „Runne mit em!" und „Rut! rut!",[24] lassen sich in den *Buddenbrooks* ehrenwerte Bürger wiederholt mit „Unerhörte Infamje", „Die Canaille!" und „ick heww da nu 'naug von …" vernehmen.[25] Auch wenn der Blickwinkel ein anderer ist, scheint bei Thomas Mann jene von Reuter gestaltete Versammlung durch; ihren humoristischen Anstrich verdankt die Sitzung der Lübecker Bürgerschaft sowohl der von Thomas Mann kunstvoll eingesetzten Sprachmischung als auch der intertextuellen Verknüpfung mit der *Stromtid*, in der einer der

Redner, Jehann ‚Meinswegens', ähnlich dem Corl Smolt, befindet: „wir müssen 'ne Replik haben; meinswegens kann sie von Plato'n sein, meinswegens von en andern".[26]

Während das Manuskript der *Buddenbrooks* als verloren gilt, sind 23 beidseitig beschriebene Blätter, vermutlich aus der Phase der Überarbeitung des Romans im Sommer 1900, erhalten geblieben. Aus diesen im Kommentarband abgedruckten *Ausgeschiedenen Blättern* geht hervor, dass Thomas Mann das Kapitel über die Revolution von 1848 gegen Ende des Schreibprozesses noch einmal verändert hat.[27] Die Veränderungen betreffen auch das darin verwendete Niederdeutsch. Zurückgenommen werden Details, die der humoristischen Sinnstruktur des erzählten Ereignisses zuwiderlaufen. Dies gilt beispielsweise für einen Senator Dr. Cremer, dessen Abdankung die Aufständischen fordern und für den der Vorschlag ergeht, er möge sich draußen der Menge stellen. Die Vorwegnahme des Motivs *mit den Revolutionären reden* hätte dem Auftritt von Konsul Buddenbrook, der dies später aus freien Stücken tut, seinen Glanz genommen. Mit der Figur des Dr. Cremer entfällt dann freilich auch der Kommentar von Schneidermeister Stuht zu dem an Cremer gerichteten Ansinnen: „Nee, das kann man ihn ja nicht anmuthen sein".[28]

Die Wendung „das kann man jemandem ja nicht anmuthen sein" war zunächst offensichtlich zur Charakterisierung von Stuht vorgesehen, wie ein weiterer Beleg in den *Ausgeschiedenen Blättern* zeigt. Dieser rückt Schneidermeister Stuht in die Nähe von Reuters Onkel Bräsig. Bei der Aufdeckung eines Vergehens der Brüder Thomas und Christian, die sich von Stuht zehn Courantmark hatten auszahlen lassen – um diesen Betrag sollte der Schneidermeister seine Rechnung für ihrer beider Anzüge dann erhöhen –, äußert Stuht sich ganz in Bräsigs Manier:[29]

> Je, Herr Consel, dat is nu son Saak, un dat is ja ook man bloß, weil die jungen Hähn dat selbs verlangt hatten, denn mich kann es ja egäl [sic] sein, kann es ja doch, un ich mein' man bloß, daß die Hähn von die Lateinschule nich mal zu Bier gehn sollen und nich mal ne Cigärre schmöken, das kann man ihnen ja doch nich anmuten sein, kann man ja doch woll nich, un ik bün ja denn ook taufreden, wenn ick nu man de söbentig Märk Kurant wedderkrich, indem de Saak ja nu mal scheep gangen is …

Lediglich der erste und der letzte Satz wurden in die Endfassung übernommen. Schneidermeister Stuht bleibt so noch stärker die Randfigur, als die er ohnehin angelegt ist. Gleichwohl lässt sich an der Redeweise dieser Figur ablesen, dass denn doch mehr ‚Fritz Reuter in dem Buch ist', als es zunächst den Anschein hat.[30] Darauf geht der umfangreiche Kommentarband zu den *Buddenbrooks* indes nicht ein.

Nur an einer Stelle wird der Name *Fritz Reuter* – lediglich indirekt – erwähnt. Die Kommentatoren referieren wesentliche Punkte einer kritischen zeitgenössischen Rezension, in der der Verfasser, Arthur Eloesser, bemerkt, dass Thomas Mann „mit zahlreichen humoristischen Zügen in die Breite geht" und dabei „an den stammverwandten Fritz Reuter [erinnert], von dem ihn allerdings die fast wissenschaftliche moderne Methode der Beobachtung trennt".[31] Bei der im Kommentarband folgenden Analyse dieser Rezension, insbesondere ihrer Wirkung auf Thomas Mann, spielt Fritz Reuter keine Rolle mehr.[32] Die Pointe mit der doppelten Republik wird im Stellenkommentar als „Teil einer verbreiteten Wanderlegende" verifiziert.[33] Hier hätte man auch auf Fritz Reuter verweisen müssen, geht der Pointe doch ein humoristisches Erzählen in Reuterscher Manier voraus. In eben diesem Sinne hätte man freilich bereits bei den Eingangssätzen des Romans auf Reuter rekurrieren können, denn in der humoristischen Darbietung der Katechismusfrage klingt „die große Wasserfrag'" an, die in der *Stromtid* Zacharias Bräsig „Judas-Martern" ausstehen lässt, weil er fürchtet, „dat sin Pät Mining hacken bliwen kunn".[34]

Im Blick auf Reuters humoristische Darstellungstechnik wäre es naheliegend gewesen, sich bei Gerhard Schmidt-Henkel kundig zu machen. Er hat 1997 in einem Vortrag – *Wie Fritz Reuter „Feigen von den Disteln pflückte"* – verdeutlicht,[35] dass unter den von Reuter eingesetzten epischen Darstellungsmitteln „das Sprechen weit vor Mimik, Gestik, Kleidung, Aussehen" rangiert und dass Reuters variationsreicher Umgang mit Sprache eine „Polyglossie" abbildet, deren kritischer Gehalt allzu leicht übersehen wird.[36] Zu prüfen wäre mithin, ob Thomas Mann, dem das Schreiben von Dialogen ein besonderes Vergnügen bereitete,[37] in Fritz Reuter neben dem vergnüglich-unterhaltsamen nicht auch den provokativen Humoristen gesehen haben könnte.[38]

Die in den *Buddenbrooks* auffällige Verwendung von stehenden Redensarten hat ihr Autor damit erklärt, dass er sich an Wagnerscher Leitmotivik orientiert habe. Hier scheint er indes nicht nur von Wagner, sondern auch von Fritz Reuter beeinflusst worden zu sein.[39] Für die von Thomas Mann verwendete Leitmotivik hat Jochen Vogt auf Abstufungen aufmerksam gemacht, nämlich „zwischen einem eher naturalistisch-charakterisierenden Gebrauch und einer stärker symbolischen Verwendung dieser Technik".[40] Den eher naturalistisch-charakterisierenden Gebrauch fand Thomas Mann in der *Stromtid* vorgebildet, aus der ihm – als Zuhörer eines vorgelesenen Textes – gerade jene wiederholt verwendeten Redensarten im Ohr geblieben sein dürften, die der Typisierung dienen: „Daß du die Nase ins Gesicht behältst", „ick bün de Negste dortau", „Ja, 't is all so, as 't is. 't is all so, as dat Ledder is. Wat sall einer dorbi dauhn?"[41] Den Spruch der Frau Pastorin Behrens variiert Reuter und greift ihn beispielsweise als Erzählerkommentar wieder auf – „denn dortau was sei as Pasterfru denn doch de Negste";[42] und auch Jung-Jochens Lieblingswendung erscheint mehrfach leicht abgewandelt. Dass sie nicht lediglich als oberflächlich-linkische Phrase, sondern auch als eine „resignative Spielart" des die zweite Hälfte des 19. Jahrhunderts bestimmenden Pessimismus aufgefasst werden könnte,[43] schüfe im übrigen eine Nähe noch ganz anderer Art zu Thomas Manns Schreiben. Was Peter Pütz zum „Geist der Erzählung" bei Thomas Mann und Theodor Fontane ausgeführt hat, ließe sich cum grano salis wohl auch für Thomas Mann und Fritz Reuter behaupten: „Eine besonders signifikante Form der leitmotivischen Verknüpfung ist bei beiden Autoren die wiederholende und zugleich sinnverschiebende Redensartlichkeit."[44]

Mit der gleichförmigen Wendung der Sesemi Weichbrodt „Sei glöcklich, du *gutes* Kend", mit stereotypen Bekundungen von Tony Buddenbrook – „Mein Gott, ich bin eine Gans" oder „Das ist reines Naturprodukt; da weiß man doch, was man verschluckt!" –, aber auch mit Bendix Grünlichs „Das putzt ganz ungemein" und Hugo Weinschenks Frage an Gerda Buddenbrook „Wie geht's der Geige?" schließt Thomas Mann an Reuters Gebrauch typisierender und das Erzählen strukturierender Redensarten an.[45] Wie Reuters *Stromtid* gewinnt die erzählte Welt der *Buddenbrooks* so an Sinnzusammenhang und Dichte, erscheinen die Figuren dadurch kontrastiv charakterisiert, wird der Leser auf diese Weise behutsam gelenkt und orientiert.[46]

Den Beziehungsreichtum Thomas Mannschen Schreibens mag abschließend Groblebens Taufansprache verdeutlichen, die eigentlich eine Grabrede ist und die mit den Worten endet: „öäwer tau Moder müssen wi Alle warn, wi müssen all tau Moder warn, tau Moder ... tau Moder ...!"[47] Gewiss hört man hier von ferne den barocken Predigtton; zweifellos liegt hier eine Vorausdeutung vor, bei der die Verfalls- und Todesthematik auf groteske Weise aufgerufen wird und das Ende des Täuflings wie das der Familie vorweggenommen erscheint; ohne Frage erhalten diese Worte dadurch ein besonderes Gewicht, dass Tony Buddenbrook sich ihrer nach dem Tod der Konsulin erinnert: „Ist es nicht wahr, was euer Grobleben immer sagt: Wir müssen Alle zu Moder werden – ?"[48] Entscheidend aber dürfte sein, dass diese Botschaft auf Niederdeutsch übermittelt wird; so können die Zuhörer, von dem Auftritt Groblebens eher peinlich berührt, diese Rede als unpassend abwehren und ignorieren, wohingegen sich dem Leser etwas Wesentliches enthüllt.[49]

In der Literaturwissenschaft haben gegenwärtig komparatistische Arbeitsvorhaben Konjunktur, in deren Rahmen die Stoff- und Motivforschung eine wichtige Rolle spielt. Gewiss kann der deutsche Germanist, der sich als Komparatist versteht, sehr wohl über Bob Dylan und über Elvis Presley forschen. Er kann in ihren Liedern einen bedeutsamen, interessanten Untersuchungsgegenstand sehen und in seiner Analyse rezeptions- und wirkungsgeschichtlichen Fragen nachgehen. Diese seine Wahl führt indes zur Zurückstellung anderer möglicher wissenschaftlicher Vorhaben. Es wäre zu wünschen, dass sich die Hochschulgermanistik ähnlich engagiert wie Bob Dylans und Elvis

Presleys auch Fritz Reuters und seiner Wirkung auf spätere Autoren annimmt, zum Beispiel dadurch, dass sie detailliert zu Thomas Manns Reuter-Rezeption forscht. Die Poetizität Thomas Mannschen Schreibens, zumal in seinem ersten großen Roman, verdankt sich *auch* Fritz Reuter – in welchem Grade indes, das müssen eingehende Untersuchungen erst noch erweisen: ‚dat is nu Allens so as dat is. Öäwer genauet Henkieken mütt sien, dat is tau gewiß!'

Anmerkungen

1 Thomas Mann: Große kommentierte Frankfurter Ausgabe. Hrsg. von Heinrich Detering, Eckhard Heftrich u. a. Bd. 1.1 (Buddenbrooks. Textband), Bd. 1.2 (Buddenbrooks. Kommentarband; erarbeitet von Eckhard Heftrich und Stephan Stachorski unter Mitarbeit von Herbert Lehnert). Frankfurt a. M. 2002. – Erzähltheoretisch ist die Eingangspassage – eine „*Erzählung von gesprochenen Worten*", von „*autonomer direkter Figurenrede*" – dem Erzählen im „*dramatischen Modus*" zuzuordnen; vgl. Matias Martinez und Michael Scheffel: Einführung in die Erzähltheorie, München ^{7}2007, S. 51.

2 Thomas Mann: Notizbücher 1–6. Hrsg. von Hans Wysling und Yvonne Schmidlin. Frankfurt a. M. 1991, S. 67; vgl. ferner Buddenbrooks, Kommentarband, S. 229f. – Zu den Eingangszeilen vgl. auch die sehr detaillierte Analyse von Jochen Vogt: Thomas Manns „Buddenbrooks". München ^{2}1995, S. 13–15. – Als Anknüpfung an Theodor Fontane liest Ulrich Karthaus: Literaturwissen. Thomas Mann. Stuttgart 1994, S. 48f. den Anfang des Romans; die Eingangssätze lassen sich aber wohl auch als Reminiszenz an Fritz Reuter, sowohl in der Sprachmischung als auch in der Erzählkomposition, auffassen. – Zuzustimmen ist Erich Heller, der Fontane als Vorbild würdigt, Thomas Mann aber auch „in der literarischen Schuld von Dickens und Fritz Reuter" sieht und in der Eingangsszene „eine Verbindung des Kosmopolitischen mit dem Nationalen, ja Provinziellen" erkennt (Erich Heller: Thomas Mann: Buddenbrooks. In: Deutsche Romane von Grimmelshausen bis Musil. Hrsg. von Jost Schillemeit. Bd. III. Frankfurt a. M. 1966, S. 230–268, hier S. 233).

3 Vgl. zur Entstehungsgeschichte, neben den einschlägigen Ausführungen des Kommentarbandes, S. 15–26, auch Georg Wenzel: Buddenbrooks. In: Interpretationen. Thomas Mann. Romane und Erzählungen. Hrsg. von Volkmar Hansen. Stuttgart 1993, S. 11–46, hier S. 15f., sowie Paul Scherrer: Aus Thomas Manns Vorarbeiten zu den „Buddenbrooks". Zur Chronologie des Romans. In: Thomas-Mann-Studien 1. Bern/München 1967, S. 7–22.

4 Sogar die Sprache der Konsulin lässt niederdeutsches Substrat erkennen, so etwa, wenn sie von ihrer Tochter Tony als „der Dirn" redet (Buddenbrooks, Textband, S. 106, 414). – Vgl. zu den niederdeutschen Syntagmen und zu weiterer Sekundärliteratur Barbara Scheuermann: Zur Funktion des Niederdeutschen im Werk Uwe Johnsons, „in all de annin Saokn büssu hie nich me-i to Hus". Göttingen 1998, S. 20–24. – Einzelnachweise auch bei Harry Matter: Thomas Mann und Fritz Reuter. Nur eine Episode? In: Beiträge

der Fritz Reuter Gesellschaft 7. Hamburg 1997, S. 11–20, und bei Hartwig Suhrbier: Fehlstelle bei Reuter und Niederdeutsch. Zum „Buddenbrooks"-Kommentar der „Großen kommentierten Frankfurter Ausgabe". In: Quickborn Jg. 92, 2002 / 3, S. 60–63.

5 Thomas Mann: Das essayistische Werk in acht Bänden. Hrsg. von Hans Bürgin. Bd. 7. Autobiographisches. [Das Bild der Mutter]. Frankfurt a. M. 1968, S. 257–259, hier S. 258.

6 Ebd., S. 177–194, hier S. 186f.; Thomas Mann hielt diesen Vortrag zur 700-Jahr-Feier Lübecks am 5. Juni 1926. Lübeck als „Stadtbild und Stadtcharakter, als Landschaft, Sprache, Architektur" (ebd.) spielt gleichfalls auf die Interdependenz von Sprache und – durch den Menschen gestalteter – Landschaft an.

7 Ebd., S. 187.

8 Ebd., S. 188.

9 Ebd.

10 Matter, Episode (s. Anm. 4), S. 12–14, sowie Buddenbrooks, Kommentarband, S. 26–49 und S. 111–117. – Vgl. auch Victor Mann: Wir waren fünf. Bildnis der Familie Mann. Konstanz 1949, S. 264, der die Reuter-Titel nennt, die die Mutter in seinem Fall für das Vorlesen auswählte. „Natürlich fingen wir mit der ‚Stromtid' an", berichtet der jüngste Bruder von Thomas Mann. Nach deren offensichtlich vollständiger Lektüre „kamen die ‚Festungstid' und ‚Läuschen und Rimels' an die Reihe – alles ein plattdeutscher Gegensatz des Pollinger, mit Klosterlatein gemischten oberbayerisch-schwäbischen Grenzdialektes – und als ich ein bißchen übersättigt von Reuter war, schlug Mama eines Abends ohne zu fragen einen jener alten Lederbände auf, die ‚nach Lübeck rochen', und begann langsam und bedeutungsvoll: ‚Aus meinem Leben. Dichtung und Wahrheit.'" Reuter zur Vorbereitung und Einstimmung auf Goethe und im Anschluss daran „Fontane, Tolstoi und Dickens" – ein anspruchsvolles Leseprogramm für den jungen Victor, der nach seinem Schulabschluss gerade als Praktikant in einem landwirtschaftlichen Betrieb arbeitet; für ihn, den „Spätgeborenen", waren seine Brüder und Schwestern von Beginn an „uralt Große" (S. 11).

11 In einem Brief an Kurt Martens vom 28.3.1906. In: Thomas Mann: Briefe 1889–1936. Hrsg. von Erika Mann. Frankfurt a. M. 1961, S. 61–65, hier S. 62. – Vgl. eine ähnliche Äußerung des Autors von 1949, dass *Buddenbrooks* ein sehr deutsches Buch sei, denn „niederdeutsche Humoristik und die epische Motiv-Technik Richard Wagners gingen darin eine wunderbare Verbindung ein"; vgl. ferner eine Rede des Autors von 1940, in der er auf in dem Roman verarbeitete „vielfältige und heterogene Bildungserlebnisse" verweist, darunter „niederdeutsche und englische Humoristik" (Thomas Mann: Rede und Antwort. Über eigene Werke. Thomas Mann. Gesammelte Werke in Einzelbänden. Frankfurter Ausgabe. Hrsg. von Peter de Mendelssohn. Frankfurt a. M. 1984, S. 9 und S. 13).

12 Vgl. Buddenbrooks, Kommentarband, S. 26–49, mit detaillierten Hinweisen zu Zola und Tolstoi, sowie Helmut Koopmann: Thomas-Mann-Handbuch. Stuttgart ³2001, S. 95–362. – Vgl. auch Klaus Matthias: *Renée Mauperin* und *Buddenbrooks*. Über eine literarische Beziehung im Bereich der Rezeption französischer Literatur durch die Brüder Mann. In: Thomas Manns „Buddenbrooks" und die Wirkung. Hrsg. von Rudolf Wolff. Teil 1. Bonn 1986, S. 67–115, ferner Michael Zeller: Seele und Saldo. Ein text-

treuer Gang durch *Buddenbrooks*. In: Thomas Manns „Buddenbrooks" und die Wirkung. Hrsg. von Rudolf Wolff. Teil 2. Bonn 1986, S. 9–42.

13 Dies gilt z. B. für Klaus-Jürgen Rothenberg: Das Problem des Realismus bei Thomas Mann. Zur Behandlung von Wirklichkeit in den „Buddenbrooks". Köln / Wien 1969. – Vgl. auch Hermann Kurzke: Thomas Mann. Epoche – Werk – Wirkung. München 1985, der ein acht Seiten umfassendes Personenverzeichnis bietet, in dem man nach Fritz Reuter jedoch vergeblich sucht.

14 Die knapp fünfzig Bände der *Thomas-Mann-Studien*, die vom Thomas-Mann-Archiv der Eidgenössischen Technischen Hochschule in Zürich bisher herausgegeben wurden, setzen andere Schwerpunkte. Thomas Mann bedient sich indes auch noch später des Niederdeutschen, z. B. in *Der Erwählte*. – Gerhard Schmidt-Henkel: Wie Fritz Reuter „Feigen von den Disteln pflückte". In: Jb. d. Vereins f. nd. Sprachforschung 120 (1997), S. 117–134, führt zu Recht Klage darüber, dass sich die westdeutsche Germanistik nie ernsthaft mit Reuterschem Erzählen befasst habe. – Eine rühmliche Ausnahme bildet Martin Machatzke: Fritz Reuter: Ut mine Stromtid (1862 / 64). Die Gesellschaftsidee der bürgerlichen Humanität im humoristischen Roman. In: Romane und Erzählungen des Bürgerlichen Realismus. Hrsg. von Horst Denkler. Stuttgart 1980, S. 203–216.

15 Ebd., S. 119. – Die Hinweise von Hans Wysling in seiner Einleitung zu: Thomas Mann. Heinrich Mann. Briefwechsel 1900–1949. Erweiterte Neuausgabe. Frankfurt a. M. 1984, S. XXIII – „Bei alledem darf man nicht übersehen, daß Thomas Mann bei der Wahl seiner Vorbilder von Anfang an einen durchaus eigenständigen Geschmack entwickelt. Er liest die Russen – allen voran Tolstoi –, die Skandinavier, den nordischen Fritz Reuter." – bleiben zu allgemein, als dass man daraus irgendwelche Schlüsse über Thomas Manns Reuter-Lektüre ziehen könnte.

16 Suhrbier, Fehlstelle (s. Anm. 4), S. 61; Suhrbier liefert einen guten Überblick über alle Leerstellen und Versäumnisse des Kommentarbandes. – In einer Rundfunkdiskussion von 1953 bekannte Thomas Mann: „Ich glaube nicht, daß man in meinem Jugendwerk [...] vorwiegend Ironie finden wird. Es ist doch vielmehr ein Buch pessimistischen Humors [...], dessen Quellen und Ingredienzien nicht allein Schopenhauer und Wagner und der französische, russische, englische Roman sind, sondern nicht zuletzt der niederdeutsche Humor, der sich ausdrückt in dem Werk Fritz Reuters, einem der ersten literarischen Eindrücke, der mir überhaupt zuteil wurde und der in diesem Buch sehr stark nachwirkt" (Thomas Mann, Rede und Antwort; s. Anm. 11, S. 303f.).

17 Buddenbrooks, Textband, S. 203.

18 Ebd., S. 207–210. – Vgl. dazu auch Buddenbrooks, Kommentarband, S. 66, 92.

19 Ebd., S. 203. – Grundlegende Ausführungen zu humoristischem Erzählen bei Wolfgang Preisendanz: Provokativer Humor – Wilhelm Raabes „Horacker". In: Jb. der Raabe-Gesellschaft 1977, S. 9–25; als zentral für das Humorverständnis bezeichnet Preisendanz, sich auf Jean Paul beziehend, „die Verquickung von Pathos und Komik, von Scherz und Ernst" und führt, S. 21–25, weiter aus, wie das „Moment des Weltverlachenden, Weltverachtenden, Weltvernichtenden" seit der Mitte des 19. Jahrhunderts verdrängt wurde durch „das Gepräge des Wohlwollens, der Versöhnlichkeit, des lächelnden Einverständ-

nisses mit dem Schlimmen und Verkehrten" – mit Ausnahme von Wilhelm Raabe, dessen provokativer humoristischer Erzählgestus „durchweg Opposition ins Spiel bringt", als Widerspruch „zur dominierenden Bewußtseinsverfassung". – Zumindest Ansätze eines solchen provokativen Humors lassen sich auch in Reuters *Stromtid* erkennen, in der allerdings das „lächelnde Einverständnis" dominiert.

20 Fritz Reuter: Gesammelte Werke und Briefe. Hrsg. von Kurt Batt. Bd. V. Rostock / Neumünster 1967, S. 561.
21 Ebd., S. 570. – Vgl. zu dieser Textstelle auch Wolfgang Beutin: Satire, Witz, Komik und Humor bei Fritz Reuter. Beobachtungen über „die Arten des Komischen" in Reuters Darstellung. In: Beiträge der Fritz Reuter Gesellschaft 17, Rostock 2007, S. 22–44, hier S. 40. – Gerhard Schmidt-Henkel spricht von der „linguistischen Souveränität Unkel Bräsigs" in seinem in den Beiträgen der Fritz Reuter Gesellschaft 12, Rostock 2002, S. 50–72 erschienenen Aufsatz mit dem Titel: Fritz Reuters und John Brinckmans Erzähltechniken als Sieg über die Schriftlichkeit. Einige Thesen zum Verständnis niederdeutscher Epik; Zitat S. 54.
22 Kurt Batt: Fritz Reuter. Leben und Werk. Rostock 1967, S. 322, sieht Bräsig als Humoristen, weil er „vom Autor mit genügend Selbstironie ausgestattet wird, um sich über sich selbst zu erheitern", und weil ihn zudem das „Bewußtsein der eigenen Unzulänglichkeit" sowie die „Erkenntnis des beschränkten Sozialstatus" auszeichnen. – Vgl. dazu auch Martin Schröder: Humor und Dialekt. Untersuchungen zur Genese sprachlicher Konnotationen am Beispiel der niederdeutschen Folklore und Literatur. Neumünster 1995, S. 338–361, speziell S. 352: „Komische Denunziation des Körpers und grandioses humoristisches Bewußtsein bilden die Konturen des Romanhelden Bräsig".
23 Stromtid, S. 565f.
24 Ebd., S. 560, 564, 566, 571.
25 Buddenbrooks, Textband, S. 201–204.
26 Stromtid, S. 563. – Zum Einfluss Reuters auf die Gestaltung von Volksszenen bei Wilhelm Raabe und Thomas Mann vgl. Hartwig Suhrbier: Fritz Reuter im Werk von Wilhelm Raabe. In: Jb. der Raabe-Gesellschaft 2000, S. 31–51, hier S. 48f., wo Suhrbier auf Beobachtungen von Kurt Batt verweist; eine überarbeitete und erweiterte Version in: Beiträge der Fritz Reuter Gesellschaft 10, Rostock 2001, S. 88–118. – Vgl. ferner ders., Fehlstelle (s. Anm. 4), S. 61, mit dem Hinweis auf wichtige Untersuchungen zum Einfluss von Fritz Reuter auf Thomas Mann, die „im Literaturnachweis dieses Kommentars" fehlen.
27 Buddenbrooks, Kommentarband, S. 542–562.
28 Ebd., S. 555.
29 Ebd., S. 526.
30 Wie Thomas Mann selbst sich über Ironie und Humor geäußert hat („Zeit meines Lebens ist mir das Epische selbst mit dem Humoristischen fast auf ein Haar zusammengefallen"), untersucht Käte Hamburger: Der Humor bei Thomas Mann. Zum Joseph-Roman. München 1965, S. 12–18; Zitat S. 15; vgl. dazu auch Thomas Mann, Rede und Antwort (s. Anm. 11), S. 302–306.

31 Buddenbrooks, Kommentarband, S. 132.
32 Die Äußerung des Autors, demnach sei er „eigentlich wirklich eine Art von behaglichem Fritz Reuter" (ebd.), wird lediglich als Ausdruck von dessen Verletztsein durch die Rezension von Eloesser gedeutet. – Zwar haben sich die Kommentatoren insoweit salviert, als sie am Ende einer Reihe von Wissenschaftlern für „Detailinformationen" danken, darunter Reinhard Goltz (ebd., S. 691); diesem ist eine solche Hilfeleistung jedoch nicht erinnerlich. – Gerhard Schmidt-Henkel hat mir freundlicherweise einen Briefwechsel aus 2004 zugänglich gemacht, in dem er den Herausgebern und dem Thomas-Mann-Archiv gegenüber auf die Lücken in puncto Fritz Reuter hinwies und betonte, dass „zum Einfluß Reuters auf Th. Mann, in der Erzähltechnik, der Dialogführung, den epischen Tableaus" noch „manches zu erforschen sei"; die Antworten auf dieses sein Schreiben blieben ausweichend-allgemein. – Vgl. ferner Peter de Mendelssohn: Der Zauberer. Das Leben des deutschen Schriftstellers Thomas Mann. Band 1. 1875 bis 1905. Frankfurt a. M. 1997, S. 722f.
33 Hingewiesen wird auf einen Beleg für Bremen in Form einer brieflichen Erwähnung durch Wilhelm von Kügelgen (Buddenbrooks, Kommentarband, S. 294f.).
34 Stromtid, S. 187.
35 Schmidt-Henkel, Feigen (s. Anm 14).
36 Reuter gestaltet Kritik als „soziologische [...] Differentialdiagnose", wie Schmidt-Henkel ebd., S. 130f., ausführt. Danach ist das Plattdeutsche bei Thomas Mann und anderen ein „klassenspezifisches oder nostalgisches Illustrationsmedium", es ist „erzähltechnisch akzidentiell; bei Reuter ist es essentiell" (S. 132). – Vgl. auch Ernest M. Wolf: Scheidung und Mischung: Sprache und Gesellschaft in Thomas Manns *Buddenbrooks*. In: Rudolf Wolff, Wirkung (s. Anm. 12), Teil 2, S. 75–94.
37 Vgl. Buddenbrooks, Kommentarband, S. 64, mit der Wiedergabe von Thomas Manns Antwort auf eine Frage zu seiner Schreibpraxis: „Dialoge seien ‚ein Vergnügen', Beschreibungen hielten auf, das Schwerste sei ‚das Abgezogene, Moralische'."
38 Im Sinne von Preisendanz, Humor (s. Anm. 19). – Vgl. auch Matter, Episode (s. Anm. 4), S. 17.
39 Vgl. Dieter Burdorf: Einführung in die Gedichtanalyse. Stuttgart / Weimar ²1997, S. 140: „In der Literaturwissenschaft ist der Terminus Leitmotiv nur sinnvoll zu verwenden, wenn er konkret an der Wiederkehr eines bestimmten Wortmaterials festgemacht wird". – Anders Hans Rudolf Vaget: Fontane, Wagner, Thomas Mann. Zu den Anfängen des modernen Romans in Deutschland. In: Theodor Fontane und Thomas Mann: die Vorträge des internationalen Kolloquiums in Lübeck 1997. Hrsg. von Eckhard Heftrich u. a.; Thomas-Mann-Studien 18. Frankfurt a. M. 1998, S. 249–274; Vaget unterscheidet die „stereotype, kaum je veränderte Wiederholung" von jener mit „symphonische[r] Durchführung", bei der „das Motiv abgewandelt, gespalten und gleichsam auf Wanderschaft geschickt wird" und für die allein die Bezeichnung Leitmotiv zutreffend sei (S. 269). – Vgl. speziell zu Wagner und Schopenhauer auch Buddenbrooks, Kommentarband, S. 34–38.
40 Vogt, Buddenbrooks (s. Anm. 2), S. 119. – Vgl. dazu auch die entsprechenden Äußerungen von Thomas Mann in seinem *Lebensabriß* von 1930, wo er das Leitmotiv in den *Bud-*

denbrooks als „bloß physiognomisch-naturalistisch gehandhabt" beschreibt (gegenüber späterer Verwendungsweise, bei der „eine ideelle Gefühlstransparenz" hinzukomme); Thomas Mann: Gesammelte Werke in zwölf Bänden. Band XI. Reden und Aufsätze 3. Frankfurt a. M. 1960, S. 98–144, hier S. 116. – Zum „Selbstzitat" vgl. Thomas Mann: Selbstkommentare: ‚Buddenbrooks'. Hrsg. von Hans Wysling. Frankfurt a. M. 1990, S. 28, 38.

41 Stromtid, S. 27, 30, 32, 40, 43 und öfter; in diesen Zusammenhang gehört auch die wiederkehrende Bezeichnung und Anrede *alter Heide* für Bräsig (z. B. S. 50, 53).

42 Ebd., S. 184.

43 Dies legt Friedrich Minssen nahe in: Fritz Reuter: Das Leben auf dem Lande. Ut mine Stromtid. Hochdeutsche Übertragung von Friedrich und Barbara Minssen. München / Wien 1975, S. 593f.

44 Peter Pütz: „Der Geist der Erzählung". Zur Poetik Fontanes und Thomas Manns. In: Thomas-Mann-Studien 18 (s. Anm. 39), S. 99–111, hier S. 99. – Vgl. auch Werner Rieck: Fritz Reuter und Theodor Fontane – Versuch eines Vergleichs. In: Beiträge der Fritz Reuter Gesellschaft 10, Rostock 2001, S. 9–60; S. 47 streift der Verfasser auch Thomas Manns Verhältnis zu Fritz Reuter: „Gestalten wie Sesemi Weichbrodt, Tony Buddenbrook, Mamsell Jungmann, Speicherarbeiter Grobleben, Lagerarbeiter Corl Smolt" erinnern den kundigen Leser an „Eigenheiten Reuterscher Figurenzeichnung", und die Revolutionsszene zeigt Thomas Mann als „besonders gelehrigen Erben Reuterscher Gestaltungskraft und Reuterschen Humors".

45 Buddenbrooks, Textband, vgl. z. B. S. 324, 392, 490; S. 138, 256, 325, 374, 387; S. 132, 319; S. 105, 133, 156; S. 485; als charakterisierende Wendung fungiert auch *auf den Steinen sitzen* (z. B. S. 146f., 151f.). – Zum Spruch der Sesemi Weichbrodt vgl. Buddenbrooks, Kommentarband, S. 35, sowie Pütz, Geist (s. Anm. 44, S. 108–110), der die auffälligen Varianten, in denen jener Spruch erscheint, als Beleg dafür sieht, dass in den *Buddenbrooks* die leitmotivischen Signale und „verschwiegenes Erzählen" zusammengehen. – Martin Swales: „Nimm doch vorher eine Tasse Tee …". Humor und Ironie bei Theodor Fontane und Thomas Mann. In: Thomas-Mann-Studien 18 (s. Anm. 39), S. 135–148, hier S. 142f., betrachtet Tony Buddenbrooks sprachliche Rituale unter dem Aspekt der Selbststilisierung.

46 Vgl. dazu auch Wolfgang Schneider: Lebensfreundlichkeit und Pessimismus. Thomas Manns Figurendarstellung. Thomas-Mann-Studien 19. Frankfurt a. M. 1999, S. 118, der erläutert, wie die Leitmotivik „durch Hervorhebung sprechender bzw. signifikanter Details die Funktionsweise realer Wahrnehmungsprozesse nach[ahmt], die mittels Informationsselektion Chaos und Desorientierung vermeiden".

47 Buddenbrooks, Textband, S. 441. – Vgl. Buddenbrooks, Kommentarband, S. 337f., wo für diese Textstelle auf das Matthäusevangelium (Mt 25,31ff.) und die Sprüche Salomos (Spr 1,12) sowie auf Hiob 13,28 verwiesen wird.

48 Buddenbrooks, Textband, S. 629.

49 Das Niederdeutsche ist zu diesem Zeitpunkt nur noch die Sprache der unteren Schichten. – Klaus Kropfinger unterscheidet – im Blick auf *Doktor Faustus* – hinsichtlich des

Leitmotivs „zwischen Erinnerungs- und Ahnungsfunktion"; auf *Buddenbrooks* bezogen, ließe sich Tonys „Das ist reines Naturprodukt; da weiß man doch, was man verschluckt!" der Erinnerungsfunktion, Groblebens Äußerung der „Ahnungserweckung" zuordnen (Klaus Kropfinger: „Montage" und „Composition" im „Faustus". Literarische Zwölftontechnik oder Leitmotivik? In: Thomas Mann. Doktor Faustus 1947–1997. Hrsg. von Werner Röcke. Bern 2001, S. 345–367, hier S. 348).

Reuter-Freunde in Lübeck.

August Wichmann.

Karl Dettmer.

Hermann Grashof.

Josef Nissen.

Wilhelm Scharff.

Klaus Lüders

Auf den Spuren Fritz Reuters in Lübeck

Fritz Reuter war mehrfach und gern in Lübeck. Hat er dort Spuren hinterlassen? Eine Spurensuche im Sinne eines Stadtrundgangs etwa zu den Gebäuden, in denen er gewesen ist oder Freunde gewohnt haben, ist heute zwecklos, denn die Bautätigkeit vor dem Ersten Weltkrieg und die Zerstörungen durch den Zweiten Weltkrieg haben diese Spuren beseitigt. Der einzige authentische Ort ist die noch erhaltene Katharinenkirche, in der Reuter im Mai 1862 an einem Kongress des liberalen Nationalvereins teilgenommen hat, sowie der Ratskeller, in den er bei dieser Gelegenheit fröhlich eingekehrt ist. „Spuren" finden wir eher in seinem literarischen Werk und in seinen Briefen. Dabei handelt es sich zum einen um gute Freunde, die mehr oder weniger mit Reuters Studentenzeit und Festungszeit zu tun haben, zum anderen auch um eine verwandtschaftliche Beziehung seiner Frau Luise. Reuters Spuren etwa im literarischen Werk des Lübeckers Thomas Mann werden im vorliegenden Band durch Barbara Scheuermann erörtert.

Es wird also vor allem von Personen zu sprechen sein, deren freundschaftliche Bindungen aus studentischer Zeit ihre jahrelange menschliche und politische Intensität behielten – nach dem Erlebnis gemeinsamen Leidens durch die preußische politische Justiz. Reuter, der für sein Bekenntnis zu den schwarz-rot-goldenen „dütschen Farwen" zum Tode verurteilt und dann zu dreißig Jahren Festungshaft „begnadigt" worden war, erläuterte in seiner *Festungstid* (3. Kapitel), wofür das geschehen war, nämlich für „nicks" – man habe doch nur in internen Versammlungen und unter vier Augen über „Dütschlands Frieheit un Einigkeit" gesprochen und eben nicht mehr getan als nur geredet. Ein etwas älterer Mecklenburger Patriot dieser politischen Richtung, Heinrich Arminius Riemann (1793–1872), brachte solche Drangsal für sich – in seinem Fall hinsichtlich der Schweriner Justiz – einmal so auf den Punkt: „Ich glaube mich hiemit nicht beruhigen zu dürfen, weil das Gericht nach meiner Ansicht nur über meine Handlungen, nicht aber über meine Gesinnungen zu richten hat."[1] Reuters Lübecker Freunde zeigen uns, dass ihr von ihm so bezeichnetes bloßes Gerede zwar politisch erfolglos, aber persönlich nicht folgenlos war. Und Reuter konnte sich glücklich schätzen, mit solchen charaktervollen Gesinnungstätern verbunden zu sein.

Beginnen wir mit dem Lübecker Hermann von der Hude, einem Freund aus Reuters von Arnold Hückstädt eingehend untersuchter Studentenzeit in Jena,[2] die für Reuters politische Einstellung von bleibender Prägung sein sollte. Reuter war seit Mai 1832 in Jena und dort sogleich der Burschenschaft beigetreten. Er hatte im Juli die Abspaltung der dann als „Germania" gegründeten Verbindung für ein entschiedeneres Eintreten für die „schwarz-rot-goldene" deutsche Einheit mitgemacht, war aber letztlich vor den revolutionären Tönen dieser Verbindung zurückgescheut und im Januar 1833 wieder ausgetreten. In dieser Zeit war der aus Heidelberg relegierte und ab Oktober 1832 in Jena politisch führende Jurastudent Hermann von der Hude als Sprecher[3] der Verbindung „Germania" aktiv, wurde aber im Januar 1833 „wegen studentischer Excesse" aus Jena verwiesen. Das Grundmotiv seines Handelns war die Hoffnung, „nach so manchen Enttäuschungen endlich ein freies und einiges Deutschland erstehen zu sehen, wie es die Fürsten in den Zeiten der Noth verheißen", jedoch nicht eingelöst hatten,[4] also – um es mit Reuters Mecklenburger Freund Ludwig Reinhard[5] zu sagen – dem deutschen Michel „seine Jungfer Braut, eine geborene Libertas, mit der er Anno 13 bei Leipzig sich feierlich verlobte, von der Obervormundschaft noch immer vorenthalten" wurde[6]. Unter solcher obrigkeitlichen ‚Fürsorge' wurde Hermann von der Hude zu einer „dreijährige[n] Detentionshaft in Eisenach" verurteilt,[7] die zwar „seinen mannhaften Sinn und seinen Lebensmut nicht zu brechen" vermochte, aber sein juristisches Examen auf das Jahr 1837 verschob. Danach etablierte er sich als Advokat in Lübeck. Seine zahlreichen öffentlichen Aktivitäten brachten ihm 1848 schließlich die Ernennung zum Senator, „zu einer Zeit, welche vor Allem tüchtige und energische Männer an der Spitze verlangte".[8] Reuter hat seinen Freund aus studentischen Tagen nicht mehr wiedergesehen, denn der erste Besuch Reuters in Lübeck erfolgte im Sommer 1859, von der Hude aber war etwa ein halbes Jahr zuvor, im November 1858, gestorben.

Eine ähnlich starke Persönlichkeit wie Hermann von der Hude war August Wichmann (1811–1876). In der Jenaer Burschenschaft war Wichmann der „Fuchsmajor" Reuters, eine Art Betreuer des Kandidaten. Entsprechend eng, zumal in Reuters Jenaer Anfangszeit, müssen die Beziehungen der beiden gewesen sein. Auch Wichmann hatte ein kräftiges politisches Profil und „betheiligte sich als Mitglied der Burschenschaft lebhaft an den Bestrebungen derselben".[9] Um sich aber der staatlichen politischen Verfolgung zu entziehen, „verließ er um seiner Sicherheit willen Deutschland, dessen damalige Zustände ihm überhaupt nicht zusagten, und begab sich nach England".[10] Dort trat er in eine ‚Fremdenlegion' ein und kämpfte in Spanien als Artillerieoffizier im ersten „Karlistenkrieg", einem Bürgerkrieg, in dem es vor dem Hintergrund dynastischer Streitigkeiten um die Einführung einer liberalen Verfassung ging. Ende der 1830er Jahre ging Wichmann nach Kiel, wo er schon nach zweieinhalb Jahren sein Jurastudium mit gutem Examen abschloss, nachdem er in Jena zuvor Theologie studiert hatte. 1841 ließ Wichmann sich als Advokat in Lübeck nieder. Sein politisches Engagement im Revolutionsjahr 1848 ließ ihn zum „Oberst der Kieler Bürgergarde und für diese Stadt Mitglied der Landesversammlung" werden.[11] Hier teilte er seine

Ehemaliges Weinhaus von Maßmann und Nissen in Lübeck. Nach einer Originalaufnahme

entschiedene Haltung gegen die dänischen Herrschaftsansprüche u. a. mit dem prominenten Politiker Theodor Olshausen, dessen Biographie eng mit der damaligen Freiheitsbewegung in Schleswig-Holstein verbunden ist.[12] Der linksliberale Theodor Olshausen war seinen reaktionären Verfolgern „als besonders thätiger Demokrat bekannt geworden" und ihnen sogar „auch in communistischer Beziehung als beachtenswert" erschienen,[13] nicht zuletzt, weil Olshausen an konspirativen Demokratentreffs (z. B. im Mai 1850 in Blankenese bei Hamburg) teilgenommen hatte, ebenso wie „der Kieler Anwalt Wichmann".[14] Olshausen entwich bald nach Amerika, Wichmann verlor seine berufliche Existenz als Advokat.

Nach einem durch die politischen Umstände erzwungenen beruflichen Wechsel zum „Reiseinspektor" bei der Lebensversicherungsgesellschaft Concordia in Köln (1854) wurde Wichmann 1858 Direktor der Deutschen Lebensversicherungsgesellschaft in Lübeck. Im deutschen Nationalverein, dem 1859 in Frankfurt/Main gegründeten Zusammenschluss der Liberalen, der das Ziel verfolgte, die deutsche Einheit unter preußischer Führung zu erreichen, wurde Wichmann in Lübeck sogleich Vorsitzender des „hiesigen Zweigvereins desselben". Innerhalb des Liberalismus gehörte er zur Nationalliberalen Partei, deren Lübecker Abgeordneter er ab 1871 im Berliner Reichstag war. In Lübeck selbst bekleidete er mehrere öffentliche Ämter, war seit 1865 Mitglied der Lübecker Bürgerschaft, zeitweise (1868/69 und 1874/75) auch deren Vorsitzender. Wegen seiner kommunalen Verpflichtungen und aus Rücksicht auf seine angegriffene Gesundheit verzichtete er 1874 auf die Wiederwahl als Reichstagsabgeordneter.

Auch Carl Heinrich Dettmer (1811–1879) hatte für Deutschlands „Einheit gestrebt und gelitten".[15] „Bereits im Anfange des Jahres 1830 hatte sich Dettmer den burschenschaftlichen Bestrebungen angeschlossen und mit Eifer an ihrer Förderung mitgewirkt."[16] Das war in Jena. Im späteren Nachruf auf Dettmer wurde für seine Studentenzeit an so prägende politische Ereignisse wie die Pariser Julirevolution von 1830 und das Hambacher Fest vom Mai 1832 erinnert. Im Winter 1832/33 war er nach einem Verhör vor dem Berliner Kammergericht vorerst noch davongekommen, doch ab 1834 geriet er in seiner Heimatstadt Lübeck durch politischen Druck von außerhalb in die Mühle von Verhören, Verhaftung und Gefängnis. „Das von Berlin aus ergangene Urtheil lautete auf mehrjährige Festungsstrafe, doch wurde dieselbe nach eingelegter Appellation auf 1 ½ Jahr Festungshaft unter Anrechnung der Untersuchungshaft herabgesetzt und in Hausarrest umgewandelt."[17] Angesichts von Dettmers schwer angeschlagener Gesundheit war dieses Urteil noch schlimm genug. Dennoch gehörte Dettmer im Vormärz zum „Jung-Lübeck-Kreis", einer Gruppe reformerischer Intellektueller.[18] Er wurde 1848 in die Bürgerschaft gewählt. In späteren Jahrzehnten engagierte er sich, ähnlich wie Hermann von der Hude und August Wichmann, in zahlreichen öffentlichen Ämtern und Aktivitäten für das Lübecker Gemeinwesen. Als Fritz Reuter seinen Studienfreund 1862 besuchte, hatte Dettmer es beruflich bereits bis zum Gymnasialprofessor am Katharineum gebracht.

Hermann Grashof, Reuters „Kommilitone in Jena, Mitdulder in der Berliner Hausvogtei, Stubenkamerad im Inquisitoriat zu Magdeburg",[19] lebte, wie Wichmann, zunächst noch nicht in Lübeck. Als Reuter seine 1862 erschienene Erzählung *Ut mine Festungstid* „meinem biederen Freunde und treuen Leidensgenossen Hermann Grashof zu Lohe in Westfalen" widmete, war Lohe ein kleiner Ort zwischen Paderborn und Soest. Besonders die schwere Leidenszeit in Magdeburg, die Reuter im siebenten und achten Kapitel seiner *Festungstid* mit besonderer Erwähnung Grashofs beschreibt, hatte die beiden offenbar seelisch sehr nahe zusammen geführt. „Unselige Minsch! wo kümmst Du h i r her?", so hatte Reuters „beste Frünn" Grashof, der schon seit Jahren in Magdeburg einsaß, ihn, den Neuzugang aus der Festung Glogau, empfangen. Grashofs Worte klangen so düster wie Dantes Hinweis über dem Höllentor: „Lass, der du eintrittst, alle Hoffnung fahren."[20] Die beiden schmachteten, statt in den Kasematten in einem Zellengefängnis („Inquisitoriat"), zunächst als Nachbarn in Einzelzellen, dann in einer gemeinsamen Doppelzelle. Im achten Kapitel der *Festungstid* erwähnt Reuter übrigens einmal Grashofs „Zigarren, de em en gauden Fründ ut Lübeck schickt hadd" (vielleicht Dettmer?). Als Reuter nach mehr als zwei Jahrzehnten im Sommer 1861, gemeinsam mit seiner Frau Luise und nach kurzem Zwischenaufenthalt in Lübeck, Grashof in Lohe besuchte, mögen die Emotionen aus jener Leidenszeit wieder aufgebrochen sein, ein Jahr vor der erwähnten Widmung in der *Festungstid*. Es heißt, Grashof habe auch „nach der Festungszeit noch viel Schweres durchgemacht",[21] wohl auch hinsichtlich beruflicher Perspektiven. Im Lübecker Adressbuch von 1864 jedoch finden wir ihn dann als „Buchhalter der deutschen Lebensversicherungs-Gesellschaft, unt. Holstenstr. 301", eben jener Gesellschaft, deren Direktor August Wichmann war. Auch Dettmer, der Mitglied im Verwaltungsrat dieser Gesellschaft war, wird den Ruf Grashofs nach Lübeck unterstützt haben. Und Reuter, der sich zuvor im Mai 1862 in Lübeck aufgehalten und seinen Freunden Wichmann und Dettmer sicherlich von seinem Besuch bei Grashof in Lohe erzählt hat, mag von daher deren Entscheidung mitbefördert haben. Grashofs erster Brief aus Lübeck an Reuter datiert vom 29. März 1863.[22] Im Juni 1863 verlegte Reuter seinen Wohnsitz von Neubrandenburg nach Eisenach, wo er bald von Wichmann besucht wurde. Aber damit greifen wir dem Zeitablauf etwas vor und müssen noch einmal zu Reuters Lübeck-Besuch von 1862 zurückkehren.

Mitte Mai 1862 tagte der bereits erwähnte Nationalverein in der Lübecker Katharinenkirche, gleich neben dem Katharineum, Dettmers Arbeitsort. Unter den etwa 1 500 teilnehmenden Anhängern des Liberalismus befand sich auch Reuter. Er war vom „Komitee-Vorsitzenden" Wichmann eingeladen worden und versicherte in seinem Antwortbrief, dass er in Mecklenburg-Strelitz und Vorpommern bereits im Nationalverein aktiv gewesen sei, und zwar „als Wühler (nicht als Wähler)".[23] Der Begriff „Wühler", allerdings mit dem Gegenbegriff „Heuler", war damals aus der Revolutionszeit von 1848 / 49 allgemein geläufig und war auch dem Mecklenburger Zeitungsleser erläutert

Fritz Reuter und „de Pirdkur". Gedenkblatt der Weinhandlung Maßmann und Nissen in Lübeck

worden: „Man beschwert sich über demokratische ‚Wühler', aber man vergißt dabei ganz die servilen aristokratischen ‚Heuler', von denen das Land wimmelt, und die durch ihr Heulen im Grunde für ihre Zwecke eben so gut wühlen, wie die politischen Gegner, die demokratischen Wühler, für die ihrigen."[24] Reuter kam zusammen mit seinem Mecklenburger Freund und sozialdemokratischen ‚Oberwühler' Ludwig Reinhard nach Lübeck. Beide erheiterten die Versammlung mit kauzigen Redebeiträgen, Reuter wohl mehr in Richtung nationalliberal-vaterländischer Erbauung und Reinhard scharf antifeudal-satirisch am Beispiel der mecklenburgischen „Ritter von der allertraurigsten Gestalt". Im Vordergrund aber stand für Reuter vermutlich mehr die Geselligkeit wie etwa der fröhliche Empfang im Ratskeller, das große Festessen des Kongresses im „Kasino", das private Essen bei Freund Dettmer und der Besuch bei Rudolf Müller und dessen Schwager Dugge. Dieser Besuch sei noch kurz erläutert.

„Vor anderthalb Jahren hörte ich von Müller – jetzt in Lübeck – dass Du bei ihm gewesen seiest ...",[25] schrieb Reuter am 12. Januar 1864 aus Eisenach an seinen einstigen Silberberger Festungsgenossen Wilhelm Wolff in Manchester/England. „Vor anderthalb Jahren" war Reuter bei dem besagten Mai-Kongress 1862 in Lübeck, wo „Rud. Carl Müller, Eigenthümer des Hofes Brandenbaum" nahe der Lübecker Stadtstaatsgrenze zum benachbarten Mecklenburg lebte. Diese Eintragung im Lübecker Adressbuch beginnt 1858, aber „Vater war aus Holdorf" (wenige Kilometer östlich des Schweriner Sees), sagten Müllers Kinder später.[26] Als „Müller-Holldorf" hatte er als Demokrat seit dem Mecklenburger Vormärz eine politische Reputation, zumal er – zusammen mit seinem Nachbarn Samuel Schnelle, Buchholz – von 1843 bis 1848 Hoffmann von Fallersleben gleichsam als politischen Asylanten beherbergt hatte.[27] In Holdorf fand auch der in Schlesien verfolgte Wilhelm Wolff im Frühjahr 1846 „gastliche Aufnahme und Hülfe zum Weiterkommen".[28]

Familiengeschichtlich bildeten Müllers Kinder bereits den „Lübecker Unterzweig" vom „Brandenbaumer Zweig" vom „Scharpzower Ast" vom „Rosenthaler Stamm".[29] Rudolf Müller war 1813 in Scharpzow geboren worden, wenige Kilometer von Stavenhagen entfernt, also praktisch in Reuters Nachbarschaft. Rudolf Müllers ebenfalls dort 1818 geborener Bruder Karl („Müller-Scharpzow") war in Scharpzow in den 1840er Jahren Gutspächter und Gastgeber für Demokraten-Treffs (Hoffmann von Fallersleben, Adolf Glaßbrenner, Karl Nauwerk u. a.). Auch Fritz Reuter erzählte dort von seiner Festungszeit, und Hoffmann von Fallersleben behauptete später, Reuter damals – April 1844 – zur Schriftstellerei ermuntert zu haben. Und nun, im Mai 1862, erlebte Reuter in Brandenbaum frohe Stunden mit Rudolf Müller und seiner Ehefrau Ida geb. Türk und in der Lübecker Innenstadt bei Müllers Schwager Theodor Dugge mit dessen Ehefrau Auguste geb. Türk. Schwiegervater Karl Türk,[30] einst Professor an der Universität Rostock, nach den revolutionären Ereignissen von 1848/49 zusammen mit anderen Mecklenburger Demokraten „als thätige und eifrige Beförderer republikanischer Tendenzen"[31] ins Zuchthaus Bützow-Dreibergen befördert und nun in Lübeck mittellos bei seiner Tochter Auguste lebend, hat sich vermutlich von diesem Mai-Trubel 1862 ferngehalten. Unmittelbar vor dem Treffen hatte er innerhalb weniger Wochen weitere Schicksalsschläge zu verkraften: Tod seiner Tochter Hella (Helene) in Rostock, Tod (durch Gelbfieber) seines Sohnes Robert in New Orleans/USA und schwere Verwundung (Kopfschuss mit Erblindung) seines Sohnes Hermann im damaligen amerikanischen Bürgerkrieg. Allenfalls mag Karl Türk mit seinen alten Kampfgefährten Ludwig Reinhard und Moritz Wiggers – ebenfalls Teilnehmer am Lübecker Kongress[32] – gesprochen haben. Reuter, der einst als Rostocker Student 1831 / 32 eigentlich eine juristische Vorlesung bei Türk hätte hören sollen, erwähnte ihn nun mit keinem Wort. Zu Reuters fröhlichem Standardprogramm in Lübeck gehörte natürlich auch die Einkehr in das Weinhaus Maßmann & Nissen (gegr. 1838) in der Breiten Straße, nicht weit von seiner Unterkunft „Düffkes Hotel". Die Geschichte, wie Reuter und Josef Nissen sich einst kennen gelernt hatten, ist oft erzählt worden. Zwar beschrieb Reuter, der nach seiner Begnadigung am 25. August 1840 die Festung Dömitz verließ, die ersten Kilometer seines Heimwegs durch „nicks as Sand un Dannenbusch" (*Festungstid*, Kap. 26); doch erwähnte er an dieser Stelle nicht, dass er ein Stück des Weges von einer Pferdekutsche mitgenommen wurde, mit welcher der Lübecker Weinhändler Josef Nissen seine Mecklenburger Kunden besuchte. In *De Pird'kur* aus seinen 1853 erschienenen *Läuschen un Rimels* revanchierte sich der zum Literaten gewordene Reuter, indem er einen französischen Wein – „Schatoh la ros'" – kommentierte: „Nie drünk ick betern Win, as dissen! Hei is von Maßman un von Nissen." Es entwickelte sich eine Freundschaft zwischen Reuter und Nissen, die Reuter nicht nur durch seine Lübeck-Besuche ‚vor Ort', sondern auch durch Weinbestellungen aus der Ferne festigte,[33] wozu auch Nissen etwa mit einer Torte als Weihnachtsgeschenk beitrug.[34]

Wein-Bestellungen aus Lübeck durch Fritz Reuter bzw. seine Frau Luise erfolgten aber auch bei Wilhelm Scharff, dem Teilhaber der Weinhandlung Lange & Scharff in der Mühlenstraße. Wilhelm Scharff war Luises Onkel, der Bruder ihrer Mutter. In seinem Hause lebte Luise, als sie von 1834 bis 1835 im Lübecker Ernestinum zur Schule ging[35] und sich mit der Verbindung zu Schulfreundinnen und zur Verwandtschaft für ihr weiteres Leben eine gute Erinnerung an diese Stadt bewahrte, so dass sie nach Fritz Reuters Tod zeitweise sogar den – nicht verwirklichten – Gedanken hatte, ihren Lebensabend in Lübeck zu verbringen.[36] Und – natürlich – wenn das Ehepaar Reuter in Lübeck weilte, dann gehörte dazu auch ein Besuch der dort lebenden Verwandten.

Von Eisenach aus unternahm Reuter im Frühjahr 1865 einen längeren Mecklenburg-Besuch. Anschließend: „Von Wismar güng't nah Lübeck tau minen Fründ Grashof" und „de annern Frünn".[37] Das „Kleeblatt Dettmer, Grashof und Wichmann" (Gaedertz) bildete in der Tat den Kern der inneren Bindung Reuters an Lübeck, wobei die besondere Freundschaft zu Grashof noch durch die Tatsache untermauert wurde, dass Reuter ihn vertrauensvoll in die Verwaltung der eigenen Finanzen einbezog. Diese intensive und innige Beziehung wurde schmerzlich zerrissen, als Grashof am 24. September 1867 unerwartet starb. Ende Dezember 1868 stand Reuter an Grashofs Grab. Es war Reuters letzter Besuch in Lübeck.

Anmerkungen

1 Freimüthiges Abendblatt, 2. Jg. Nr. 91, Schwerin 1819, Sp. 632.
2 Arnold Hückstädt: „Ich würde doch nach Jena gehen." – Fritz Reuter als Student und Burschenschafter in Jena 1832/33. In: Fritz Reuter in Eisenach. Hg. von Christian Bunners, Ulf Bichel und Dieter Scheven. Hamburg 1998 (Beiträge der Fritz Reuter Gesellschaft 8), S. 15–31.
3 Karl Theodor Gaedertz: Reuter-Freunde in Lübeck. In: Reuter-Kalender auf das Jahr 1911, Leipzig 1910, S. 70.
4 Neue Lübeckische Blätter, 24. Jg. Nr. 51 vom 19.12.1858, S. 413f.
5 Klaus Lüders: Ludwig Reinhard – Ein Freund Fritz Reuters. In: Fritz Reuter und die Reformbestrebungen seiner Zeit. Hg. von Christian Bunners, Ulf Bichel und Jürgen Grote. Rostock 2002 (Beiträge der Fritz Reuter Gesellschaft 11), S. 38–67.
6 Ludwig Reinhard: Der Triersche Rock. Ein Tractätlein aus Mecklenburg. Hamburg 1845, S. 5.
7 Neue Lübeckische Blätter (wie Anm. 4), S. 414.
8 Ebd.
9 Lübeckische Blätter, 18. Jg. Nr. 102 vom 20.12.1876, S. 607 (Nachruf auf August Wichmann).
10 Ebd. Auch die folgenden Lebensdaten entstammen diesem Nachruf.
11 Ebd.
12 Vgl. Biographisches Lexikon für Schleswig-Holstein und Lübeck. Bd. 7. Neumünster 1985, S. 156ff.
13 Wermuth/Stieber: Die Communisten-Verschwörungen des neunzehnten Jahrhunderts. Zweiter Theil. Berlin 1854, S. 92.
14 Matthias Manke: Die politischen Aktivitäten der bürgerlichen Demokraten aus Mecklenburg-Schwerin im Visier der Geheimpolizei des Deutschen Bundes (1850–1853). In: Die mecklenburgischen Großherzogtümer im deutschen und europäischen Zusammenhang 1815 bis 1871. Hg. von Ilona Buchsteiner. Rostock 2002 (Rostocker Beiträge zur Deutschen und Europäischen Geschichte 11), S. 137.
15 Lübeckische Blätter, 21. Jg. Nr. 45 vom 4.6.1879, S. 257.
16 Lübeckische Blätter, 22. Jg. Nr. 25 vom 28.3.1880, S. 145.
17 Ebd.
18 Wolf-Dieter Hauschildt: Kirchengeschichte Lübecks. Christentum und Bürgertum in neun Jahrhunderten. Lübeck 1981, S. 408.
19 Gaedertz (wie Anm. 3), S. 70.
20 Dante Alighieri: Die Göttliche Komödie, Beginn des Dritten Gesangs.
21 Otto Vitense: Fritz Reuter und die Hansestädte. In: Mecklenburgische Monatshefte vom Juli 1934, S. 332.
22 Gaedertz (wie Anm. 3), S. 73f.
23 Fritz Reuter: Zwei Briefe an August Wichmann, geschrieben in Siedenbollentin am 24.4.1862 und 5.5.1862. In: Fritz Reuter: Gesammelte Werke und Briefe. Hg. von Kurt Batt. Rostock 1966/67. Nachdruck 1990. Bd. 8, S. 398f.

24 Der Meklenburgische Landtagsbote. Blätter für Reform. Red. Dr. Marcus. Nr. 56, Schwerin 9.9.1848, Sp. 645.
25 Walter Schmidt: Fritz Reuters Brief an Wilhelm Wolff vom 12. Januar 1864. In: International Review of Social History. Vol 27, Part 1. Amsterdam 1982, S. 90.
26 Carl Dugge: Erinnerungen an Professor Dr. CARL TÜRCK 1800 bis 1887. Unveröffentlichtes Manuskript. Rostock 1935, S. 32.
27 Karl-Wilhelm von Wintzingerode-Knorr und Jürgen Borchert: Hoffmann von Fallersleben als politischer Asylant in Mecklenburg. In: Modernisierung und Freiheit. Beiträge zur Demokratiegeschichte in Mecklenburg-Vorpommern. Redaktion Michael Heinrichs und Klaus Lüders. Schwerin 1995, S. 334–339.
28 Kurt Skonietzki: Ein unbekannter Brief Wilhelm Wolffs an Fritz Reuter. In: Zeitschrift für Geschichtswissenschaft. Berlin Ost 1957, Heft 6, S. 1 244.
29 Deutsches Geschlechterbuch. Bd. 88. Görlitz 1935, S. 237ff.
30 Klaus Lüders: Karl Türk – ein Rostocker Demokrat von 1848 im Lübecker Exil. In: Beiträge zur Geschichte der Stadt Rostock. Hg. im Auftrag des Vereins für Rostocker Geschichte. Bd. 23. Rostock 1999, S. 110–134.
31 Manke (wie Anm. 14), S. 131.
32 Lübecker Zeitung Nr. 110 vom 12.5.1862, S. 2, sowie Nr. 111 vom 13.5.1862, S. 3.
33 Max Steen: Fritz Reuter und Lübeck. In: Fritz Reuter Almanach. Hg. von der Fritz Reuter Gesellschaft. Lübeck 1969, S. 40f.
34 Vitense (wie Anm. 21), S. 333.
35 Cornelia Nenz: Auf immer und ewig Dein Fritz Reuter. Aus dem Leben der Luise Reuter. Rostock 1998, S. 9f.
36 Ebd., S. 84 f.; Gaedertz (wie Anm. 3), S. 87.
37 Vitense (wie Anm. 21), S. 332.

Irmtraud Rösler

Lubece – aller Steden schone.
Mittelniederdeutsch als lingua franca in Nordeuropa

„Lubece aller Steden schone, van riken ehren dragestu de krone" – überlieferte Würdigungen der Stadt Lübeck aus älterer Zeit beziehen sich stets vor allem auf die dominierende Stellung Lübecks zur Zeit der Hanse. So findet sich in der *Chronica novella* des Hermann Korner, die ins ausgehende 15. Jahrhundert datiert wird, für Lübeck zum Jahr 1104 folgende Aussage: „god [...] heft vorseen, dat se worden is en crone unde en hovet aller Hansestede"[1] und auf der *Stadtansicht Lübeck von Osten* des Elias Diebel aus dem Jahre 1552 gibt das zwischen den Wolken schwebende Schmuckband die Information: „LUBECA URBS IMPERIALIS LIBRA CIVITATUM WANDALICARUM ET TOTIS ANSAE SAXONICAE CAPUT"[2] (Die freie Reichsstadt Lübeck, das Haupt der wendischen Städte und der ganzen niedersächsischen Hanse). Die in diesen Aussagen verwendeten Metaphern „krone" und „hovet" betonen die Herrschaftsstellung Lübecks und beziehen sich auf das hierarchisch geordnete Machtgefüge der Hanse. Die Metapher „Haupt der Hanse" begegnet uns noch heute, z. B. im Textband zur Ausstellung *Die Hanse – Lebenswirklichkeit und Mythos* aus dem Jahre 1989, in dem der Aufsatz zu Lübeck den Titel *Das Haupt der Hanse: Lübeck*[3] trägt.

Neben dieser politischen und wirtschaftlichen Vormachtstellung Lübecks zur Zeit der Hanse wären durchaus noch weitere Aspekte zum Lobe Lübecks anzuführen, z. B. in juristischer (Lübisches Recht) oder kultureller Hinsicht. Hier möchte ich nur hinweisen auf einige der – auch im europäischen Kontext – literaturgeschichtlich bedeutsamen Drucke, die Lübecker Druckereien entstammen: *Reynke de vos, Dat narren schyp, Des dodes dantz, Gregorius Lubicensis.*

In den weiteren Ausführungen wird es jedoch, wie bereits im Titel angedeutet, um den sprachlichen Aspekt gehen, und – ausgehend von Lübeck zur Zeit der Hanse – rückt somit das Mittelniederdeutsche ins Blickfeld. Das Mittelniederdeutsche ist – wie noch gezeigt werden soll – eng verbunden mit der Hanse. So verweist z. B. Willy Sanders bereits im Titel seiner sprachgeschichtlichen Darstellung des Niederdeutschen *Sachsensprache, Hansesprache, Plattdeutsch*[4] auf diese Verbindung. Internationale Bedeutung erlangte das Niederdeutsche als Sprache der Hanse, und der Niedergang der Hanse förderte den Sprachenwechsel Norddeutschlands zum Hochdeutschen in der offiziellen Kommunikation.

Die Bezeichnung *Mittelniederdeutsch* geht auf die seit Jacob Grimm für europäische Sprachen übliche dreiteilige Periodisierung in Alt-, Mittel- und

Neu- zurück. Diese Begriffe sind keine konkreten Sprachbenennungen, sondern wurden von Sprachwissenschaftlern geprägt, um eine systematische Periodisierung zu erreichen. Deshalb ist ein Blick auf die Bezeichnungen für die niederdeutsche Sprache in dem hier interessierenden Zeitraum – von ca. Mitte des 14. Jahrhundert bis zum Anfang des 16. Jahrhunderts, die Zeit des *Klassischen Mittelniederdeutsch* – interessant. In einer Bremer Urkunde aus dem Jahre 1482 gibt es den lateinischen Hinweis: „in vulgari Almanico basso" (in gewöhnlichem gemeinen Deutsch). Zeitgenössische deutschsprachige Bezeichnungen verweisen allgemein auf die Volkssprachigkeit: „düdesch", „to düde", z. B. gab es in manchen norddeutschen Städten *düdesche schriffscholen*, zur Unterscheidung von den *Lateinschulen*. Als Eigenbezeichnung ist – in Abgrenzung zum Hochdeutschen – „unse düdesch", „moderlike sprake", „sassesch düdesch" überliefert. Bis ins 17. Jahrhundert dominiert „sassesche sprake", womit auf die Stammeszugehörigkeit verwiesen wird. Seit dem 16. Jahrhundert begegnet daneben vereinzelt auch „nedderdüdesch", „neddersassesch", „nedderlendesch". So wird in einem Gebetbuch aus dem Jahre 1457 nachdrücklich darauf hingewiesen, dass es „van den hoghen duutsche vten ouerlantschen duutsche int nedderduutsche" übertragen sei.

Aus den hochdeutschen Gebieten sind aus dem 16. Jahrhundert die Bezeichnungen „niderlendisch", „sechsisch" und seit dem 17. Jahrhundert auch „niederdeutsch" belegt. So betont z. B. Martin Luther, er „brauche der gemeinen deutschen Sprache, daß mich beide, Ober- und Niederländer verstehen mögen"[5], wobei mit den „Niederländern" die Norddeutschen, die Niederdeutschen also, gemeint sind.

In den Niederlanden wurde das Mittelniederdeutsche als „ostersche sprake" – offensichtlich durch die Himmelsrichtung Osten, in der die Niederdeutschsprecher beheimatet waren, beeinflusst – oder als „saxische sprake" bezeichnet.

Für den Ausdruck „Plattdeutsch", das in der Gegenwart verwendete Synonym für das Neuniederdeutsche, gibt es einen frühen Beleg, der auf die ursprüngliche Bedeutung des Wortes verweist. In einem 1524 in Delft gedruckten Neuen Testament wird im Titel und Vorwort darauf hingewiesen, es sei „in goede platten duytsche" abgefasst, was besagen sollte, der sich anschließende Text sei *klar, deutlich, jedermann verständlich*;[6] womit also die heimische Volkssprache – im Gegensatz zur Sprache der *Hohen Literatur* – gemeint ist.

Der Sprachraum des Mittelniederdeutschen hatte sich im Vergleich zum Altniederdeutschen erheblich ausgeweitet, insbesondere durch die Ostsiedlung, in deren Verlauf auch „die Gründungen des deutschen Lübeck (1143 und 1159)"[7] erfolgten. Auf die interessante, wechselvolle Geschichte des geographischen Raumes, der mit der Geschichte des Niederdeutschen, speziell der Hanse, verbunden ist, kann hier leider nicht weiter eingegangen werden.

Die Karte zum *Geltungsbereich der Hansesprache im 14./15. Jahrhundert*[8] verdeutlicht die Größe dieses Raumes, zu dem auch die Kontore und Niederlassungen, d. h. die Ansiedlungen von Handwerkern usw., im Ausland zu rechnen sind. Von den Kontoren, die mitunter einen von der einheimischen Bevölkerung oder von den Hanseaten geprägten Eigennamen trugen, werden von den Hansehistorikern als besonders wichtig herausgestellt: das *Kontor der Osterlinge* in Brügge, der *Peterhof* in Nowgorod, der *Stalhof* in London und die *Tyske brugge* in Bergen. Mit dem Begriff *Hansesprache* meint Willy Sanders auf dieser Karte den Einflussbereich der Hanse und ihrer Sprache, so dass neben dem dominierenden Mittelniederdeutsch der Hanseaten auch die jeweiligen Volkssprachen zu berücksichtigen sind, z. B. die skandinavischen, livischen, flämischen.

Oberste Instanz der Städte-Gemeinschaft der Hanse, die sich aus dem genossenschaftlichen Zusammenschluss der norddeutschen Kaufleute im Ausland entwickelt hatte, war der Hansetag. Diese Hauptversammlung der Hansestädte wurde ab 1356 das leitende Organ der Städtehanse.[9] Neben den zwischen 1356 und 1480 stattgefundenen 72 Hansetagen, von denen 54 in Lübeck abgehalten wurden – was auf die Vormachtstellung Lübecks und seine günstige geographische Lage zurückgeführt wird –, gab es die Regionaltage der Hansestädte (z. B. Wendisches Quartier, Preußisches Quartier), die ebenfalls eine wichtige Rolle bei der Vorbereitung der Hansetage spielten. Zu den Beschlüssen, die auf den Hansetagen gefasst wurden, führt Dollinger aus: „Diese Beschlüsse wurden auf Pergament in Form von ‚Rezessen' schriftlich festgehalten und durch das Siegel der Stadt beglaubigt, in welcher der Tag stattgefunden hatte. Jeder Ratssendebote erhielt eine Abschrift davon und ließ nach der Rückkehr in seine Stadt Kopien für die zu seinem Bereich gehörenden Städte ausfertigen."[10]

Die Rezesse sowie schriftliche Überlieferungen zur Vorbereitung (Einladungsschreiben, Tagesordnungen, Absagen usw.) und zum Ablauf der Hansetage (Protokolle, Anwesenheitslisten u. ä.) sind in umfangreichen Quelleneditionen greifbar und können somit zur Beantwortung der Frage „Wie kommunizierte man miteinander im Bereich der Hanse? War das Mittelniederdeutsche, als Sprache der Hanse, die lingua franca in Nordeuropa?" mit herangezogen werden. „Lingua franca" ist der Fachausdruck für eine Sprache, die auf einzelnen Gebieten wie Handel, Wirtschaft oder Wissenschaft Menschen unterschiedlicher Sprachen die Verständigung ermöglicht.

Aufgrund der schriftlichen Überlieferung lässt sich feststellen, dass zur Zeit der Kaufmannshanse (bis ca. 1300) vorwiegend Latein als Schreibsprache verwendet wurde, z. B. für Verträge, die mit ausländischen Handelspartnern abgeschlossen oder in Privilegien, die den Hansekaufleuten von den englischen, dänischen, norwegischen Königen und flandrischen Grafen verliehen wurden. Als Ausnahmen sind das 1199 in Kirchenslawisch ausgestellte Privileg des Nowgoroder Fürsten Jaroslaw und die in niederländischer Sprache abgefassten Brügger Privilegien von 1309 überliefert.

Seit der zweiten Hälfte des 14. Jahrhunderts, der Zeit der Städtehanse, sind mittelniederdeutsche Schriftzeugnisse – z. B. Textsorten des Handels und des Städtebundes, (Verträge, Korrespondenzen, Protokolle, Rechnungen, Kaufmannsbücher), der Verwaltung (Burspraken, Stadtbücher, Testamente), der Seefahrt (Seebücher, Schiffsordnungen, Lieferlisten) – aus vielen Gebieten Nordeuropas überliefert: aus Norddeutschland, den skandinavischen Ländern, den Niederlanden, England, dem Baltikum und Russland.

Der sich seit dem 13. Jahrhundert ausweitende Handel im Bereich der Hanse führte zu einer Zunahme und Intensivierung der direkten Kontakte, die sich zwischen den Kaufleuten mit unterschiedlichen Muttersprachen ergaben: Kaufgespräche waren zu führen, Verträge wurden besprochen und vereinbart, Warenlieferungen organisiert und vieles mehr war zu verhandeln.[11] Für die Frühphase wird – dies betrifft vor allem das Baltikum und Rußland – die Vermittlung durch Dolmetscher, die als *talemann* oder *tolk* bezeichnet wurden, angenommen, während für die spätere Zeit von einer Zwei- oder sogar Mehrsprachigkeit der Handelspartner, insbesondere der Hansekaufleute, ausgegangen wird.[12]

In den Untersuchungen zu den Sprachkontakten in Skandinavien wird neben der besonders günstigen Konstellation der außersprachlichen Gegebenheiten – positives Image der deutschen Handels- und Kulturgüter (z. B. Drucke) sowie die Effektivität der Organisationsstrukturen der Hanse – auch auf die relativ enge genetische und typologische Verwandtschaft des Niederdeutschen mit den skandinavischen Sprachen – Schwedisch, Norwegisch, Dänisch – aufmerksam gemacht, was den Prozess der Integration mittelniederdeutscher Sprachelemente erleichterte.[13]

Eine nicht unbedeutende Rolle bei der Rekonstruktion der Sprachverhältnisse im skandinavischen Raum zur Zeit der Hanse spielt in den neueren Forschungen der Aspekt der Semikommunikation, bei der von einer „passiven oder rezeptiven Mehrsprachigkeit mit produktiver Einsprachigkeit"[14] ausgegangen wird. Kurt Braunmüller gibt eine klare Definition des von Einar Haugen[15] 1966 für die innerskandinavische Kommunikation geprägten Terminus *Semikommunikation*: „… jeder redet (bzw. schreibt) weiterhin seine Muttersprache, im (begründeten) Vertrauen darauf, daß er bei etwas gutem Willen verstanden wird, und daß diese Kommunikationsform von seinem Gegenüber (nicht zuletzt auch aus außerlinguistischen Gründen) akzeptiert wird."[16]

Diese Form der Semikommunikation vermutet Braunmüller auch für die Sprachkontakte zwischen Niederdeutschen und Skandinaviern im Hoch- und Spätmittelalter. So betont er aufgrund der Quellenlage: „An keiner einzigen Stelle wird während des ganzen Mittelalters davon berichtet, dass bei mündlicher Kommunikation im Hanseraum (mit Ausnahme Russlands, Estlands und wohl auch Südenglands) Dolmetscher und Übersetzer tätig waren, wenn etwa auf Niederdeutsch verfasste Mitteilungen öffentlich kundgemacht werden sollten. Nur Lateinisches wurde regelmäßig übersetzt, Niederdeutsches dagegen nie, jedenfalls wird dies nirgendwo erwähnt."[17] Diese Aussage betrifft jedoch nur offizielle Dokumente, Verlautbarungen oder Briefe, nicht jedoch literarische Werke, denn diese „wurde(n) selbstverständlich immer vom Niederdeutschen in die skandinavischen Sprachen übersetzt".[18]

Bei der Kommunikation zwischen Handelspartnern wird es sich wohl zumeist auch um eine face-to-face-Kommunikation gehandelt haben, so dass mit Hilfe von Gestik und Mimik oder auch durch Zeigen auf Gegenstände eventuelle Verständnislücken überbrückt wurden.

Aufgrund der vielfältigen Kontakte zwischen Mittelniederdeutsch und den skandinavischen Sprachen gab es – wie in mehreren Forschungen nachgewiesen wird – wechselseitige Beeinflussungen der beteiligten Sprachen auf allen sprachlichen Ebenen.[19] Hier sei im Folgenden auf die lexikalische Ebene eingegangen, s. Tabelle 1, in der einige Beispiele für Entlehnungen aus dem Mittelniederdeutschen in die schwedische und in die dänische Sprache gezeigt werden.[20]

dänisch	schwedisch	mittelniederdeutsch	hochdeutsch
køkken	kök	koke(ne)	Küche
tallerken	tallrik	tallorken	Teller(chen)
gaffel	gaffel	gaffel(e)	Gabel
kirsebær	körsbär	kersebere	Kirsche
smag	smak	smak	Geschmack
brændevin	brännvin	bernewin, brendevein	Branntwein
kræmmer	krämare	kremer	Händler
repslager	repslagare	rep-sleger	Seiler
kro	krog	kroch / kruch	Schenke, Krug
begynde	(begynda) börja	beginen	beginnen
snakke	(snakka)	snacken	reden

Tab. 1: Einfluss des Mittelniederdeutschen auf die skandinavischen Sprachen

Betont wird in der Forschungsliteratur der unterschiedliche Anteil des Lehnwortschatzes in den einzelnen Kommunikationsbereichen. So begegnen uns im schwedischen Grundwortschatz nur etwa 1,5 % Entlehnungen aus dem Mittelniederdeutschen, z. B. *bliven* (werden), *men* (aber), *nu* (jetzt), während der Anteil der Fachwörter in den Bereichen Handel, Geldwesen, Schiffahrt, Handwerk, Recht und Verwaltung bei ca. 50 % liegt.

Beim Betrachten des Einflusses der mittelniederdeutschen Sprache in Livland (heute Lettland und Estland) kann nicht vom Modell der Semikommunikation ausgegangen werden, da die untersuchten Sprachen – das Lettische und das Estnische – keine germanischen Sprachen sind, so dass es keine genetische und typologische Verwandtschaft gibt. Auch sind aufgrund der historischen Entwicklung die außersprachlichen Gegebenheiten anders als in Skandinavien. Die Geschichte der baltischen Länder Estland und Lettland kann hier im Einzelnen nicht dargestellt werden[21], erwähnt seien jedoch einige, für die zu behandelnde Thematik entscheidende Fakten: In der zweiten Hälfte des 12. Jahrhunderts erwacht das Interesse der Deutschen am livländischen Gebiet (Kaufleute, Missionare, Kreuzritter); 1201 Gründung der Stadt Riga durch Bischof Albert; Unterwerfung der livischen Gebiete; der Ordensstaat Livland wird gebildet; die Städte Riga, Reval und Dorpat entwickeln sich zu bedeutenden Handelszentren, die – wie auch andere baltische Hafenstädte – Zwischenstation für den Handel mit Russland sind. In vielen Bereichen – Verwaltung, Rechtsprechung, Handel, Religion – diente das Niederdeutsche als schriftliches und mündliches Kommunikationsmittel, während die Sprache der einheimischen Bevölkerung – also das Lettische und Estnische – nur als gesprochene Sprache genutzt wurde. So gab es aufgrund dieser historischen Gegebenheiten einen intensiven und jahrhundertelangen Sprachkontakt zwischen der deutschsprachigen Bevölkerung und den „Undeutschen", wie traditionell in den Quellen die einheimische Bevölkerung bezeichnet wurde.[22] Der Einfluss dieses Sprachkontakts auf die lettische und die estnische Sprache – so ist in den Forschungen herausgearbeitet worden – lässt sich noch heute finden, insbesondere im Bereich der Lexik. In Tabelle 2 seien einige Beispiele gegeben:[23]

lettisch	estnisch	mittelniederdeutsch	hochdeutsch
amats	amet	ambet	Amt, Gewerbe
bise	püss	busse	Büchse, Flinte
dakts	taht	dacht	Docht
evelets	höövel	hovel	Hobel
kekis	köök	koke(ne)	Küche
kesteris	köster	koster	Küster
kurvis	korv	korf	Korb
melderis	mölder	möller	Müller
panne	pann	panne	Pfanne
pilars	pilar	piler	Pfeiler

Tab.2: Lehnwörter aus dem Mittelniederdeutschen in der lettischen und estnischen Sprache

Seite 51: Geltungsbereich der Hansesprache im 14. / 15. Jahrhundert

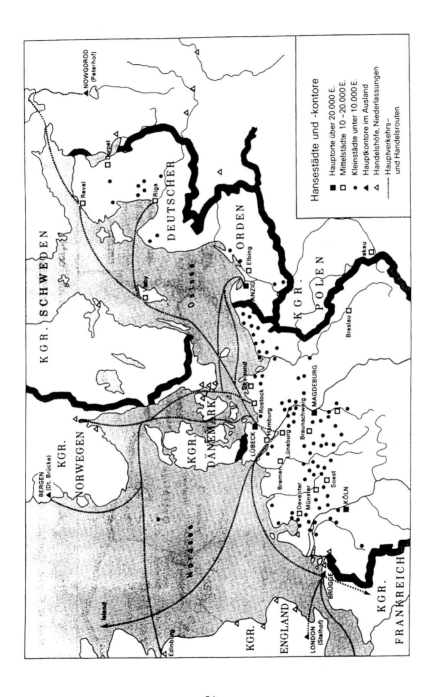

Erwähnt seien noch einige Lehnwörter, die im Kaschubischen – der im Gebiet um Danzig erhaltenen heimischen Sprache – begegnen und auf Sprachkontakte zur Hansezeit zurückgehen können: buukvita < mnd. bokwete ‚Buchweizen', fuul < mnd. vul ‚voll', schelpa < mnd. schelp ‚Schilf, Seetang', tap < mnd. tappe ‚Zapfen'.

Dass es für einen erfolgreichen Handel sehr förderlich ist, wenn man die Sprache des Handelspartners beherrscht – das war der Hanse durchaus bewusst. Insbesondere die Intensivierung des Handels mit Russland seit dem 13. Jahrhundert verlangte Sprachkenntnisse, zumal Russland aus religiösen Gründen auch nicht bereit war, die lateinische Sprache als Mittlersprache zu akzeptieren.[24] Deshalb mussten zur Gestaltung der Beziehungen zwischen den Deutschen und den Russen Dolmetscher, die *tolks*, herangezogen werden. Die bedeutende Rolle, die den Sprachkundigen durch diese Situation zukam, spiegelt sich in vielen rechtlichen Bestimmungen wider. So musste z. B. im Vergleich zum Totschlag eines einfachen Bürgers für den Totschlag eines Dolmetschers die doppelte Buße gezahlt werden, und als der Dolmetscher Gerhard von Kleve in Narva ermordet wurde, kam es zu einer Unterbrechung des gesamten deutsch-russischen Handels, der erst nach längeren Verhandlungen wieder aufgenommen werden konnte.[25] Und 1403 beschwerte sich der Kaufmann Johann Wrede bei dem Rat zu Reval über einen Dolmetscher, denn „de bref, den wi em mede to Novgarden gaven, int erste unrechte getolket wart". Deshalb forderte Wrede, dass man diesem Übersetzer „den tunge mit den wortelen afsniden" solle.[26]

Mit dem Ausbau der deutsch-russischen Kontakte, und zwar nicht nur für den Bereich des Handels, nahm der Bedarf an Dolmetschern – die übrigens überwiegend im russisch-livländischen Raum beheimatet waren – stetig zu. Deshalb ging die Hanse bald dazu über, die Anforderungen an künftige Kaufleute, die eine Tätigkeit in einem Auslandskontor anstrebten, diesen Gegebenheiten anzupassen. Innerhalb der mehrjährigen, bis zu sechs Jahren dauernden Ausbildung des kaufmännischen Nachwuchses stellte das Erlernen einer Fremdsprache ein besonderes Teilziel dar. Die jungen Kaufleute wurden als *sprakelerer*, d. h. als ‚Sprachschüler' ins Ausland geschickt, „damit sy etwas erfarten und die sprach erlehrneten", wie es in der Lehrordnung der Lübecker Rigafahrer heißt.[27] Für derartige Auslandsaufenthalte gibt es auch Belege: So schuldete im Jahre 1440 der Lübecker Gereke Hober dem Revaler Bürger Hinrik van der Heyde Geld, das dieser ihm geliehen hatte, „de sprake Rusch vnde Eetensch lerende".[28]

Die Bedeutung von Sprachkenntnissen für einen erfolgreichen Fernhandel, der nach Möglichkeit nicht mehr nur mit Hilfe von Dolmetschern abgewickelt werden sollte, war der Hanse offensichtlich seit langem bewusst. Aus handelspolitischen Gründen bemühte sie sich, das Erlernen der russischen Sprache zu monopolisieren, um die niederländische und englische Konkurrenz besser abwehren zu können, wie verschiedene Rezessse der Hansetage zeigen. So wurde auf dem Hansetag 1423 in Lübeck das Verbot erlassen „dat man jennigen Hollandesschen jungen up de sprake bringe"[29] und 1434 wurde auf dem Livländischen Städtetag in Wolmar angeordnet: „Ok en sall man neynes Hollanders, Zeelanders, Campeers, Vlaminghe noch Engelsche jungen doen noch doen helpen up de sprake bii 10 mark selvers to vorvallende an de stede."[30] Ähnliche Bestimmungen wurden auf den Hansetagen 1434, 1447, 1470 und 1487 in Lübeck sowie 1442 in Stralsund erlassen.[31]

Aus der Zeit dieser Beschlüsse, aus dem 15. Jahrhundert also, sind keine schriftlichen Materialien überliefert, die einen Einblick in die Praxis des Spracherwerbs erlauben, wie es für den oberdeutschen Italienhandel mit Hilfe eines italienisch-deutschen Sprachbuches aus Venedig vom Jahre 1424 möglich ist. Sollte es jedoch bereits im 15. Jahrhundert zum Erlernen der russischen Sprache schriftliche Materialien gegeben haben, so wurden diese – aus sprachpolitischen Gründen? – über einen längeren Zeitraum wahrscheinlich nur intern verwendet und sind vielleicht deshalb nicht erhalten.

Obwohl die Hanse das Sprachmonopol Russisch aufgrund der Entwicklungen im livländischen und westrussischen Raum im 16. Jahrhundert nicht mehr aufrechterhalten konnte und die west- und nordeuropäischen Handelskonkurrenten leichter als bisher den Zugang zur russischen Sprache fanden, besaß die Hanse bis ins 17. Jahrhundert hinein die besten Kenner des Russischen. So ist z. B. der Kaufmann Zacharias Meyer, „der gegen Ende des 16. Jahrhunderts innerhalb von 20 Jahren nicht weniger als sechzehnmal in Rußland weilte und dort als versierter Sprachkenner und Handelsfachmann hohe Anerkennung fand",[32] sicher keine Einzelerscheinung gewesen. Denn ein Strukturwandel im hansischen Handel hatte dazu geführt, daß die „Eckpfeiler der Hanse, die Kontore", an Bedeutung verloren und der einzelne Kaufmann es vorzog, „sich außerhalb des Hansekontors niederzulassen und hier Handelsverbindungen mit den fremden Kaufleuten … anzuknüpfen, um gewinnbringende Handelsgeschäfte tätigen zu können."[33] Dies bedeutete dann konkret für den Russlandhandel, dass sich möglichst viele Kaufleute die russische Sprache aneignen mussten.

Nun setzt auch die Überlieferung von Texten ein, die den deutschen Kaufleuten helfen sollten, sich in der fremdsprachigen Umgebung zurechtzufinden, und die zudem ein Hilfsmittel zum Erlernen der russischen Sprache darstellten. Zu den wohl interessantesten Überlieferungen aus diesem Kommunikationsbereich Spracherwerb zählen die handschriftlichen Texte, für die sich in der Literatur der Terminus *Gesprächsbücher* durchgesetzt hat.[34] Diese zweisprachigen *Gesprächsbücher* sollten vor allem helfen, sich in einer fremdsprachigen Umgebung zurechtzufinden. Für einen Aufenthalt in russischsprachiger Umgebung sind bis zum Ende des 17. Jahrhunderts zwei niederdeutsch-russische Quellen überliefert, die dieser Textsorte zuzurechnen sind.[35] Vorbild für diese Texte, die auch in der Kombination mit Hochdeutsch,[36] Englisch (2 x), Französisch (1 x) und Schwedisch (1 x)[37] aufgefunden wurden, scheinen die lateinischen Sprachbücher der Humanisten zu sein. Obwohl jede Handschrift ihren eigenen Charakter hat, gibt es vom Inhalt her doch Gemeinsamkeiten: nach Themen geordnete Vokabellisten, Gespräche zu unterschiedlichen Themen, Listen in zweisprachiger Gegenüberstellung: Vornamen, Städtenamen, Herrschaftstitel. Das Ziel dieser *Gesprächsbücher* war es, „tho schriuen de rusche sprake alse de dutzschen myt den rußen behouen tho spreken van den hußlichen vnd daglichen doende, vnd van allerley werke tho sprekende"[38] – so kann man es in dem russisch- (mittel)niederdeutschen Gesprächsbuch des Tönnies Fenne lesen. Der 1587 in Lübeck – als Sohn des im Russlandhandel tätigen Kaufmanns Hans Fonne – geborene Tönnies Fenne bzw. Fonne,[39] unternahm als lübischer Handelsdiener mehrere Reisen durch Russland und kannte sich also in der von ihm bearbeiteten Materie gut aus. Auf der ersten Seite der umfangreichen Handschrift – über 500 Seiten – gibt es den Eintrag „Tonnies Fenne gehordt düt boek. Anno den 1. septemb. zur Pleschow geschrieben" und den Schenkungsvermerk: „Anno 1609 den 9. Juni hab Ich T. F. Disz Buch Hinrich Wistinghauszen Vorerdt". Die in diesen Einträgen zu bemerkenden hochdeutschen Interferenzen treten in den niederdeutschen Textteilen des Gesprächsbuches nicht auf – es ist eine interessante mittelniederdeutsche Quelle. Der Lübecker Kaufmann Hinrich Wistinghausen, an den Fenne sein Gesprächsbuch weitergab, war ebenfalls im Russlandhandel tätig, weshalb er dieses Geschenk sicher nutzen konnte.

Als Folgen des russisch-niederdeutschen Sprachkontaktes sind Entlehnungen festzustellen, die in beide Richtungen erfolgten. Wie Catherine Squires ausführt, lassen sich mehr mittelniederdeutsche Entlehnungen im Russischen finden als in anderer Richtung,[40] womit die Ausstrahlungskraft der mittelniederdeutschen Sprache einmal mehr belegt ist. Russische Lehnwörter[41] in mittelniederdeutschen Texten betreffen vor allem Warennamen, Titel u. ä., z. B. Bezeichnungen für Pelze und Häute *lasteken* (Wieselpelz), *borahne* (Schaffell), *juften* (Juchtenleder), Fälschungen von Pelzen bzw. minderwertige Pelze *schevenyssen, troynisse, doyenisse* (d. h. mehrfach zusammengenähte Pelzstücke), die Bezeichnung für eine spezielle Handwaage *besemer*, regionspezifische Denotate *deiget* (Birkenteer), *loddige* (russ. Handelsschiff), *clete* (Zimmer im hansischen Peterhof), *gridnize* (Wachraum). Interessant sind auch die kulturell bedingten Übernahmen, die sich in Verträgen widerspiegeln, z. B. die formelhaften Wendungen, die als Sicherungsformeln dienten: *eynen frede endigen, vp dat cruce kussen*.

Die hier erwähnten Entlehnungen aus dem Russischen wurden nicht nur in Schreiben an russische Partner verwendet, sondern scheinen in den Sprachgebrauch der in Russland tätigen Händler, Diplomaten usw. übergegangen zu sein, wie sich in einem Schreiben, das deutsche Kaufleute aus Novgorod im

Jahre 1331 an den Rigaer Stadtrat – zu der Zeit also an Niederdeutsche – richteten, zeigt.[42] In diesem Schreiben gibt es einige Interferenzen des Russischen, vor allem bei Bezeichnungen für Personen, Räumlichkeiten und Transferenzen von Formeln, z. B. *Namesnick* (Stadtvogt, Statthalter), *Possatnick* (in der Volksversammlung *vece* gewählter Vertreter der Novgoroder, Burggraf), *grydnisse* (Aufenthaltsraum, Versammlungs-, Vereinshaus), *klete* (Vorratsraum), *darvp dat cruce kussen* (Vertrag besiegeln, beeiden), *crucekussinghe* (Vertragsbesiegelung), *vppe jmds. hant* (unter jmds. Schutz), *houetslande* (Bitte, Unterwerfung).

Es gäbe noch über viele interessante Tatsachen zur Ausstrahlung des Mittelniederdeutschen im Zusammenhang mit den Gesprächsbüchern, den Kontoren, der Seefahrt usw. zu berichten Abschließend sei nur angemerkt, dass die mit der Hansesprache verbundene Faszination – so meine Erfahrung aus vielen Lehrveranstaltungen zu dieser Thematik – immer wieder Studierende dazu bewegt, sich intensiver mit der (neu)niederdeutschen Sprache und Literatur zu beschäftigen.

Anmerkungen

1 Hermann Korner: Chronica novella. Hrsg. von Jakob Schwalm. Göttingen 1895, S. 536, Zeile 8f. Zitiert nach Hartmut Freytag: Gedanken über Literatur in der Stadt Lübeck während des Mittelalters und der frühen Neuzeit. In: Niederdeutsches Jahrbuch 122. Neumünster 1999, S. 7–24, hier S. 8.

2 S. Lübeck Museen für Kunst und Kulturgeschichte der Hansestadt Lübeck, Inventar-Nr. 1989/A11. Zitiert nach Hildegard Vogeler: Erläuterung zu 1.18. In: Die Hanse – Lebenswirklichkeit und Mythos. Ausstellungskatalog. Hamburg 1989, S. 42f.

3 Manfred Gläser, Rolf Hammel-Kiesow, Michael Scheftel: Das Haupt der Hanse: Lübeck. In: Die Hanse – Lebenswirklichkeit und Mythos. 2., verb. Aufl. Lübeck 1998, S. 248–268.

4 Willy Sanders: Sachsensprache, Hansesprache, Plattdeutsch: Sprachgeschichtliche Grundzüge des Niederdeutschen. Göttingen 1982.

5 Luther: Tischreden. Nr. 1040, Aurifabers deutsche Fassung. Zitiert nach: Erwin Arndt, Gisela Brandt: Luther und die deutsche Sprache. Leipzig 1983, S. 58.

6 Vgl. Willy Sanders (s. Anm. 4), S. 26.

7 Manfred Gläser, Rolf Hammel-Kiesow, Michael Scheftel (s. Anm. 3), S. 249.

8 Karte 2, Aus: Willy Sanders (s. Anm. 4), S. 239.

9 Vgl., auch zu den weiteren Ausführungen zur Organisation der Hanse: Philippe Dollinger: Die Hanse. 4., erw. Auflage. Stuttgart 1989, S. 116–131.

10 Ebd., S. 128.

11 Vgl. hierzu sowie zur wechselseitigen sprachlichen Beeinflussung: Jürgen Meier, Dieter Möhn: Die Sprache im Hanseraum. In: wie Anm. 3, S. 580–590, hier S. 584–587.

12 Wie die Hanse diese Mehrsprachigkeit ihrer Kaufleute förderte, darauf wird weiter unten eingegangen.
13 Vgl. dazu, mit weiteren Literaturangaben, Kurt Braunmüller: Niederdeutsch und Hochdeutsch im Kontakt mit den skandinavischen Sprachen. Eine Übersicht. In: Deutsch im Kontakt mit germanischen Sprachen. Hrsg. von Horst Haider Munske. Tübingen 2004, S. 1–30, hier S. 4f.
14 Kurt Braunmüller (s. Anm. 13), S. 10.
15 Einar Haugen: Semicommunication: the language gap in Scandinavia. In: Explorations in sociolinguistics. Hrsg. von S. Lieberson. Den Haag 1966, S.152–169, hier S.153: „Danes, Norwegians and Swedes expect to be understood by fellow Scandinavians when they use their own languages ... and the region offers many examples of what we may call *semicommunication.*"
16 Kurt Braunmüller: Semikommunikation und semiotische Strategien. Bausteine zu einem Modell für die Verständigung im Norden zur Zeit der Hanse. In: Niederdeutsch und die skandinavischen Sprachen II. Hrsg. von Kurt Braunmüller. Heidelberg 1995, S. 35–70, hier S. 39.
17 Kurt Braunmüller (s. Anm. 13), S. 10.
18 Ebd., Anm. 6.
19 Diese interessanten Auswirkungen der Sprachkontakte sind wiederholt Thema internationaler Fachtagungen gewesen, auf die hier nur hingewiesen sei: Niederdeutsch in Skandinavien I / 1985 – VI / 1994.
20 Auf den Nachweis jedes einzelnen Lexems in der Forschungsliteratur wird hier verzichtet, ich verweise allgemein auf die genutzte Literatur, in der auch weitere Belege für die Auswirkungen des Sprachkontakts zu finden sind: Karl Hyldgaard-Jensen: Mittelniederdeutsch und die skandinavischen Sprachen. In: Handbuch zur niederdeutschen Sprach- und Literaturwissenschaft. Hrsg. von Gerhard Cordes, Dieter Möhn. Berlin 1983, S. 666–677; Niederdeutsch und die skandinavischen Sprachen I. Hrsg. von Kurt Braunmüller, Willy Diercks. Heidelberg 1993; Niederdeutsch und die skandinavischen Sprachen II. (s. Anm. 16); Vibeke Winge: Dänische Deutsche – deutsche Dänen. Geschichte der deutschen Sprache in Dänemark 1300–1800 mit einem Ausblick auf das 19. Jahrhundert. Heidelberg 1992.
21 Verwiesen sei auf die umfassende Darstellung „Deutsche Geschichte im Osten Europas. Baltische Länder". Hrsg. von Gert von Pistohlkors. Berlin 1994, hier insbesondere auf den Aufsatz von Heinz von zur Mühlen: Livland von der Christianisierung bis zum Ende seiner Selbständigkeit (etwa 1180–1561), S. 26–172.
22 Vgl. Dzintra Lele-Rozentāle: Über den Gebrauch des Niederdeutschen bei der einheimischen Bevölkerung Lettlands. In: „Was liegt dort hinterm Horizont?" Zu Forschungsaspekten in der (nieder)deutschen Philologie. Festschrift zum 60. Geburtstag von Irmtraud Rösler. Hrsg. von Ingmar ten Venne. Rostock 2002, S. 69–83, hier S. 70.
23 Grundlage der hier angeführten Belege sind folgende Untersuchungen: Ineta Balode: Deutsch-lettische Lexikographie. Eine Untersuchung zu ihrer Tradition und Regionalität im 18. Jahrhundert. Tübingen 2002; Sabine Jordan: Niederdeutsches im Lettischen.

Untersuchungen zu den mittelniederdeutschen Lehnwörtern im Lettischen. Bielefeld 1995; Dzintra Lele-Rozentāle: Deutsch und Lettisch im Kontakt. In: Triangulum. Hrsg. von Karl Lepa, Claus Sommerfeld. Tartu 1996, S. 81–89; Dzintra Lele-Rozentāle: Niederdeutsches in der lettischen Folklore. In: Vulpis Adolatio. Festschrift für Hubertus Menke zum 60. Geburtstag. Hrsg. von Robert Peters, Horst P. Pütz, Ulrich Weber. Heidelberg 2001, S. 415–427; Dzintra Lele-Rozentāle: Über das Mittelniederdeutsche im Baltikum und seine verbindende Rolle für die Ostseeländer. In: Beiträge zur Geschichte der deutschen Sprache im Baltikum IV. Stuttgart 2005, S. 5–23; Raimo Raag: Mittelniederdeutsche und skandinavische Lehnwörter im Estnischen und Livischen. In: Sprachkontakt in der Hanse. Lübeck 1986, S. 317–347.

24 Zu dieser Problematik s. vor allem Svetlana Chevtchenko: Deutsch-russische Begegnung während der Hansezeit. Sprachliche Aspekte. Dissertation Rostock 1998; Catherine Squires: Die Hanse und Novgorod: drei Jahrhunderte Sprachkontakt. In: Niederdeutsches Jahrbuch 129. Neumünster 2006, S. 43–87.

25 Vgl. Paul Johansen: Fragment eines niederdeutsch-russischen Sprachführers (1551). In: Zeitschrift für slawische Philologie 33. Berlin 1954, S. 275–283.

26 Vgl. Wilhelm Stieda: Zur Sprachenkenntnis der Hanseaten. In: Hansische Geschichtsblätter, S. 157–161. Zitiert nach: Jürgen Meier, Dieter Möhn: Die Sprache im Hanseraum. In: Die Hanse – Lebenswirklichkeit und Mythos. Textband zur Hamburger Hanse-Ausstellung von 1989. Hrsg. von Jörgen Bracker, Volker Henn, Rainer Postel. 2., verb. Aufl. Lübeck 1998, S. 580–590, hier S. 587.

27 Vgl. Friedrich Siewert: Geschichte und Urkunden der Rigafahrer in Lübeck. Lübeck 1897.

28 Vgl. Jürgen Meier, Dieter Möhn (s. Anm. 26).

29 Hanserezesse. Die Rezesse und andere Akten der Hansetage. Abt. I: 1256–1430. 8 Bde. Hrsg. von Karl Kopmann. Leipzig 1870–1897, hier: Bd. 7, Nr. 609, § 23.

30 Hanserezesse. Die Rezesse und andere Akten der Hansetage. Abt. II: 1431–1476. 7 Bde. Hrsg. von Georg von der Ropp. Leipzig 1876–1892., hier: Bd. 1, Nr. 226, § 8.

31 Vgl. Hermann Raab: Die Anfänge der slawistischen Studien im deutschen Ostseeraum unter besonderer Berücksichtigung von Mecklenburg und Vorpommern. In: Wissenschaftliche Zeitschrift der Ernst-Moritz-Arndt-Universität Greifswald 5. 1955/56, S. 339–357.

32 Erich Donnert: Das Moskauer Rußland. Kultur und Geistesleben im 15. und 16. Jahrhundert. Leipzig 1976, S. 194.

33 K. P. Zoellner: Zur Stellung der Hansekontore in der zweiten Hälfte des 16. Jahrhunderts. In: Neue hansische Studien. Berlin 1970, S. 323–340, hier: S. 339.

34 Vgl. Hans Joachim Gernentz, Tamara Korol, Irmtraud Rösler: Das Gesprächsbuch des Tönnies Fenne in seinem sprach- und gesellschaftshistorischen Umfeld. In: Untersuchungen zum Russisch-niederdeutschen Gesprächsbuch des Tönnies Fenne, Pskov 1607. Ein Beitrag zur deutschen Sprachgeschichte. Hrsg. von Hans Joachim Gernentz. Berlin 1988.

35 S. Tönnies Fenne: ohne Titel, Pskov 1607; Johannes Heemer: Wordt Boeh, Archangelsk 1696.

36 Hierzu sind nach Erika Günther: Das deutsch-russische Sprachbuch des Heinrich Newenburgk von 1629. Frankfurt a. M. et al. 1999, S. 11, zu rechnen: Thomas Schroue: Einn russisch Buch, 1546; Anonym: Rusch Boeck, 16. Jahrhundert; Heinrich Newenburgk: „Elementarbuch", 1629; Sellius: Vocabularium Russo-germanicum, 1707; Anonym: „Trondheimer Wb", 17. Jahrhundert.

37 Vgl. die Übersicht bei Hans Joachim Gernentz (s. Anm. 34), S. 33–35.

38 Tönnies Fenne's Low german Manual of Spoken Russian, Pskov 1607. Band II: Transliteration and Translation. Hrsg. von L. L. Hammerich, Roman Jacobson. Kopenhagen 1970, S. 188.

39 Vgl. Pierre Jeannin: Der Lübecker Tönnies Fonne – ein Pionier der Slawistik. In: Hansische Geschichtsblätter 91. 1973, S. 50–53. Der Historiker Pierre Jeannin, dem es gelungen ist, durch die Lübecker Bürgeraufnahmebücher die Identität des Tönnies Fenne zu klären, vertritt die Ansicht, dass die in der Edition verwendete Namensform Fenne nicht korrekt ist, da der handschriftlich notierte Name Fonne zu lesen sei. Weitere Hinweise zu dieser niederdeutschen Kaufmannsfamilie gibt Dirk Erpenbeck: Die Kaufmannsfamilien Fonne aus Westfalen im Lübecker Rußlandhandel. Biographische Anmerkungen zum Schreiber des Pleskauer Gesprächsbuchs von 1607, Tönnies Fonne. In: Zeitschrift für Ostforschung 42. 1993, S. 548–562.

40 Vgl. Catherine Squires (s. Anm. 24), hier S. 46.

41 Die folgenden Beispiele für Entlehnungen aus dem Russischen sind entnommen aus Catherine Squires (s. Anm. 24), S. 47f.

42 Vgl. dazu Irmtraud Rösler: De schelinghe tuschen den duschen vnde den Ruscen to Naugarden. Ein Bericht aus dem Jahre 1331: Textgestalt und Sprache. In: Deutsche Sprache in Europa. Geschichte und Gegenwart. Festschrift für Ilpo Tapani Piirainen zum 60. Geburtstag. Hrsg. von Jörg Meier, Arne Ziegler. Wien 2001, S. 55–67.

Wolfgang Brandes

Vom fliegenden Holländer und dem Einsiedler von Juan Fernandez. August Freudenthals Beschäftigung mit maritimen Stoffen

Der 1851 in Fallingbostel geborene August Freudenthal[1] galt dem um dreißig Jahre älteren Hermann Allmers (1821–1902) als „Heidedichter"[2] und dem fünfzehn Jahre jüngeren Hermann Löns (1866–1914) als „Haidsänger".[3] Zurecht wurde Freudenthal diese bis dahin „noch ungewohnte Bezeichnung"[4] zuteil, hat er es doch mit Gedichten, Erzählungen, journalistischen Arbeiten, der von der Literaturwissenschaft viel zu wenig beachteten Gedichtanthologie *Die Heide* (1890) und vor allem mit den in vier Bänden unter dem Titel *Heidefahrten* (1890, 1892, 1894 und 1897) erschienenen kulturhistorischen Reisebeschreibungen verstanden, wie er mit berechtigtem Stolz selbst feststellen konnte, „für die so oft mit Unrecht geschmähte, weil verkannte Lüneburger Heide auch in weiteren Kreisen Interesse zu erwecken".[5]

So innig verbunden sich Freudenthal mit der Heide fühlte, als er 1874 die Lehrerlaufbahn aufgab und Journalist wurde – zunächst beim Bremer Courier und dann 23 Jahre lang bis zu seinem Tod 1898 bei den im Verlag von Carl Schünemann erscheinenden Bremer Nachrichten –, hatte er sich auch anderen Themengebieten zuzuwenden. Zwei literarische Ausflüge Freudenthals auf See sollen Anlass sein, seiner Arbeitsweise nachzuspüren und aufzuzeigen, was er mit seinem Schreiben erreichen wollte.

Mit dem 1880 in dem von Julius Graefe herausgegebenen Jugend- und Volksbuch *Für Herz und Geist* als „Historische Erzählung" veröffentlichten Bericht *Der Einsiedler von Juan Fernandez*[6] wagte sich Freudenthal an einen maritimen Stoff. Die Erlebnisse dieses Einsiedlers bildeten nach Ansicht von Freudenthal die „historische Grundlage" (E 10) für Daniel Defoes (1661–1731) im Jahr 1719 erschienenen Roman *Robinson Crusoe*. Bei dem Einsiedler handelt es sich um den 1676 geborenen schottischen Seemann Alexander Selkirk. Freudenthal begnügt sich aber nicht damit, nur ihn vorzustellen, sondern er geht auch auf das Schicksal „eines Eingeborenen der Moskitoküste" (E 10) ein – glaubt er doch in dem Moskito-Indianer Wil das Vorbild für Robinsons Gefährten Freitag ausmachen zu können.

Denkmal für Alexander Selkirk in der schottischen Stadt Largo

Um „die Erlebnisse Beider wahrheitsgemäß vorzuführen" (E 11) bedarf es historischer Quellen. August Freudenthal findet sie, wie er – für ein Jugendbuch höchst ungewöhnlich – in Fußnoten angibt, für Alexander Selkirk in der *Voyage autour du monde [...] par le Capitaine Wood Roggers*[7] (E 11) – recte: Woodes Rogers – und für den Moskito-Indianer Wil in William Dampiers 1715 in Rouen in fünf Bänden erschienener *Nouveau Voyage autour du monde*.[8] Weshalb Freudenthal auf französischsprachige Ausgaben zurückgreift, obwohl beide Bücher auch auf Deutsch vorlagen,[9] muss – wie auch in anderen Fällen von Freudenthals Rezeption ausländischer Literatur[10] – ungeklärt bleiben. Möglicherweise verdankt er Hinweise dem Bremer Schulleiter August Kippenberg (1830–1889), von dem posthum 1892 die Untersuchung *Robinson in Deutschland bis zur Insel Felsenburg* erschien.[11] Sehr gut möglich ist aber auch, dass Freudenthal, der des Französischen mächtig war,[12] selbst auf diese Spur kam, heißt es doch von ihm in einem Nachruf: „manches, was ein anderer kaum beachtete, gab ihm Stoff zu einer interessanten Beschreibung, und oft setzte er Stunden daran, um in der Stadtbibliothek nach alten Büchern oder Manuskripten zu suchen".[13]

In seiner historischen Erzählung berichtet Freudenthal, wie Selkirk 1704 nach einer Auseinandersetzung mit Kapitän Stradling, der das Kommando auf dem in der Südsee kreuzenden englischen Kaperschiff „Fünfhafen"[14] innehatte, auf der Insel Juan Fernandez ausgesetzt wurde. Auf der menschenleeren Insel beschleicht Selkirk zunächst das „Gefühl des Verlassenseins" (E 14).[15] Die „trüben Erinnerungen" (E 14) lassen sich erst bannen, als er Zuflucht bei nützlichen Tätigkeiten sucht und sich unter Zuhilfenahme seiner wenigen Habseligkeiten, so gut es geht, einrichtet: Aus Rohr und Ziegenfellen entsteht eine Hütte, die als Wohn-, Schlaf- und Betzimmer dient, eine weitere Behausung schafft er sich für Kochzwecke. Er bringt sich bei, Feuer durch das Reiben von hölzernen Stäben zu gewinnen, und näht sich Kleidung aus Ziegenfellen. Hoffnung, in die Heimat zurückzukehren, keimt auf, als Selkirk nach zweijährigem Aufenthalt auf der Insel von einer Bergspitze aus am Horizont zwei Schiffe entdeckt, die auf die Insel zusegeln. Doch mit Schrecken muss er erkennen, dass es sich um Spanier handelt – und mit Spanien befindet sich England im Krieg. Um nicht in Kriegsgefangenschaft zu geraten, bleibt Selkirk nichts anderes übrig, als sich auf einem Baum zu verstecken – von dem er sich erst herunterwagt, nachdem die Spanier am folgenden Tag wieder abgelegt haben.

„Da weiter keine Schiffe anlegten, so hatte er sich schon darein ergeben, hier verlassen und vergessen sterben zu müssen" (E 21), malt Freudenthal das Selkirk bevorstehende Schicksal aus. „Doch auch für ihn schlug endlich die Stunde der Erlösung" (E 21) – als nämlich im Februar 1709 zwei unter dem Kommando von Rogers und Dampier stehende englische Kaperschiffe Juan Fernandez ansteuern. Nach vier Jahren und vier Monaten „unfreiwilligen Exils" (E 21) kehrt Selkirk als ein geläuterter Mensch in die Heimat zurück, da „ihn sein Aufenthalt auf Juan Fernandez wahrhaft fromm gemacht und an Gemüth und Charakter veredelt habe." (E 22) Freudenthal folgt damit der Pädagogisierung des Stoffes, wie sie in dem „vortrefflichen[n] Jugendbuch" (E 10) *Robinson der Jüngere* von Johann Heinrich Campe (1746–1818) vorgenommen worden war. Sie schien den Geist der Zeit zu treffen, hatte Campes Buch seit seinem Erscheinen im Jahr 1779 bis zum Jahr 1870 doch schon neunundsiebzig Auflagen erlebt und wesentlich mit zur Ausformung der Gattung der Robinsonaden beigetragen.

Titelblatt der 1731 in Hamburg erschienenen Ausgabe von Defoes Robinson Crusoe

Freudenthal schildert anschließend noch „in möglichster Kürze" (E 23), wie es dem Moskito-Indianer Wil erging, der 25 Jahre vor Selkirk im Januar 1681 allein auf Juan Fernandez zurückblieb, als die vor der Insel ankernden englischen Kaperschiffe überstürzt die Flucht vor drei herannahenden spanischen Kriegsschiffen ergriffen. Auch Wil verstand es, sich in das Unvermeidliche zu finden und der Situation anzupassen – was ihm weniger Schwierigkeiten bereitete als Selkirk, war er doch, wie Freudenthal feststellt, „ein einfaches Naturkind und weniger an die Bedürfnisse des Europäer's gewöhnt". (E 24) Drei Jahre hatte er auf Juan Fernandez auszuharren, bevor ihn im Mai 1684 ein von Kapitän Cook angeführter Trupp „Freibeuter und Abenteurer, zu denen auch Dampier sich gesellte" (E 24) befreite.

Gerade das Schicksal Selkirks ist für sich allein genommen schon romanhaft genug – wie bereits die für ein jugendliches Publikum gedachten Nacherzählungen im 82. Stück des 1773 veröffentlichten *Leipziger Wochenblatts für Kinder*[16] und in *Weihnachtsblüthen. Ein Almanach für die Jugend auf das Jahr 1842*[17] bewiesen hatten. In beiden Fällen wurde jedoch erst im Nachgang zur Erzählung der Erlebnisse Selkirks zu erkennen gegeben, dass Defoe „seinen Robinson Crusoe aus diesem Vorrath von Wahrheit und Dichtung"[18] schuf. Doch gerade darum geht es Freudenthal, wie er gleich zu Beginn seines Textes und dann noch einmal am Schluss deutlich macht: Er will zeigen, dass diese Dichtung auf tatsächlichen Ereignissen beruht. Die Defoes Roman zu Grunde liegende historische Wahrheit ist ihm so wichtig, dass er anders als die vorangehenden Jugendschriftsteller nicht nur von Selkirk berichtet, sondern, ähnlich wie vor ihm schon 1805 Johann Christian Ludwig Haken (1767–1835) im ersten Band seiner *Bibliothek der Robinsone*,[19] auch auf den Moskiten Wil eingeht. Im Interesse der historischen Vorgänge nimmt er es sogar in Kauf, die Einmaligkeit des Robinson-Schicksals, die an Defoes Buch faszinierte, zu relativieren – Einsiedler, so muss es dem jugendlichen Leser von Freudenthals Bericht erscheinen, gab es mehrere.

Freudenthals Darstellung bezieht sich nicht nur auf die Berichte von Dampier und Rogers, die von ihm aus der Perspektive der Expeditionsleiter in jene eines auktorialen Erzählers überführt werden, sondern er nutzt auch, wie er selbst sagt, „andere einschlägige Quellen" (E 25). So geht er auf den Besuch ein, den der Seefahrer Anson 30 Jahre nach Selkirks Befreiung der Insel Juan Fernandez abstattete, und teilt mit, dass sich „jetzt" auf der Insel ein Depot für Walfischfänger „und, wenn wir nicht sehr irren, auch eine deutsche Colonie" (E 15) befänden. Da es zu einer planmäßigen Besiedlung erst aufgrund der 1877 von dem Schweizer Alfred de Rodt unterbreiteten Pläne kam,[20] richtete sich das öffentliche Interesse also gerade zur Abfassungszeit von Freudenthals Bericht erneut auf die Insel Juan Fernandez.

Die von Freudenthal vorgenommene Gleichsetzung Selkirk = Robinson greift allerdings zu kurz: Als Schiffbrüchiger[21] und nicht als Ausgesetzter kommt Robinson auf die Insel, auf der er 28 und nicht nur vier Jahre seines Lebens verbringen muss. Statt Furcht vor den Spaniern treibt Robinson die Angst vor den Kannibalen um, aus deren Händen er Freitag befreit – einen treuen Gefährten, wie ihn Wil oder Selkirk sicherlich gern gehabt hätten. Robinson wurde zudem fünfzig Jahre vor Selkirk geboren – sein Vater stammte aus Bremen (!) und nannte sich noch Kreutznaer, bevor er sich in Hull niederließ, durch Handel ein Vermögen erwarb und eine geborene Robinson heiratete.[22] Defoe gibt Robinson Crusoes Geburtsjahr mit 1632 und als Tag der Rückkehr nach England den 19. Dezember des Jahres 1686 an.[23] Dies sind nur einige der Unterschiede, die es nahe legen, in Defoes Roman eher eine autonome „geistige Autobiographie"[24] zu sehen, für die Selkirks Erlebnisse lediglich einige Anregungen lieferten.

Selbst wenn August Freudenthals These von der „historische[n] Grundlage des Defoe'schen Romans" (E 10) nur eingeschränkt gültig ist, es lohnt sich durchaus, auf die einigen literarischen Texten zugrunde liegenden Fakten zu schauen. Dies bestätigte sich, als sich Freudenthal 1893 ein weiteres Mal mit einem maritimen Thema beschäftigte: In den ersten Band von *Aus Niedersachsen*, der den Untertitel „Ein Volksbuch für Alt und Jung" trägt, nahm er den Beitrag *Vom fliegenden Holländer*[25] auf. Hatte der Robinson-Stoff viele Spuren in der Literatur des 18. Jahrhunderts hinterlassen, ja sogar ein eigenes Genre, die Robinsonaden, hervorgebracht, so war der Fliegende Holländer prägend für das 19. Jahrhundert. In ihm bemächtigte sich die Dichtkunst „vielfach der dämonischen Gestalt" (H 244) – Freudenthal nennt als Beispiele „Kapitän Marryats prächtigen Roman" (H 244), Richard Wagners Oper und einen Essay von Heinrich Heine.[26] Der diesen Werken zugrunde liegende „Sagenkreis vom unheilverkündenden Totenschiff" (H 242) wird von Freudenthal bis auf die Zeiten Kaiser Justinians zurückgeführt, ja im Geisterschiff macht er gar den Nachen Charons aus (H 242).

Mehr interessiert zeigt sich Freudenthal jedoch an einer anderen Traditionslinie: „Dem nordischen Volksglauben ist von jeher ein Zug zum Realistischen eigen gewesen. Was war dem Seemann unserer Küsten der alte mystische Fährmann Charon […]; er mußte greifbarere Gestalten haben, an denen sich sein Glaube an das zweite Gesicht auf See, an die Vorhersage des Unglücks und des Todes emporranken konnte." (H 243) Und die fand er in der Zeit der Hanse in tollkühnen Seeräubern oder blutschuldbeladenen Vitalienbrüdern, die zur Strafe für ihr Vergehen nun ruhelos über die See fahren müssen. Als die Hanse durch das Aufblühen der niederländischen Seemacht im 16. Jahrhundert an Bedeutung verlor, verwandelte sich der Führer des Totenschiffs in einen holländischen Seehelden.

Die Volkssage begnügte sich aber nicht mit dieser nationalen Zuschreibung, sie gab dem Fliegenden Holländer auch einen Namen. Freudenthal verweist auf die Zeitschrift *Ausland* aus dem Jahr 1841, in der Bernd Fokken erwähnt wird, ein tollkühner Seemann von außergewöhnlicher Körperkraft und abschreckendem Äußeren, „der sich weder um Wind und Wetter noch um kirchliche Feiertage kümmerte, vielmehr immer mit vollen Segeln darauf losfuhr." (H 244) Für die Fahrt nach Java rund ums Kap der guten Hoffnung brauchte er weniger als die Hälfte der normalerweise üblichen Zeit – was nur möglich schien, wenn er mit dem Teufel im Bündnis stand. „Als er zum letzten Male den Hafen verlassen hatte und nichts über sein Schicksal verlautete, war er natürlich die Beute des Satans geworden und dazu verdammt, in Ewigkeit mit seinem Schiffe zwischen dem Kap der guten Hoffnung und der Südspitze von Amerika zu kreuzen. […] Wer das Gespensterschiff gesehen, mochte sich hüten, entweder er selbst oder sein Schiff war dem Untergang geweiht." (H 245)

Freudenthal geht noch auf eine andere Form der Sage ein, die vom *Stuttgarter Morgenblatt* 1824 angeblich nach einer alten Handschrift veröffentlicht wurde. Der Erzähler berichtet darin von einem Matrosen, der den Fliegenden Holländer während der nächtlichen Wache gesehen haben will.

Auch wenn der Matrose bald danach an Auszehrung stirbt, meint der Erzähler, lediglich dem „Hirngespinst der kranken Einbildungskraft" (H 246) des Matrosen gelauscht zu haben. Umso überraschter ist er, als ihm im Hafen ein Spanier bestätigt, dass den geschilderten Vorgängen ein Drama um seinen Neffen Don Sandovalle und dessen Braut Lorenza zu Grunde liegt. Im Traum hatte Don Sandovalles Vater seinen Sohn mit einer tiefen Wunde im Kopfe gesehen und eine an den Mast gebundene Jungfrau, die vergeblich um einen Trunk Wasser flehte, „allein, die rohe Mannschaft um sie her verweigerte ihr dieses Labsal. Da loderten ihre Augen auf und mit fester Stimme rief sie auf das Haupt eines gewissen van Evert einen Fluch herab" (H 247), ewig das Meer durchkreuzen zu müssen.

Mit dem Eingehen auf diese Literarisierungen begnügt sich Freudenthal aber nicht. Ähnlich wie im Falle des Einsiedlers von Juan Fernandez interessiert er sich auch hier für die Realien, die den Sagen und dichterischen Ausgestaltungen zu Grunde liegen. Für „ein sehr glaubhaftes Zeugnis über die Erscheinung des Seegespenstes" (H 247) hält er Kapitän Owens 1833 in London erschienenes Buch *Narrative of Voyages to explore the shores of Africa etc.* Der Verfasser kommt auf der Höhe von Port Tanger der „Barracouta" so nah, dass „manches bekannte Gesicht" (H 247) ausgemacht werden kann – doch die „Barracouta" war zu jener Zeit wenigstens 300 Meilen entfernt. Owen wertete diesen Vorfall als eine „wahrscheinlich durch ganz natürliche Ursachen veranlaßte Erscheinung, deren Erklärung der Zufall herbeiführen wird." (H 248) So, wie Owen die Ereignisse schildert, liegt es nahe, eine Luftspiegelung, eine „Fata Morgana auf See" (H 248) zur Erklärung des Gesehenen heranzuziehen.

Freudenthal ist jedoch der Auffassung, dass erst Dr. Arthur Breusing (1818–1892) „der Sage einen greifbaren Hintergrund giebt." (H 248) In seiner 1889 im Verlag von Carl Schünemann – dem Arbeitgeber von August Freudenthal und Verleger des Bandes *Aus Niedersachsen* – erschienenen Untersuchung über *Die Irrfahrten des Odysseus* geht der Direktor der Bremer Schifffahrtsschule auch darauf ein, „wie Naturmythen entstehen, wenn Naturerscheinungen ganz richtig beobachtet, aber unrichtig erklärt werden".[27] Das dem Fliegenden Holländer zugeschriebene Phänomen, mit geblähten Segeln dort schnelle Fahrt zu machen, wo andere Schiffe in vollständiger Windstille dümpeln, wird von Breusing auf die besonderen Strömungsverhältnisse am Kap der Guten Hoffnung zurückgeführt: Eine vom Indischen Ozean herkommende warme Meeresströmung treffe hier auf eine kalte Strömung des Südatlantik. Während auf dem warmen Wasserfelde nur eine aufsteigende Luftströmung anzutreffen sei und ansonsten vollständige Windstille herrsche, wehe ein frischer Wind vom kalten zum warmen Wasser. So könne es dazu kommen, dass ein von Windstille festgebanntes Schiff in der Ferne ein anderes gegen starken Wind ankämpfendes sehe.

Die Ausschließlichkeit, mit der Freudenthal Breusing das Verdienst zuerkennt, „dem Kern der Schiffersage eine natürliche Grundlage" (H 250) gegeben und die „natürlichen Ursachen" (H 250) geklärt zu haben, kann einer kritischen Betrachtungsweise nicht standhalten. Dieser Sagenstoff ist zu vielgestaltig, als dass eine solch monokausale Erklärung ausreiche. Neben anderen Faktoren, auf die hier nicht weiter eingegangen werden kann, wäre in Einzelfällen gerade die von Freudenthal geschmähte Fata Morgana auf See als Erklärungsmuster heranzuziehen.[28]

Mag Freudenthal mit seinem Bekenntnis zu Breusing über das Ziel hinausgeschossen sein, der Aufbau seines Artikels ist für ein Volksbuch, das *Aus Niedersachsen* doch sein sollte, genauso ambitioniert wie seine Ausführungen über den *Einsiedler von Juan Fernandez* in einem Jugendbuch: Zunächst die Einführung in die Motivgeschichte, dann zwei unterschiedliche Ausformungen der Sage, anschließend zwei rationale, naturwissenschaftliche Erklärungsversuche. Wie schon bei der Auseinandersetzung mit dem Robinson-Stoff richtet Freudenthal sein Augenmerk also darauf, die historischen bzw. naturwissenschaftlichen Grundlagen von Literatur aufzuzeigen und Hinweise zur Genese von Literatur und Volkspoesie zu geben.

Aus heutiger Sicht – und ausgerüstet mit einem ganz anderen theoretischen Apparat – mag ein solches Vorgehen den „motivierende[n] Nerv des Sagentextes"[29] verfehlen, dem, wie Manfred Frank meint, durch die genaue Analyse der „klimatologischen und metereologischen Eigentümlichkeiten der Kap-Region"[30] nicht nahe gekommen werden kann. Doch soll die „Textualisierung der Realität"[31] erforscht werden, was im weitesten Sinne auch als Freudenthals Ansatz gesehen werden könnte, dann kommt man nicht umhin, auf die Verwandlungen Acht zu haben, „die den physikalischen und historischen Ereignissen bei ihrer Einschreibung in den Text der Phantasie widerfahren"[32] – letztlich also genauso zu verfahren, wie es Freudenthal getan hat!

Freudenthal Aufsatz *Vom Fliegenden Holländer* ist eine Montage von sowohl referierender Wiedergabe als auch längeren Zitaten verschiedener Quellentexte. Dabei sind Freudenthals die Traditionslinie beleuchtende Einleitung und seine Wiedergabe der Sage von Bernd Fokken nicht ohne Kenntnis von Ludwig Frahms (1856–1936) 1890 herausgegebenen *Norddeutsche[n] Sagen von Schleswig-Holstein bis zum Harz* denkbar, findet sich dort doch in August Christians Beitrag über den Fliegenden Holländer der von Freudenthal referierte zusätzliche Schluss, in dem auf Bernd Fokkens in der Heimat verbliebene Frau eingegangen wird.[33]

Dass Freudenthal Frahm gekannt hat, ist unstrittig, druckt er doch dessen Gedicht *Das Geisterschiff* gleich im Anschluss an seine eigenen Ausführungen über den Fliegenden Holländer in *Aus Niedersachsen* ab.[34] Allerdings liest sich das, was Frahms Sagenbuch über den Fliegenden Holländer zu berichten weiß, eher wie eine Kurzfassung des ersten Teils von Freudenthals Abhand-

Das Geisterschiff. Flämischer Kupferstich (um 1500)

lung. Des Rätsels Lösung liegt in der Quellenangabe des Sagenbuchs,[35] wonach von August Christian eine in den *Altonaer Nachrichten* erschienene „lange, vortreffliche Arbeit, deren Verfasser uns nicht bekannt ist",[36] benutzt wurde. Da August Freudenthals Bruder Friedrich (1849–1929) bei den *Altonaer Nachrichten* von Oktober 1888 bis Februar 1891 angestellt war,[37] könnte ihn dieser entweder auf den umfangreichen Zeitungsartikel hingewiesen haben – falls nicht gar August Freudenthal selbst ihn verfasst hat und ihn über seinen Bruder anonym in einer anderen Zeitung erschienen ließ, um sein karges Gehalt bei den *Bremer Nachrichten* aufzubessern.

Wie dem auch sei, sowohl Frahms Sagenbuch wie auch Freudenthal entfernen sich von der in der Zeitschrift *Ausland* 1841 veröffentlichten Fassung der Sage, wenn sie den Namen des Helden nicht mit Barend Fokke wiedergeben und auch sonst den Wortlaut ändern.[38] Wörtlich zitiert Freudenthal dagegen das *Stuttgarter Morgenblatt* vom Jahr 1824,[39] und auch der Breusingsche Erklärungsansatz wird wortgetreu übernommen. Der Auszug aus Kapitän Owens Reisebeschreibung wurde von Freudenthal jedoch nicht, wie angesichts der Quellenangabe vermutet werden könnte, von ihm selbst aus dem englischen Original übertragen. Da an zwei Stellen Abweichungen von der angeführten Londoner Ausgabe festzustellen sind,[40] kann Freudenthal weder das englischsprachige Original noch die korrekte Übersetzung der betreffenden Passage in einer ausführlichen Besprechung im *Magazin für die Literatur des Auslands* vorgelegen haben.[41] Seine Fassung ist vielmehr identisch mit jener Übersetzung, die F. Nork, dessen *Festkalender* von Freudenthal in den *Heidefahrten* herangezogen wird,[42] in seine 1848 erschienene

Mythologie der Volkssagen und Volksmärchen[43] aufgenommen hat. Korrekterweise macht Freudenthal bei den Auszügen aus dem *Stuttgarter Morgenblatt* und den Büchern von Owens und Breusing durch Anführungszeichen deutlich, dass es sich um längere Zitate handelt.

Zwar führte es zu weit, von einer „Art von höherem Abschreiben" zu sprechen, wie sie Thomas Mann pflegte, als er den Typhus-Artikel aus *Meyers Konversations-Lexikon* heranzog, um den Tod von Hanno Buddenbrook zu schildern,[44] doch verfolgt August Freudenthal einen Zweck, der manches Mittel gutheißt: Im Vorwort zum ersten Band der *Heidefahrten* hat er als einen Beweggrund für sein Schreiben genannt, „eine Fülle geschichtlichen und kulturgeschichtlichen Materials"[45] liefern zu wollen. Indem er darauf setzt, „einen gediegenen, gleichzeitig belehrenden und unterhaltenden volkstümlichen Lesestoff [zu] bringen",[46] entwirft er ein bewusstes Gegenmodell „zu der seichten und verflachenden Leseware",[47] wie sie in hohen Auflagen in den Großstädten produziert wurde. Es gelang Freudenthal tatsächlich, wie es in einem Nachruf hieß, auf hervorragende Art, „echte Volkstümlichkeit und historische Treue" miteinander zu verbinden, so dass in seinen Arbeiten „der liebevolle Erzähler zugleich mit dem gewissenhaften Forscher"[48] spricht.

Diese Herangehensweise findet sich in den beiden Aufsätzen, die maritimen Themen gewidmet sind, genauso wie in den *Heidefahrten* bei der Beschäftigung mit den Sieben Steinhäusern[49] und dem Räuber Moritz von Zahrenhusen[50] oder in der posthum erschienenen Studie über den zum Volkshelden gewordenen Wilddieb Eidig.[51] In seinem gesamten kulturhistorischen Schrifttum betätigt sich Freudenthal als Sammler von oftmals nur mündlich tradierten Sagen oder Überlieferungen, denen er die geschichtlichen Tatsachen zur Seite stellt. Der von ihm dabei betriebene Aufwand ist vor dem Hintergrund der starken Belastung als für kargen Lohn arbeitender Journalist und Redakteur mehr als beachtlich und kann sich durchaus mit manchen der damaligen wissenschaftlichen Leistungen messen. Dadurch kommt August Freudenthal innerhalb der Heimatkunstbewegung, die es ansonsten häufig bei einer kritiklosen, verherrlichenden Beschwörung der Vergangenheit bewenden ließ, eine Sonderrolle zu. Was Freudenthal über Adolf Freiherr von Knigge sagte, gilt gleichermaßen für ihn selbst: „In der Vermittlung zwischen der Bildung in ihrer höchsten Blüte und der bildungsbedürftigen Masse beruht die Bedeutung [...] für seine Zeit".[52] Mit Dieter Stellmacher könnte man fast versucht sein, August Freudenthal „einen niederdeutschen Aufklärer zu nennen."[53]

Anmerkungen

1 Zur Biographie August Freudenthals siehe Wolfgang Brandes: August Freudenthal – Journalist, Schriftsteller, Heidedichter, Herausgeber, Zeitschriftengründer. In: Soltauer Schriften – Binneboom. 8. Soltau 2002, S. 10–63.
2 Vgl. Ludwig Bräutigam: Ein Herbstausflug nach Zeven und Heeslingen. In: August Freudenthal (Hrsg.): Aus Niedersachsen II. Schilderungen, Erzählungen, Sagen und Dichtungen. Ein Volksbuch für Alt und Jung. Bremen 1895, S. 248–257, hier S. 249.
3 Hermann Löns: Ein Kranz für August Freudenthal. In: Hannoverscher Anzeiger vom 9.8.1898.
4 Erich Rosendahl: Niedersächsische Literaturgeschichte. Hildesheim-Leipzig 1932, S. 246.
5 August Freudenthal: Heidefahrten. Ergänzt durch ein Nachwort von Dieter Stellmacher. Herausgegeben von der Freudenthal-Gesellschaft. Hermannsburg 1983 (= Unveränderter Nachdruck der vier Ausgaben aus dem Verlag M. Heinsius Nachfolger, Bremen und Leipzig, in einem Band, mit Übernahme der Originalpaginierung), Bd. 1, S. III.
6 August Freudenthal: Der Einsiedler von Juan Fernandez. Historische Erzählung. In: Julius Graefe (Hrsg.): Für Herz und Geist. Ein Jugend- und Volksbuch. Bremen 1880, S. 10–25. Das „Geleitswort" ist allerdings datiert „Leipzig, im Januar 1878"! Die Zitate werden im Folgenden in Klammern mit der Sigle E und der Seitenzahl nachgewiesen.
7 Die von Freudenthal genannte Ausgabe „Amsterdam 1751" (E 11) konnte nicht eingesehen werden. Es stand nur zur Verfügung Woodes Rogers: Voyage autor du Monde, Commencé en 1708 & fini en 1711. Traduit de L'Angloie. Bd. 1, Amsterdam 1716.
8 So ist Freudenthals gekürzte bibliographische Angabe „Dampier's Reisen, I. V., Rouen, 1715" (E 23) aufzulösen. Der Hinweis auf diese Stellen bei Dampier findet sich übrigens bereits in der französischsprachigen Ausgabe von Rogers: „Voi la Traduct. Franc. De ses Voiages, Tome I p 92–95, & Tome V. p 202 & 218" (Rogers, Voyage [s. Anm. 7], S. 199).
9 Woodes Rogers: Vierjährige Reise nach der Südsee von da nach Ostindien und weiter rundum die Welt: Gethan unter dem Schiffspatron Kapitän William Dampier. Englisch beschrieben von seinem Gefährten, Woodes Rogers; Wegen ihrer Merkwüdigkeit aufs neue aus dem Original heraus gezogen, und mit schönen Kupfern gezieret. Frankfurt/Main und Leipzig 1760. Auf den S. 182–188 findet sich der gegenüber der französischen Fassung (Rogers, Voyage [s. Anm. 7], S. 190–200) stark geraffte Bericht über Alexander Selkirk. Nur bibliographisch ermittelt, nicht aber eingesehen werden konnte Wilhelm Dampier: Neue Reise um die Welt. [...] Aus dem Englischen in die Frantzösische und nunmehr in die Hoch-Teutsche Sprache übersetzt. Leipzig, 1702. Einblick genommen wurde aber in William Dampier: A new Voyage round the World. London 1697, wo sich auf den S. 84–92 eine Schilderung der Erlebnisse des Moskito-Indianers Wil und eine naturkundliche Beschreibung der Insel Juan Fernandez finden.
10 Vgl. zu Freudenthals Erzählungen „Torfmoor" und „Karen" Uwe Englert: Zwei Novelletten von Alexander Kielland in niederdeutscher Nachdichtung. In: Soltauer Schriften – Binneboom. 9. Soltau 2003, S. 33–41, hier S. 36.
11 In seinen kurzen Ausführungen zu Alexander Selkirk gibt Kippenberg an, Rogers

"Voyage round the World" nur in der französischen Übersetzung zu kennen (August Kippenberg: Robinson in Deutschland bis zur Insel Felsenburg [1731–43]. Ein Beitrag zur Literaturgeschichte des 18. Jahrhunderts. Osnabrück 1983 [= Nachdruck der Ausgabe Hannover 1892], S. 11).

12 Ein Hinweis auf Freudenthals Französischkenntnisse findet sich in der Zeitschrift Niedersachsen, 1. Jahrgang 1895/96. Nr. 21, 1. August 1896, S. 336: Freudenthal zitiert im Original aus einem französischen Gedicht, das die kunstvollste Nachahmung des Lerchengesanges biete.

13 G. K. [vermutlich Georg Kunoth]: August Freudenthal †. In: Bremer Nachrichten, Nr. 215 vom 7.8.1898.

14 Ungewöhnlich ist die von anderen Übersetzern nicht vorgenommene Eindeutschung der Schiffsnamen, bei der aus der „Cinque Ports" die „Fünfhafen" (E 11) und aus „The Duke" und „The Dutchess" dann „Der Herzog" und „Die Herzogin" (E 21) werden. Darin könnte ein Entgegenkommen an die jugendliche Leserschaft gesehen werden. Zu korrigieren ist Freudenthals Angabe, neben Selkirk habe sich auch „der berühmte Seefahrer William Dampier" (E 11) an Bord der „Fünfhafen" befunden. Dampier führte das Gesamtkommando des Kaperunternehmens und befehligte die „St. George".

15 Rogers versteht es eindringlicher als Freudenthal, Selkirks Einsamkeit zu schildern, wenn er berichtet: „durant les premiers huit Mois, il eut beaucoup de peine à vaincre sa mélancholie, & à surmonter l'horreur que lui causoit une si afreuse Solitude." (Rogers, Voyage [s. Anm. 7], S. 194.)

16 Abdruck bei Hubert Göbels: Das „Leipziger Wochenblatt für Kinder" (1772–1774). Eine Studie über die älteste deutschsprachige Kinderzeitschrift. Ratingen-Kastellaun-Düsseldorf 1973, S. 112–116.

17 Die „Erzählungen eines alten Seefahrers. Nach dem Englischen des Peter Parley" wurden veröffentlicht in: Weihnachtsblüthen. Ein Almanach für die Jugend auf das Jahr 1842. In Verbindung mit anderen herausgegeben von Dr. Gustav Plieninger. 5. Jg. Stuttgart 1842, S. 209–284, über Selkirk S. 234–241.

18 Zit. n. Göbels (s. Anm. 16), S. 116.

19 [Johann Christian Ludwig Haken]: Bibliothek der Robinsone. In zweckmäßigen Auszügen vom Verfasser der grauen Mappe. Bd. 1, Berlin 1805, S. 1–48. Haken gibt hier eine „Geschichtliche Einleitung", in der er ebenfalls über „Die Insel Juan Fernandez" (S. 1–7), „Will, der Moskite" (S. 8–14) und „Alexander Selkirk" (S. 20–38) berichtet, bevor er sich „Daniel Defoe" (S. 39–48) zuwendet und anschließend dessen Robinson nacherzählt. Übrigens weist auch Kippenberg auf Haken hin (Kippenberg, s. Anm. 11, S. 11).

20 Diana Souhami: Selkirks Insel. Die wahre Geschichte von Robinson Crusoe. München 2003, S. 229.

21 Dass vor den Ausgesetzten Selkirk und Wil bereits ein Schiffbrüchiger auf Juan Fernandez fünf Jahre lang überlebte, wusste ein Freund von Dampier, Basil Ringrose, zu berichten. Erwähnt wird dies von Rogers: Voyage (s. Anm. 7), S. 199.

22 Vgl. Daniel Defoe: Robinson Crusoe. Aus dem Englischen übertragen von Lore Krüger. Mit einem Essay von Friedemann Berger. 2 Bde. Leipzig–Weimar 1981, Bd. 1, S. 7.

23 Ebd., S. 7 und S. 372.
24 Hermann Ullrich: Defoes Robinson Crusoe. Die Geschichte eines Weltbuches. Leipzig 1924, S. 76.
25 August Freudenthal: Vom fliegenden Holländer. In: Ders. (Hrsg.): Aus Niedersachsen. Schilderungen, Erzählungen, Sagen und Dichtungen. Ein Volksbuch für Alt und Jung. Bremen 1893, S. 242–250. Die Zitate werden im Folgenden in Klammern mit der Sigle H und der Seitenzahl nachgewiesen.
26 Überraschenderweise bezieht sich Freudenthal auf Heines Essay „Die Götter im Exil" und nicht auf dessen „Memoiren des Herrn Schnabelewopski", die in der Geschichte des Holländer-Stoffes – nicht zuletzt als Anregung für Wagner – von ungleich größerer Bedeutung sind!
27 A.[rthur] Breusing: Die Lösung des Trierenrätsels. Die Irrfahrten des Odysseus nebst Ergänzungen und Berichtigungen zur Nautik der Alten. Bremen 1889, S. 63f.
28 Rolf Engert: Die Sage vom fliegenden Holländer (= Meereskunde 15. Bd. Heft 7). Berlin o. J. [1927], weist neben der von ihm zustimmend zitierten Erklärung von Breusing (S. 33f.) zur „realistischen Erklärung der Sagen vom Geisterschiffe" (S. 30) auf die von ihren Mannschaften verlassenen bzw. mit toten Matrosen besetzten treibenden Wracks (S. 28–30), außergewöhnliche atmosphärische Vorgänge wie die Kimmung oder das Seegesicht, die gelegentlich auch auf See zu beobachtende Fata Morgana oder wiederholte Spiegelungen (S. 30–31) sowie das plötzliche Auftreten von Nebelbänken (S. 32) hin. Bedenkt man weiter, dass die Holländer mit den Fleuten über einen zum sogenannten Ostindienfahrer weiterentwickelten Schiffstyp verfügten, der diejenigen anderer Nationen an Schnelligkeit übertraf (vgl. Dieter Flohr: Der Fliegende Holländer. Legenden und Tatsachen. Rostock 2002, S. 99), dann trägt dies zur Erklärung bzw. Rationalisierung der verschiedenen in der Sage verwobenen Aspekte bei.
29 Manfred Frank: Die unendliche Fahrt. Die Geschichte des Fliegenden Holländers und verwandter Motive. Leipzig 1995, S. 85.
30 Ebd., S. 85f.
31 Ebd., S. 86.
32 Ebd.
33 Vgl. Helge Gerndt: Fliegender Holländer und Klabautermann (= Schriften zur niederdeutschen Volkskunde Bd. 4). Göttingen, 1971, S. 63.
34 Ludwig Frahm: Das Geisterschiff. In: Freudenthal, Aus Niedersachsen (s. Anm. 25), S. 251–253.
35 Dieser Hinweis wird von Gerndt (s. Anm. 33), S. 63, übersehen.
36 A.[ugust] C.[hristian]: Das Geisterschiff (der fliegende Holländer). In: L.[udwig] Frahm (Hrsg.): Norddeutsche Sagen von Schleswig-Holstein bis zum Harz. Altona–Leipzig 1890, S. 205–208, hier S. 205. Der Artikel in den Altonaer Nachrichten konnte noch nicht ermittelt und eingesehen werden.
37 Vgl. Jörg Schilling: Heimatkunstbewegung in Niedersachsen. Eine Untersuchung zu Leben und Werk Friedrich Freudenthals (= Name und Wort. Göttinger Arbeiten zur niederdeutschen Philologie Bd. 9). Rinteln 1986, S. 108.

38 Engert (s. Anm. 28), S. 7–8, druckt die Sage aus der Nr. 237 des Jahrgang 1841 der Zeitschrift „Das Ausland" ab, gibt dabei aber als Namensform Barend Fokke an. Gerndt (s. Anm. 33), S. 48f., wählt bei seiner gekürzten Wiedergabe die Namensform Bernard Fokke. Sowohl Engert als auch Gerndt schließen ihre Wiedergabe mit dem – von Freudenthal nicht aufgegriffenen Hinweis – auf das für Fokke errichtete Denkmal auf der Insel Kuiper. Freudenthal und vor ihm schon August Christian in Frahms „Sagenbuch" fügen ihrerseits hinzu, dass die Sage weiter zu berichten weiß von Fokkens Frau und den Umständen ihres Todes. Eine solche „Erweiterung" des Sagenstoffes ist insofern nicht ungewöhnlich, da gerade die Veröffentlichung im „Ausland" weite Kreise zog: „Diese Sagenfassung dringt über den Wirkungsbereich der Zeitschrift weit hinaus; denn sie wird in den beliebten Sammelwerken öfter nachgedruckt" (Gerndt [s. Anm. 33] S. 49), wobei sie sicherlich manche Veränderungen erfährt.

39 Vgl. den Abdruck bei Gerndt (s. Anm. 33), S. 16f.

40 Bei Owen heißt es „Captain Owen did not attach much importance" (W. F. W. Owen: Narrative of Voyages to explore the shores of Africa, Arabia and Madagascar; performed in H. M. Ships Leven and Barracouta. London 1833, Bd. 1, S. 241) und nicht „so achten wir nicht weiter darauf" (H 247). Bei Freudenthal steht: „Ich erwähne diesen Vorfall nicht als Bestätigung der Sagen vom ‚fliegenden Holländer'" (H 248) während Owen schreibt: „This is not told in order to authenticate the stories of fear or fancy, or to add to the visionary terrors of superstition […]" (Owen, Bd. 1, S. 242).

41 Magazin für die Literatur des Auslands, 1833, Nr. 116, S. 461f., und Nr. 117, S. 466f. Die Passage über die Vorkommnisse am Kap findet sich auf S. 466.

42 Freudenthal: Heidefahrten (s. Anm. 5), Bd. 2, S. 91.

43 F. Nork: Mythologie der Volkssagen und Volksmärchen; eine Darstellung ihrer genetischen Entwicklung mit vorzugsweiser Berücksichtigung jener durch Deutungsversuche von Naturerscheinungen, Lokaleigenthümlichkeiten, Orts- und Personennamen, Wahrzeichen von Städten, Wappenbildern etc. erzeugten Sagenbildungen. Stuttgart 1848, S. 943f. Im Abschnitt „Ursprung der Matrosensage vom Fliegenden Holländer" nimmt Nork daneben übrigens nur die beiden später ebenfalls von Freudenthal zitierten Zeitschriften-Texte aus dem „Stuttgarter Morgenblatt" und dem „Ausland" auf (S. 939–943). Da es aber Abweichungen zur Fassung des Morgenblattes gibt – so fehlt die wichtige Passage „Ich fand nichts besonderes darin, da er mir schon längere Zeit lungenleidend erschienen war" (H 246), mit der der Erzähler zunächst rational den Tod des Matrosen zu erklären versucht – muss Freudenthal in diesem Fall auf das Original (oder zumindest den Nachdruck des Originals in einer anderen, noch nicht identifizieren Quelle) zurückgegriffen haben. Nork kennt auch nicht die von August Freudenthal (H 245) übernommene, mit Bernd Fokken in Zusammenhang gebrachte Erlösung durch den Tod seiner in der Heimat verbliebenen Frau. Freudenthal muss also auch hier noch aus einer anderen Quelle geschöpft haben. Gleichwohl dürfte ihn Norks Ansatz, u. a. durch die Deutung von Naturerscheinungen eine genetische Entwicklung von Sagenstoffen aufzeigen zu wollen, angesprochen haben.

44 Vgl. hierzu Christian Grawe: „Eine Art von höherem Abschreiben". Zum „Typhus"-

Kapitel in Thomas Manns Buddenbrooks. In: Thomas Mann Jahrbuch. 5. 1992, S. 115–124.
45 Freudenthal: Heidefahrten (s. Anm. 5), Bd. 1, S. III.
46 Der Niedersachse, Probenummer, 6. Oktober 1889, zit. n. Lothar Eichmann: 125 Jahre Druckerei Mundschenk und Verlag der Böhme-Zeitung 1864–1989. Die Geschichte des Familienunternehmens im Spiegel der Zeit. Soltau 1989, S. 68.
47 Ebd.
48 J. Beyer: August Freudenthal †. In: Niedersachsen, 3. Jg. Nr. 23, 1. September 1898, S. 354f., hier S. 354.
49 Freudenthal: Heidefahrten (s. Anm. 5), Bd. 1, S. 149–162.
50 Freudenthal: Heidefahrten (s. Anm. 5), Bd. 3, S. 57–64 u. S. 67.
51 Eidig, der Wildschütze. Ein Lebensbild aus der Heide von Aug. Freudenthal (1892) und einige andere Erinnerungen an Hans Eidig. Mit dem Bilde von Hans Eidig (= Winsener Geschichtsblätter Heft 19). Winsen (Luhe) 1935.
52 August Freudenthal: Gedenkblatt für Adolf Freiherr von Knigge, in: Niedersachsen, 1. Jg. 1895/96, Nr. 16, S. 244f., hier S. 244. Das Gedenkblatt wird fortgeführt in Nr. 17, S. 266f. und Nr. 18, S. 294f.
53 Dieter Stellmacher: Nachwort. In: Freudenthal: Heidefahrten (s. Anm. 5), S. 5.

Barbara Scheuermann

Erinnerungsort Gravelotte.
Zur Wahrnehmung des Deutsch-Französischen Krieges 1870 / 71
in der zeitgenössischen niederdeutschen und hochdeutschen Literatur

Es mögen zunächst die drei – relativ kleinen – Marmorfiguren der christlichen Tugenden *Glaube, Hoffnung, Liebe* sein, die den Besucher der barocken Stadtkirche von Arolsen in ihren Bann ziehen, ein Werk des großen Sohnes dieser Stadt, des in Berlin um die Wende vom 18. zum 19. Jahrhundert zu Ehren gekommenen klassizistischen Bildhauers Christian Daniel Rauch. In deutlichem Kontrast dazu stehen, nur wenige Schritte von diesen Figuren entfernt, zwei Zeugnisse aus jüngerer Zeit, zwei große Ehrenmale, die auf schwarzem, weißgeädertem Marmor die Inschrift tragen: „In dankbarer Erinnerung an die ruhmvoll gefallenen Landeskinder, gestiftet von dem Fürsten Georg Victor". Darunter liest man die Namen von 61 Landeskindern aus dem Fürstentum Waldeck-Pyrmont, die bei Wörth, bei Sedan, bei Orléans und bei Gravelotte gefallen oder aber im Lazarett, meist an Typhus, verstorben sind. Durch diese Tafeln wurde und wird in Arolsen die Erinnerung an den Deutsch-Französischen Krieg von 1870 / 71 wachgehalten, an einen Krieg, auf den im ausgehenden 19. Jahrhundert zahlreiche Texte – sehr unterschiedlicher literarischer Qualität – Bezug nehmen.

Einer davon ist das 1898 erschienene Erinnerungsbuch *Von Stade bis Gravelotte*, in dem der Obergefreite und Artillerist Friedrich Freudenthal die Schlacht bei St. Privat und Gravelotte – Mitte August 1870 – genau beschreibt und die Schrecken des Krieges betroffen bilanziert.[1] Freudenthals eigenständig-kritischer Blick war nach dem deutschen Sieg, nach der Kaiserkrönung in Versailles und der damit ins Werk gesetzten – kleindeutschen – Einigung keineswegs selbstverständlich. Der Krieg von 1870 / 71 wurde damals durchweg verklärt und als notwendiger Schritt auf dem Weg zum Nationalstaat glorifiziert,[2] insbesondere in Gedichten, die darauf abzielten, die Kriegshandlungen an der Front mit des Wortes Gewalt zu unterstützen.[3]

Im Folgenden werde ich Freudenthals Schilderung nicht mit den entsprechenden Passagen in Gustav Frenssens Erfolgsroman *Jörn Uhl* vergleichen. Das hat bereits Jörg Schilling getan, mit dem – angesichts von Frenssens geschickter Nutzung literarischer Gestaltungsmittel – kaum überraschenden Fazit, dass „Freudenthals Kriegserinnerungen weniger beeindruckend wirken als Frenssens Schilderungen des Krieges von 1870 / 71".[4] Vielmehr möchte ich Freudenthals Darstellung *erstens* in Kontrast zu ausgewählten Kriegsgedichten jener Tage untersuchen, darunter einem Gedichtzyklus von Fritz Reuter, sowie *zweitens* in Verbindung mit der Berichterstattung von Theodor

Fontane in seinem monumentalen Werk *Der Krieg gegen Frankreich 1870–1871* und mit desselben Autors autobiographischem Reisebericht von 1871 sowie schließlich *drittens* im Vergleich zu den auf plattdeutsch verfassten Erinnerungen des mecklenburgischen Stabsarztes Hermann Brekenfeld.[5] Beide, Freudenthal und Brekenfeld, haben große, kriegsentscheidende Schlachten miterlebt, der eine im August 1870 in der Nähe von Metz die Kämpfe bei Gravelotte und St. Privat, der andere Ende Oktober desselben Jahres die Wiedereroberung des nordöstlich von Paris gelegenen Le Bourget.

1. *Gravelotte* in der zeitgenössischen hochdeutschen und niederdeutschen Lyrik

Der Ortsname *Gravelotte* ist vor allem durch zeitgenössische Gedichte ins Bewusstsein der Deutschen gehoben worden.[6] Wohl am bekanntesten ist Ferdinand Freiligraths *Die Trompete von Gravelotte*. In diesem Gedicht stilisiert der Verfasser die von Kugeln getroffene Trompete zum bewegenden Symbol für den gewaltigen Verlust an Kürassieren und Ulanen und für die Trauer um die Gefallenen. Zwar verschweigt er nicht den Blutzoll, den der Sieg gekostet hat: „Die Brust durchschossen, die Stirn zerklafft, / so lagen sie bleich auf dem Rasen"; das zentrale Bild der gleichfalls durchlöcherten, der „wunden" Trompete, die nur noch ein „gebrochenes Lallen" von sich gibt und mit diesem „Schrei voll Schmerz" der Toten eindringlich gedenkt, zielt indes vorrangig darauf, das Mitgefühl der Leser ins Erhabene zu lenken.[7]

Im Bewusstsein der Zeitgenossen gehörten Freiligraths *Die Trompete von Gravelotte* und Karls Geroks *Die Rosse von Gravelotte* zusammen – Geroks Gedicht über die Treue der Pferde, die beim Appell nach der blutigen Schlacht, zum Teil schwer verletzt, dem Trompetensignal auch reiterlos noch Folge leisten. Von den Reitern geht recht konventionell die Rede: kurz zuvor „frisch noch und roth", sind sie nun „bleich, blutig und todt". Die Wortwahl des Gedichts bleibt ungelenk, trotz des Einsatzes rhetorischer Mittel wie Anapher, Alliteration und Apostrophe. Das vorbildliche Verhalten der herrenlos gewordenen „Rosse vom Leibregiment" vermittelt *Treue bis in den Tod* als patriotische Pflicht: „Ueber dreihundert hat man gezählt, / Rosse, zu denen der Reitersmann fehlt. // Ueber dreihundert, o blutige Schlacht, / Die so viel Sättel hat ledig gemacht! // Ueber dreihundert, o tapfere Schaar, / Wo bei vier Mann ein Gefallener war! // Ueber dreihundert, o ritterlich Thier, / Ohne den Reiter noch treu dem Panier!"[8]

Stärker verdichtet erscheinen die Kriegsschrecken von Gravelotte in dem – weniger verbreiteten – Gedicht *Das war eine Schlacht!*, das mit dem Bild vom *Schnitter Tod* arbeitet. Am Ende bewirkt hier der Tod, vom Mähen ganz und gar erschöpft und vom gierig getrunkenen Blut übersättigt, ein friedliches Miteinander der zuvor Verfeindeten: „An die Dreißigtausend vereint, / Im stummen Tode friedlich gesellt – / Ein unabsehbar Leichenfeld. / Und auf das klaffende Völkergrab, / Lächelt der Mond vom Sternenzelt / Schweigend des Todes Frieden herab."[9] Ungenannt bleiben die Namen der Orte, an denen gekämpft wurde; dass drei Tage lang „Der männermordende Donner kracht' / Und des Todes mähende Sichel klang", genügt den Zeitgenossen als Hinweis auf Gravelotte und St. Privat.

Das Bild von den deutschen und den französischen Soldaten, die der Tod friedlich vereint, gehört indes nicht zum geläufigen Repertoire der Lyrikproduktion jener Tage. Durchdrungen von der Gerechtigkeit der deutschen Sache,[10] schreiben die meisten Verfasser Werte und Tugenden nur den Deutschen zu; unter Verzicht auf historische Faktizität liefern sie anekdotenhaft Beispiele für ein bewunderungswürdiges Heldentum.[11] Latente Vorurteile werden bedient und Klischees genutzt, wenn in dem Gedicht *Der Cuirassier von Gravelotte* die Franzosen als „wälsche Spreu" herabgesetzt und die Schlacht zum Tanz verniedlicht wird: „Das war am Tag von Gravelotte, / Da gab's ein wildes Tanzen! […] // Bei Gravelotte glitt Mancher aus / Beim Tanz auf blut' gem Rasen."[12]

Dem in der deutschen Bevölkerung herrschenden „Hunger nach Kriegsdichtungen" korrespondiert ein „poetische[r] Propagandakrieg".[13] Immer neue Gedichtbände werden 1870 und in den Jahren danach sehr rasch – z. T. in mehreren Auflagen – auf den Markt gebracht; sie erinnern an Orte, in deren Nähe eine Schlacht stattgefunden hat, und verherrlichen Personen, die sich durch Mut und Tapferkeit ausgezeichnet haben.[14] Auch Fritz Reuter verschließt sich der Bitte nicht, einen Text für die Sammlung *Lieder zu Schutz und Trutz* beizusteuern; er erscheint unter dem Titel *Ok 'ne lütte Gaw' för Dütschland*.[15]

Im Mittelpunkt dieses 63 Strophen zu je vier Versen umfassenden Gedichtzyklus steht der Tod des Hann Jochen bei Gravelotte; erzählt wird, wie er und sein Freund Friedrich Snut hochgemut in den Krieg aufbrechen, vorbildliche Kameradschaft und Vaterlandsliebe erleben, bis der eine bei Gravelotte, der andere in einer späteren Schlacht den ‚Heldentod' findet und sodann das pommersche Dorf, aus dem sie stammen, ihrer stolz und dankbar gedenkt.[16] Reuters Gedichtzyklus liefert antifranzösische Passagen,[17] ein der Kriegspropaganda genehmes Bild von den Verhältnissen in Frankreich sowie eine volksetymologische Umdeutung des Ortsnamens *Gravelotte*: „Un 'ne grawe Lott was't, un ehr Kuß, de smeckt sur, / Von unnen up strakt s' un strakt as de Bur, / Un de, den sei nödigt up Lager un Bett, / För ümmer, för ümmer dat Upstahn vergett."[18]

Nachdem die Einheit der beiden pommerschen Jungen ihren Auftrag erfüllt, nämlich einen Berg und das dahinter liegende Dorf im Sturm genommen hat, ist Friedrich Snut auf der Suche nach seinem Kameraden, den er sterbend findet: „Dor liggt hei still un likenblaß, / Dat drüppt, dat drüppt so rod in't

Gras; / Noch kennt hei mi, noch grüßt hei mi – / En deipen Aten – dunn is't vörbi!" Friedrich Snut, der seinen einzigen Freund verloren hat, versteht dies als Auftrag: „Ick möt nu för em mit för Dütschland slahn."[19] Das Schlusswort im Heimatdorf der beiden Gefallenen lässt Reuter – auf hochdeutsch – den alten Pastor sprechen: „Zwei blut'ge Gaben aus unserm Ort, / Gott hat in Gnaden sie genommen".[20] *Ok' ne lütte Gaw' för Dütschland* trägt bezeichnenderweise einen Titel, der lediglich die Funktion des Textes beschreibt. Indem er *Gravelotte* mit dem heldenhaften Einsatz zweier pommerscher Bauernjungen ineinssetzt, die „fielen für Deutschlands Ehr'",[21] lässt Reuter sich von einem verblendeten Nationalismus in Dienst nehmen.

Darin folgen ihm zahlreiche andere Mundart-Autoren, die sich mit *Plattdütschen Riemels* oder *Plattdütschen Vertellsels* zu Wort melden. Bereits die Titel dieser meist recht schmalen Büchlein geben hinreichend Auskunft über das Anliegen und die literarische Qualität der darin enthaltenen Texte: „Uns' Krieg mit den Franzos 1870/71. Plattdütsche Riemels. Stralsund 1871." – „Crischon Ballermann, Garde-Landwehrmann von' t Stettiner Batteljohn. Plattdütsche Vertellzels ut'n franzö'schen Krieg. Stettin 1872." – „De Franzosenkrieg von anno 70 un 71 för Jung un Old vertellt. Neustrelitz 1878." – „Krischan Pampel. Biller ut den französchen Krige. Von Potthilmessen bet Metz. Hildesheim 1889." – „De dütsch-französische Krieg 1870–71, in 59 plattdütschen Gedichten wiss un wahrhaft vörtellt för Heer, Schaul un Volk. Braunschweig 1892." – „Untroffzier Schult in'n französchen Krieg. Bielefeld 1895."[22]

Hier wird, regional gefärbt, aus der Perspektive des kleinen Mannes erzählt und das In-den Krieg-Ziehen anschaulich als ein vergnügliches Unterfangen vorgeführt. Fritz Reuters *Ok' ne lütte Gaw' för Dütschland* mag man, unter Hintanstellung von deren literarischer Qualität, als Beleg für einen in patriotischer Pflichterfüllung verfassten Text noch hinnehmen können; anders steht es um die zahlreichen *Plattdütschen Riemels* und *Plattdütschen Vertellsels*, die Anekdotisches liefern, den Krieg ausschließlich in das humoristische Fach stellen und so entscheidend zu dessen Verharmlosung beitragen: „Den annern Dag marscheerten wi / Vörfötsch und lustig wierer, / Dag ut Dag in, bald mit Musik, / Un bald mit lustge Lieder", so lässt sich der allzeit vergnügte Crischon Ballermann – aus der Feder von Ernst Keller – vernehmen. Ihm ist die Feindberührung lediglich ein Störmanöver bei dem Versuch seines Bataillons, ein großes Bierlager zu plündern: „De feindlichen Granoaten dehrn / Uns eklich doabi stören".[23]

Speziell *Gravelotte* thematisiert Georg Heinemann in einem etwa zeitgleich mit Freudenthals Erinnerungen veröffentlichten Gedicht. Er verharmlost und beschönigt das Schlachtgeschehen, indem er es unter „Kabbelei" rubriziert: „Nu gaf et denn bi Gravelott / Een buntes Grawweln, Kawweln / In Striet um Lewen un um Dod, / Dat gröst Geschützekawweln, / Een Haun un Steken, ach un weh! – / De dütsche erst' un twet' Armee / Harr sick to meten, ruppen / Mit Frankrieks besten Truppen". Ganz im Sinne des geläufigen politischen Diskurses äußert sich Heinemann zur Frage der Kriegsschuld: „Kleenglöbig kehrt de Fiende um / Nah ören olen Nesten; / Paris namm brumsch dat Kriegsglück krumm / Ör'n herbesworen Gästen".[24] Dieses Gedicht war für den Gebrauch vor allem in Heer und Schule vorgesehen; es sollte den Namen *Gravelotte* in Verbindung mit einem klaren Feindbild lebendig halten, genauso wie die Gedichte von August Bruns über den Soldaten Krischan Pampel, der, am Tag von Gravelotte zur Reserve gehörig, das Kriegsgeschehen aus sicherer Distanz beobachtet: „Doch ok dei wackern Sachsen haut / Balbarisch d'rup met Löwenmaut. / Da rechts dat smucke Ulanenregment – / Hei! wo dat up dei Finde losrennt! / Hoch werbelt dei Stoff, et zittert dei Ere, / Un querfeldin jaget verlatene Päre".[25] Das zentrale Motiv des berühmten Gedichts von Karl Gerok, die herrenlos gewordenen Pferde, erscheint hier nur noch als Echo.

In einem solchen Umfeld hatten es um Sachlichkeit und Ausgewogenheit bemühte Berichte über den Deutsch-Französischen Krieg schwer,[26] das Interesse einer historisch und historiographisch kaum vorgebildeten Leserschaft zu gewinnen. Dies gilt gleichermaßen für Fontanes umfassende halb-offizielle Darstellung wie für Freudenthals einen Ausschnitt liefernden persönlichen Bericht. Dass beide jene narrative Kriegslyrik zumindest in Teilen kannten, zeigen in ihre Darstellung eingestreute Verse aus zeitgenössischen Kriegsgedichten.[27]

Fontane war sich der Marktlage durchaus bewusst; in einem Brief vom 3. September 1872 beschreibt er die Vorzüge seines Werkes: „durch Übersicht und Klarheit unterscheidet es sich von allen andern 70er Kriegsbüchern, durch lebensvolle Darstellung und Fülle der Details von dem großen Generalstabswerke". Resigniert, ja deprimiert bemerkt er indes knapp fünf Jahre später in einem Brief an Mathilde von Rohr: „Ich habe mich redlich angestrengt und bin so fleißig gewesen, wie wenige, aber es hat nicht Glück und Segen auf meiner Arbeit geruht. Ein Buch wie dies 70er Kriegsbuch wäre sonst nicht spurlos vorübergegangen."[28]

2. Berichterstattung vom Kriegsschauplatz *Gravelotte* durch Theodor Fontane

Mit dem Auftrag seines Verlegers, als Kriegsberichterstatter vor Ort tätig zu werden, reiste Theodor Fontane am 27. September 1870 nach Frankreich ab; er wurde jedoch bereits am 5. Oktober in Domrémy festgenommen und auf der Ile d'Oléron – vor der Westküste Frankreichs – bis Ende November festgesetzt.[29] Nach seiner – wohl einer Intervention Bismarcks zu verdankenden – Freilassung kehrte er nach Berlin zurück und erkundete die Kriegsschauplätze erst zu Ostern 1871; darüber veröffentlichte er später den Bericht über eine *Osterreise durch Nordfrankreich und Elsaß-Lothringen 1871* unter dem Titel *Aus den Tagen der Okkupation*. Seine Erlebnisse während der Internierung hielt Fontane noch 1870 sehr rasch in 32 Kapiteln fest, die zunächst ab Ende Dezember in der *Vossischen Zeitung* vorabgedruckt wurden, danach unter dem Titel *Kriegsgefangen. Erlebtes 1870* in Buchform erschienen und auf große Resonanz stießen.[30]

Aus den Tagen der Okkupation ist in seiner „Mischung von Persönlichem, Ortskundlichem und Historischem" für den Fontane-Kenner Helmuth Nürnberger von außerordentlicher „Erlebnisfülle" und frei von „jedem Überheblichkeitsgefühl des Siegers".[31] Gravelotte und St. Privat werden im Umfang von achtzehn Seiten behandelt;[32] knapp zwei Seiten davon liefern einen Überblick „über die Gesamtaktion" der Schlacht. Dabei weist Fontane, unter Erwähnung der „formidablen Etagenposition des Feindes", auf die „furchtbare Kanonade" des IX. Korps, die Dezimierung der Garde infolge eines verfrühten Angriffs und die Entscheidung der Schlacht durch das Eingreifen der Sachsen sowie der Pommern hin.[33] Das nahegelegene Verneville beschreibt er eigentümlich distanziert; er gibt sich allenfalls pflichtgemäß betroffen, in Teilen sogar ironisch:[34]

> Es war eine Stätte wie geschaffen zu Kampf und Tod. Alles kirchhofsartig. Die dunklen Tannen schienen zu sagen: nur her; an Gräbern zu stehen ist mein Beruf. / Hinter Verneville beginnt in langer Linie die Gräberreihe der schleswig-holsteinischen Kanoniere, die bis in Front von Amanvillers reicht. Hier […] stand das 9. Artillerieregiment und schrieb sich mit seinem Blut ruhmreich in die Geschichte dieses Tages ein. Drüben liegen seine Werke: die Trümmerhaufen von Champenoise, l'Envie, Montigny la Grange, Amanvillers.

Wenig später, als der Reisende in St. Marie Station macht, bekennt er sich ausdrücklich zu dieser Distanz: „An der Stelle, wo gehungert und gedurstet, geblutet und gestorben war, gedachte ich es mir gut schmecken zu lassen."[35] Auf jemanden, der im 9. Artillerieregiment mitgekämpft und das Gemetzel überlebt hatte, mussten solche Einlassungen befremdlich wirken.[36]

Der Krieg gegen Frankreich 1870–1871, ein Werk von zweitausend Seiten,[37] in dem Fontane ein vielstimmiges Quellenmaterial verarbeitet, befasst sich auf gut 70 Seiten mit jenem Abschnitt des Krieges, den Freudenthal miterlebt und beschrieben hat.[38] Über den Einsatz der 18. und der 25. Division, die das 9. Armeekorps bildeten – zu ihm gehörte die Korps-Artillerie, in der Freudenthal Dienst tat –, berichtet Fontane unter der Überschrift „Der Kampf im Centrum".[39] Darin würdigt er in einem Abschnitt von einer halben Seite den Einsatz des 9. Artillerie-Regiments, dessen Kampf indes vergeblich gewesen wäre, wenn nicht im letzten Augenblick noch die Sachsen eingegriffen und das Garde-Korps vor der völligen Vernichtung gerettet hätten:[40]

> Von einem Siege war nicht zu sprechen. Unter den größten Anstrengungen hatte man sich gehalten. Die größten Opfer brachte die Artillerie. Es war der Ruhmestag des 9. (schleswig-holsteinischen) Feld-Artillerie-Regiments. Eine Batterie behielt nach 3/4 Stunden Gefecht nur noch ein Pferd in der Gefechtslinie [...]. Stabsoffiziere sammt ihren Adjutanten waren todt oder verwundet; der Verlust an Offizieren und Unteroffizieren ging über zwei Drittel des Bestandes hinaus; die Pferde waren nahezu alle verloren. Am Schluß der Schlacht mußten viele Geschütze durch Menschenhände fortgezogen werden [...]. Einer der Kanoniere aber erhielt die für „den Tapfersten in der Armee" ausgesetzte Belohnung. Dieser Brave ersetzte allmälig 12 unter ihm erschossene Pferde immer durch andre und nachdem kein Ersatz mehr zu schaffen war, bediente er das Geschütz als Fußkanonier.

Eine solche Verlustanzeige lässt nach der Verantwortung für die Koordinierung der Einsätze fragen.[41] Fontane selber nennt zwar den Kommandeur des Garde-Corps, Prinz August von Württemberg, als Verantwortlichen für den rund einenhalb Stunden zu früh begonnenen Angriff auf St. Privat, bei dem die Flankierung durch sächsische Truppenteile noch ausstand; auch beschreibt Fontane die Folgen dieser Fehlentscheidung als entsetzlich. Die Frage nach Schuld und Verantwortung weist er jedoch als unangebracht zurück und sucht, indem er einen möglichen Irrtum geltend macht, poetische Unterstützung bei Goethe, aus dessen *Iphigenie* er zitiert: „Was nennt man groß? Was hebt die Seele schaudernd / Dem immer wiederholenden Erzähler, / Als was mit unwahrscheinlichstem Erfolg / Der Muthigste begann?"[42] Damit weicht der Berichterstatter einer eigenständigen Beurteilung der Kriegsführung aus;[43] mit dem Goethe-Zitat hat er eher den Gardeleutnant als den kleinen Artilleristen im Blick.

Zwiespältig bleibt auch der Schluss des Kapitels über Gravelotte. Indem Fontane seinen Bericht mit einer befremdlichen Anekdote beendet, der zufolge eine „100 Haupt starke Schafheerde" neben den fürs Vaterland Gefallenen „todt auf dem Felde" zu liegen kam, leistet er einem eigenartigen Vergleich zumindest Vorschub. In seiner abschließenden Kommentierung der Szene spielt das Bild der zur Schlachtbank geführten Herde allerdings keine Rolle; eher vordergründig bemerkt er: „Ein grausenvoller Humor; eine groteske Illustration dieses blutigen Tages".[44]

Gleichwohl lässt der Berichterstatter am Ende seiner Darstellung der Kämpfe um Gravelotte und St. Privat *allen* Gefallenen Gerechtigkeit widerfahren, indem er von der Fülle bewegender Nachrufe berichtet, die nach dem

18. August 1870 in der *Kreuzzeitung* erschienen waren.[45] Der Leser von Fontanes *Der Krieg gegen Frankreich 1870–1871* erhält ein hohes Maß an Informationen; sehr viele Augenzeugen kommen zu Wort. Hinter Fontanes Bemühen um Multiperspektivität bleibt sein eigener Standpunkt freilich weitgehend verborgen.[46]

3. Erlebnisse zweier norddeutscher Kriegsteilnehmer – *Gravelotte* (Friedrich Freudenthal) und *Le Bourget* (Hermann Brekenfeld)

Gravelotte und *Le Bourget* gelten als äußerst verlustreiche, zugleich aber auch kriegsentscheidende Schlachten.[47] Theodor Fontane hat zwischen beiden eine bedeutsame Parallele gesehen, nämlich „daß das hier [bei Le Bourget] treibende Agens muthmaßlich dasselbe war, wie bei St. Privat: *Ehrenpunkt*. Bei St. Privat bestand der Ehrenpunkt darin, eine große Aufgabe *allein*, ohne Unterstützung anderer Truppentheile lösen zu wollen, bei Le Bourget darin, das einmal Besessene nicht in andere Hände übergehen zu lassen."[48]

Le Bourget betreffend, zitiert Fontane ausführlich Dr. Hermann Brekenfeld, der als Stabsarzt am Krieg teilgenommen hatte. Fontane spricht von einem „reizend geschriebenen, plattdeutschen Büchelchen"; es führe „mit großer Anschaulichkeit in das Leben jener schweren Tage ein".[49] Fontane nutzt den Mittelteil des *Erlewnisse*-Buches, der die Überschrift *Ut uns' Le Bourget-Tid* trägt. Diesem geht das Kapitel *Von Berlin nah Paris* voraus, ihm folgt das Kapitel *Von dei Hamelweid*, wobei Brekenfeld eine gewisse Symmetrie wahrt: Der zentrale Mittelteil umfasst etwa 100 Seiten, die beiden ihn rahmenden Kapitel etwa je 60 Seiten. Brekenfelds ‚plattdeutsches Büchelchen' scheint recht verbreitet gewesen zu sein. Neben Fontane, der Brekenfeld ausführlich, allerdings in hochdeutscher Übersetzung, zu Wort kommen lässt,[50] druckt auch der Herausgeber eines 1904 erschienenen, mit zahlreichen Abbildungen versehenen Großbandes „Der Krieg von 1870–71" einen Auszug aus Brekenfelds Erinnerungsbuch ab – etwas kürzer als Fontane, jedoch auf Platt. Den Lesern wird in einer Anmerkung „dieses hervorragende Buch Dr. Brekenfelds hiermit noch ausdrücklich" empfohlen.[51]

Fontanes Urteil, das Buch sei „reizend geschrieben", beschreibt die Stärken wie die Schwächen der Brekenfeldschen Erinnerungen. Unübersehbar sind die gesuchten Anklänge an Fritz Reuter, zu dem sich der Autor in seiner Einleitung ausdrücklich bekennt; sie gehen indes auf Kosten der Glaubwürdigkeit und der Seriosität des Erzählten.[52] Das Bild, das Brekenfeld von den Franzosen zeichnet, ist durchweg herabsetzend: „dor söchte dei ganze Gesellschaft von dei Bildfläch tau verduften, sei nemen dei Rockslippen tausammen, dormit wi uns doch äwertügen kün'n, wi schön rot ehr Hosenbodden utsach un lepen up Le Bourget tau, as wenn dei Haas mit'n Swinsegel in dei Wedd löppt!"[53]

An vielen Tagen geht es vor und in Le Bourget recht lustig zu.[54] Brekenfeld versucht solche Situationen sprachlich besonders in Szene zu setzen: so erzählt er vom Plündern in einer Parfümfabrik als „Utverkop" und von einem Gelage nach dem Aufbruch eines Weinkellers als „reine Glücksdag" („Nu kikt mal Franzosen! wi Dütschen hewwen doch einen vel fineren Rüker als Ji Jug dacht heww't!").[55] In *einem* Punkt wird Brekenfeld allerdings ernst und beharrt auf seiner Meinung: Dass Kritiker, die zu Hause über Vorgänge und Entscheidungen an der Front klug redeten, keinerlei Recht dazu hätten.[56] Zudem macht er sich durchaus Gedanken darüber, ob die Wiedereroberung von Le Bourget die großen Verluste rechtfertige, und er beklagt den Verlust von „'nen ganzen Hümpel von uns' Kurasch" durch immer wieder aufs neue zu gewärtigende Bombardements.[57] Das Leid der Eltern, deren Sohn gefallen ist, weiß er sich genau auszumalen:[58]

[…] un dei Sähn hett sinen ollen Vader kein Schand' makt, hei hett uthollen un nich zuckt, as dei Kugeln üm em her sus'ten, dorüm bringt hei sinen ollen Vader nu ok'n Krüz mit taurügg, äwer kein isernes, un dei oll Mann hett nu twei Krüze tau drägen, äwer wenn dat Krüz mit dei Johrestahl 1813 em noch ümmer stolz upricht hett, dat hei so grad ümhergüng, as wir hei noch twintig Johr jünger, drückt dat Krüz von 1870 doch tau sihr nah un'n, so dat Jedwederein, dei em nu süht un vörher seihn hett, seggt: „*Dat* Ihrenteiken ward hei nich lang drägen!"

Keinen Zweifel hegt Brekenfeld jedoch daran, dass die Entscheidungen der Obersten Heeresleitung unter Generalstabschef von Moltke stets sehr gut durchdacht waren.[59] Auch wird er nicht müde, der Offiziere Verantwortungsbewusstsein und vorbildliches Verhalten gegenüber ihren Mannschaften wortreich zu loben.[60] Le Bourget versteht Brekenfeld als ruhmreichen Einsatz „für König und Vaterland", und am Ende seines Buches bekennt er, auch künftig stets „Mit Gott für Kaiser, König und Reich" einstehen zu wollen.[61]

Ganz anders erlebt den Krieg Friedrich Freudenthal, in dessen Erinnerungsbuch der Ton deutlich herabgestimmt ist. Dies erklärt sich zum einen durch Freudenthals Welfentum,[62] zum anderen durch sein Bemühen um Genauigkeit. Ein Vergleich mit Fontanes Berichterstattung zeigt, dass Freudenthal, auch in der Schilderung von Details, durchaus betraubar ist; noch nach einem Vierteljahrhundert liefert ihm seine Erinnerung verlässliche Bilder jener Kriegstage. Dass die erste Batterie an jenem denkwürdigen 18. August 1870 „11 3/4 Uhr auf der Höhe östlich von Verneville ab[protzte]",[63] liest man ähnlich auch bei Fontane: „kurz vor 12 war der erste Kanonenschuß gefallen".[64]

Der Leser von *Von Stade bis Gravelotte* bemerkt rasch, dass dessen Verfasser über ein unabhängiges Urteil verfügt. Als Freudenthal am 2. Januar

1869 seinen Dienst als Freiwilliger in der Kaserne Nr. 4 in Stade antritt, fallen ihm sogleich die „abgetragenen, verschlissenen Sachen" auf, die ihm hier zugeteilt werden und die nicht annähernd von der Qualität der „reichlichen und guten Montur" sind, die er seinerzeit als hannoverscher Infanterist erhielt.[65] Auch die Verpflegung der Soldaten sieht Freudenthal kritisch. Knapp und präzise schildert er, weshalb sie dem Kanonier bald zuwider sein musste: Sie beschränkte sich auf eine Mehlsuppe des Morgens und auf eine Gemüsesuppe des Mittags, für den Abend musste das mit der geringen Löhnung ausgegebene Schwarzbrot genügen. Mit grimmigem Humor fügt Freudenthal Details hinzu: Die Morgensuppe war „mit Wasser (dem ein homoöpathisches Quantum Milch beigegeben war)" zubereitet, die Mittagssuppe „mit einem Stückchen Fleisch etwa in der Größe einer schwedischen Streichholzdose".[66] Auch in einem weiteren Punkt fällt die Bilanz negativ aus: Die Kanoniere waren gezwungen, für ihr eigenes Geld „eine erstaunliche Menge Putzgeräth nebst allerlei Zubehör" einzukaufen.[67] Das Bild, das so vom Dienst in der preußischen Armee entsteht, wird weiter eingetrübt durch den Umgangston, dessen sich einer der Leutnants während der Exerzierübungen befleißigt, und durch die Langeweile, die bei den „ewigen Wiederholungen dienstlicher Vorschriften" während der abendlichen Vortragsstunden aufkommt.[68]

Freudenthals Glaubwürdigkeit erhöht, dass er dem als trostlos empfundenen Kasernenleben etwas Haltbares entgegenzustellen versucht, nämlich „das Lesen guter Bücher",[69] die er sich aus der Stader Leihbibliothek beschafft. Hier wie auch im Besuch von Theateraufführungen findet sein „Hang zum Idealen" Nahrung; seinem Bemühen, sich – bei allem „Verständnis für Volkes Art und Sitte" – doch selbsttätig weiterzubilden und sich lesend andere, poetisch gestaltete Räume zu erschließen, korrespondiert sein Bestreben als Erzähler, seine Schilderungen hier und da durch ein Zitat oder eine Anspielung abzusichern.[70]

Den Ausmarsch aus Stade am 29. Juli 1870 nimmt Freudenthal zum Anlass, dem Leser bereits jetzt die künftigen Folgen dieser Mobilmachung vor Augen zu führen. Er sieht die, deren Tod gewiss ist, neben jenen, die dann „verkrüppelt" oder aber zu frühem „Siechtum" verurteilt heimkommen werden, und weist voraus auf das Schicksal der vom „Kriegsleben" Verdorbenen.[71] Vor allem um die Opfer dieses Krieges geht es ihm, um die vielen Gefallenen und Kriegsversehrten, über die die offizielle Berichterstattung sich lediglich in Statistiken äußert.

Empathie bestimmt denn auch Freudenthals Erzählweise in den Kapiteln 15 bis 18, in denen er die Kriegsereignisse zwischen dem 12. und dem 19. August schildert.[72] Von dem Verlauf und den Folgen der Schlacht bei Mars-la-Tour am 16. August erfährt Freudenthals Batterie während ihres Vormarsches; wiederholt geht da die Rede „von den verheerenden Wirkungen des Chassepot-Gewehres und von den schweren Verlusten", die Freudenthal zu dieser

Stunde aber nicht recht glauben mag.[73] Das ändert sich am nächsten Tag in Gorze, wo er in Notlazaretten viele Verletzte sieht, „die armen Opfer des vorhergegangenen Schlachttages, teils sich vor Schmerz krümmend und windend, teils stumm und regungslos auf dem Lager ausgestreckt".[74]

Bevor seine Batterie am Morgen des 18. August zu ihrem Einsatz aufbricht, ergeht der Befehl, zunächst die Waffen zu putzen, was Freudenthal – angesichts der bevorstehenden „mörderischen Thätigkeit" und der zu erwartenden „todesernsten Stunden" – genauso unverständlich erscheint wie die Verpflegung mit lediglich „einem Stück schimmeligen Brodes und einer Schale schwarzen Kaffees".[75] Freudenthal erlebt diesen Tag im Bewusstsein, dass nicht der Sieg in einer Schlacht, sondern das menschliche Leben das höchste Gut ist. Mit unvoreingenommenem Blick, die Dinge unterscheidend und wägend, beschreibt er die Leiden der Opfer, auf die sie bei ihrem Vormarsch nun stoßen. Das Schlachtfeld von Vionville-Mars-la-Tour ist „mit Toten besäet"; sie können ihnen mit ihren Geschützen schließlich nicht mehr ausweichen: „Es war grausig, die Schädel unter den Rädern knirschen und Arme und Beine dumpf gegen die Speichen schlagen zu hören." Freudenthal sieht hier Tote „mit grauenhaft verzerrten Gesichtern und widerlich aufgedunsenen Leibern, noch andere waren schrecklich verstümmelt"; einer seiner Kameraden wird beim Anblick der „verbrannten, zerfetzten und auseinander gerissenen menschlichen Gliedmaßen und Körper" ohnmächtig. Durch seine minutiöse Beschreibung vermittelt Freudenthal einen Eindruck von der Gefühlslage derer, denen die Schlacht erst noch bevorsteht, die da harren „des Schrecklichen, das kommen sollte".[76] Nachvollziehbar wird so die entsetzliche Angst der Soldaten zu Beginn einer Schlacht, ihre innere Not, die Freudenthal in ihren „geisterhaft blassen Gesicher[n]" unmittelbar vor jenen „Stunden voll tausendfacher Todesgefahr" gespiegelt sieht.[77]

Die Heeresleitung, für Freudenthal verantwortlich für das Ausmaß der Schrecken, die der Artillerie bevorstehen, erscheint ihm in dieser Situation genauso schlecht informiert wie die unteren Führer; sachlich skizziert er beider – unzureichenden – Kenntnisstand und manch falsche Annahme. Die Artilleristen sind bei Gravelotte so aufgestellt, dass sie für die Franzosen, die ihnen sogar in den Rücken fallen können, „wie auf dem Präsentierteller" stehen. Die Frage, ob dies „durchaus nötig war", stellt Freudenthal zwar in den Raum, erörtern will er sie hier aber nicht;[78] sie scheint ihm angesichts des „Höllenkonzerts", das nun beginnt, zunächst wohl von minderem Gewicht zu sein.[79] Gleichwohl benennt er Fehler und Versäumnisse dort, wo er sie selbst miterlebt, durchaus treffend.[80] Bitter bemerkt er, als der dringend nötige Ersatz ausbleibt: „In der Garnison war uns gelehrt worden, daß Artillerie stets Infanterie und Kavallerie zur Bedeckung zugeteilt erhalte. Ich habe am 18. August von dem Eingreifen einer solchen Bedeckung nichts gesehen."[81]

Während Freudenthal bis zur völligen Erschöpfung das Geschütz bedient, nimmt er doch auch wahr, was in seiner unmittelbaren Nähe vor sich geht: sein Hauptmann fällt, „wenige Zuckungen noch, dann war er verschieden"; ein Kanonier wird von einem Pferd weggeschleudert, „trotzdem die Eingeweide aus der klaffenden Wunde hervortraten, lebte der Ärmste noch lange"; mehrere Kanoniere seiner Batterie wanken, tödlich getroffen, noch ein paar Schritte weiter und brechen dann zusammen.[82] Was Freudenthal an seinem Platz aushalten lässt, sind „eiserne Disziplin" und sein Ehrgefühl, nicht aber, wie man vielleicht meinen könnte, eine „heroische Idee";[83] Brekenfelds „für König und Vaterland" kommt ihm hier nicht in den Sinn.

Die Worte seines Kameraden „wi möt hier starwen, wi kamt nich lebennig mehr von de Stä!" noch im Ohr und schon auf dem Rückzug, wird Freudenthal durch eine Schrapnelkugel am Bein verletzt.[84] Damit ist seine aktive Teilnahme am Krieg vorerst beendet; vorübergehend kriegsuntauglich, gehört er nun zunächst in die Hände von Ärzten. „Der Tag von Gravelotte war recht eigentlich der Ehrentag der Batterie",[85] so resümiert er, die hohen Verluste seiner Einheit auflistend, im Rückblick auf den 18. August 1870.

Das Kapitel über seine Erfahrungen auf dem Verbandplatz, einem Gehöft wenige Kilometer vom Schlachtfeld entfernt, setzt die Reihe der Schreckensbilder vom Kriegsschauplatz fort:[86]

> In großer Hast und anscheinend mit großer Geschicklichkeit wurden zerschmetterte Arme und Beine entfernt. Dieselben wurden dann seitwärts in die Düngergrube geworfen, wo bald ein ansehnlicher, noch stets anwachsender Haufen menschlicher Gliedmaßen aufgethürmt lag. An vielen Füßen befanden sich noch Schuhe und Stiefel und an den Händen Handschuhe […] Alles dies konnte ich von meinem Lager auf dem Stroh aus nächster Nähe mit ansehen – die Ärzte mit ihren hochgeröteten, schweißtriefenden Gesichtern und blutigen Schürzen, die Hantierungen mit Sonde und Zange, die schmerzverzerrten todesbleichen Gesichter der armen Märtyrer, die Schnitte ins Fleisch und das Blut, welches durch die Fugen des Tisches auf's Pflaster träufelte.

Das fortdauernde „Geächze und Schmerzensgestöhn der unter den Händen der Ärzte […] sich windenden Unglücklichen" und der vollständige Mangel an Verpflegung machen den Verbandplatz zu einem Ort des Todes. Freudenthal ergreift die sich ihm am folgenden Tag bietende Gelegenheit, mit einem einfachen Leiterwagen in Richtung Deutschland zu fahren; so passiert er noch einmal das Schlachtfeld vom 16. August, wo „sämtliche Tote unberührt" liegen, „Deutsche und Franzosen abwechselnd in dicht gesäeten Schichten". Bei diesem beklagenswerten Anblick der „stillen Schläfer" stellt Freudenthal die entscheidende Frage, die ihn seitdem immer wieder beschäftigt und nun dazu getrieben hat, über seine Erlebnisse in Gravelotte zu schreiben: „War es unbedingt nötig, daß alle diese zu so vielen Tausenden den Boden bedeckenden jungen Soldaten, die vor wenigen Tagen noch frisch und lebensfroh in die Welt sahen, sich hier gegenseitig vernichten, daß sie im Tode erblassen mußten?!"[87] Seine Antwort ist so klar wie einfach; sie lautet: Nein, es war nicht nötig, denn, so fährt er mit einer zweiten rhetorischen Frage fort: „Was ist aller Verlust, alle Einbuße an Geld, an Gut, Vermögen und Besitz gegen ein einziges, unersetzliches, geliebtes, hoffnungsvolles Menschenleben?!"[88]

4. *Gravelotte* – Literarische Zuschreibungen und kollektives Gedächtnis

„Eine Legion von Büchern über diesen Krieg ist bereits da",[89] so notiert Theodor Fontane während seiner Arbeit als Kriegsberichterstatter – Bücher, die den Krieg verherrlichten und gegen deren Tendenz nüchtern-berichtend anzuschreiben schwierig war. Fontanes großes Werk *Der Deutsch-Französische Krieg 1870–1871* ist, nach der Einschätzung seines Verfassers, fast „spurlos vorübergegangen",[90] und dies, obgleich es die Zuschreibung „Antikriegsbuch" nur mit gewissen Einschränkungen verdient.[91]

Nicht besser erging es Friedrich Freudenthals Erinnerungen *Von Stade bis Gravelotte*. Im Vergleich zu der Unentschiedenheit und der Vorsicht, mit denen Fontane sich mitunter äußert, wirken die Einlassungen Freudenthals indes durchweg überzeugend, erscheint sein Bestreben glaubwürdig, aus seinen Kriegserfahrungen klare, durchdachte Schlüsse zu ziehen. Sicher zu Recht bezeichnet Johann Diedrich Bellmann die Erinnerungen von Friedrich Freudenthal als „pazifistisches" Buch.[92]

Auf Drängen ihm nahestehender, mit Fritz Reuter vertrauter Leser brachte Hermann Brekenfeld seine *Erlewnisse* zu Papier;[93] auf diese Leserschaft konnte er bauen, und ihren Erwartungen entsprach er beispielsweise durch die Reuter-Allusion in dem Titel *Ut uns' Le Bourget-Tid*. Friedrich Freudenthal hingegen setzte auf das Interesse von *politisch* Gleichgesinnten, also von Welfenanhängern, die zuvor seine Erinnerungen über den deutsch-österreichischen Krieg *Von Lüneburg bis Langensalza* begeistert aufgenommen hatten.[94] Auf sein *Gravelotte*-Buch blieb eine ähnliche Reaktion jedoch aus. Wenig spricht für die Annahme, dass Freudenthal mehr Leser gefunden hätte, wenn er sich des Niederdeutschen bedient hätte, wenn er wie Brekenfeld „gereutert" hätte. Denn auf dem Felde mundartlich fixierter Erinnerung an den Krieg von 1870/71 gab es bereits ein hinreichend großes Angebot an Texten, vor allem in Form von *Riemels* und *Vertellsels*. Zudem war es ja gerade nicht patriotischer Überschwang, der Freudenthal zum Schreiben veranlasste. Mit seinem aufklärerischen Anliegen ging er sehr dezidiert auf Distanz zu den verbreiteten Klischees. Freudenthal lieferte Befremdliches in einer Zeit, in der Literaten sich dazu berufen fühlten, die mit dem Deutsch-Französischen

Denkmal für die bei Gravelotte Gefallenen des Rheinischen Jäger-Bataillons No. 8

Krieg verknüpften Erfahrungen und Erlebnisse sowie die Orte, an denen gekämpft wurde, als Sinnbild deutscher Größe erinnerungswürdig zu halten. Er setzte sich ab von den auf niederdeutsch verfassten literarischen Gestaltungsversuchen, die dazu beitrugen, dass die Schrecken des Deutsch-Französischen Krieges in den Jahren nach der Reichsgründung von der deutschen Öffentlichkeit verharmlost und verdrängt wurden.

Vorrangig durch die Kriegslyrik eines Freiligrath und eines Gerok wurde *Gravelotte* vorübergehend Teil des kollektiven Gedächtnisses der Deutschen.[95] Mit Jan Assmann sind kommunikatives und kulturelles Gedächtnis voneinander zu unterscheiden. Dass *Gravelotte* über mehrere Generationen im kommunikativen Gedächtnis – also in der durch persönliche Erfahrung beglaubigten Erinnerung – präsent war, steht außer Frage; indirekt legen die in Lesebüchern aus der ersten Hälfte des 20. Jahrhunderts abgedruckten Gedichte noch Zeugnis davon ab. Dabei sorgten für die Hand des Lehrers erstellte *Präparationen zu deutschen Gedichten* nachdrücklich dafür, dass diese Geschichtslyrik auch patriotisch gedeutet wurde.[96] Zu einer ideologischen Indienstnahme kam es dann im „Dritten Reich". In den in den 1930er Jahren erschienenen Gedichtsammlungen waren die beiden bekannten *Gravelotte*-Gedichte stets berücksichtigt; bereits die Titel solcher Bücher – *Der Barde* oder *Ich hörte ein Heldenlied sagen und singen* – gaben die erwünschte Deutung vor.[97] In der Folgezeit war die Kriegslyrik von Freiligrath und Gerok genauso wie die niederdeutscher Provenienz nur noch für Historiker und Li-

Denkmal für die bei St. Privat Gefallenen des 1. Garde-Regiments zu Fuß

teraturwissenschaftler von Belang; aufgrund ihrer ideologischen Funktionalisierung im „Dritten Reich" verloren diese Gedichte nun an Bedeutung und spielten für das kollektive Gedächtnis der Deutschen keine Rolle mehr.[98]

Insofern erscheint es wenig plausibel, für *Gravelotte* einen Übergang in das kulturelle Gedächtnis anzunehmen – in ihm wird das Vergangene in Form von „festen Objektivationen sprachlicher und nichtsprachlicher Art" aufbewahrt.[99] Zweifellos tragen die beiden großen Tafeln in der Stadtkirche von Arolsen einen gedächtniskulturellen Text, und gewiss mögen einzelne Verse aus Freiligraths *Trompete von Gravelotte* manch heutigem Zeitgenossen noch erinnerlich sein. In der Tat gibt es in mehreren deutschen Städten noch eine Gravelottestraße – und immer noch erinnert westlich von Demmin am Kummerower See der Name eines Hotels an jenen Ort.[100] Auch mag eine aktuelle Ausgabe der Erinnerungen von Friedrich Freudenthal heute durchaus noch Leser finden und in ihren Bann ziehen – dies alles bleibt freilich eine zu schmale Basis für einen sicheren Platz im kulturellen Gedächtnis der Nation.

Aus französischer Sicht ist Gravelotte der Ort einer demütigenden Niederlage. In den einschlägigen – in der Göttinger Universitätsbibliothek verfügbaren – französischen Geschichtsbüchern kommt dieser Ort nur ein einziges Mal vor. Lediglich in einer auch ins Deutsche übersetzten sechsbändigen *Geschichte Frankreichs* – in deren fünftem Band behandelt François Caron *Frankreich im Zeitalter des Imperialismus* – wird Gravelotte erwähnt: „Nach den Kämpfen von Borny am 14. August (in denen er [General Bazaine] seinen Vorteil nicht zu nutzen verstand), Rezonville am 16. August, Saint-Privat und Gravelotte am 18. August ließ er sich allmählich in Metz einschließen."[101]

Mit einem Franzosen über *Mars-La-Tour, Vionville* und *Gravelotte* reden? Dem, der Freudenthals kritisch-genaue Erinnerungen vor Augen hat, könnte dies gelingen; kaum möglich aber wäre es für den, der sich auf die verharmlosenden Texte aus der Feder von Freudenthals kriegsbegeisterten Zeitgenossen beziehen wollte.[102]

Anmerkungen

1 Friedrich Freudenthal: Von Stade bis Gravelotte. Erinnerungen eines Artilleristen. Bremen [1898]. Nachdruck Soltau 1994 (mit einem Vorwort von J. D. Bellmann, unpaginiert).

2 Ein kritisches Echo auf solchen Umgang mit dem Deutsch-Französischen Krieg und das daraus resultierende Geschichtsbewusstsein liefert Wilhelm Raabe in seinem 1895 erschienenen Roman *Die Akten des Vogelsangs*, in dem von den Kindern eines deutsch-französischen Paares die Rede ist; diese „wissen nur von Sedan, Gravelotte, der dritten Einnahme von Paris und von Kaiser Wilhelm und seinen ‚Paladinen'", nichts mehr indes von dem „Eigentum ihrer Vorfahren väterlicher Seite" wie dem hugenottischen „Sieur Antoine des Beaux" (Wilhelm Raabe: Sämtliche Werke. Hg. von Karl Hoppe u. a.; Bd. 19: Kloster Lugau. Die Akten des Vogelsangs. Göttingen 1970, S. 386).

3 Vgl. z. B. die von Franz Lipperheide in Berlin herausgegebenen *Lieder zu Schutz und Trutz*, Gedichtanthologien, die sich großer Beliebtheit erfreuten: Lieder zu Schutz und Trutz. Gaben deutscher Dichter aus der Zeit des Krieges im Jahre 1870. Gesammelt und herausgegeben von Franz Lipperheide. Berlin 1870–71 (1. Sammlung: August 1870; 2. Sammlung: September 1870; 3. Sammlung: October bis December 1870; 4. Sammlung: Februar bis Juli 1871). – Die Gesamtzahl der damals in Zeitungen, Zeitschriften, kleinen oder großen Anthologien veröffentlichten Gedichte geht in die Tausende; einige wenige davon wurden später in Gedichtbände allgemeinen Inhalts übernommen und blieben so im kollektiven Gedächtnis der Deutschen bis etwa zur Mitte des letzten Jahrhunderts präsent.

4 Jörg Schilling: Heimatkunstbewegung in Niedersachsen. Eine Untersuchung zu Leben und Werk Friedrich Freudenthals. Rinteln 1986, S. 247. – Schillings Vergleich überzeugt nicht recht, weil der Verfasser bei seiner Analyse die Differenzen in den Textsorten außer Acht lässt: hier die realistischen Beobachtungen eines Kriegsteilnehmers, dort die einer

literarischen Figur zugeschriebenen Erlebnisse. – Vgl. dazu auch Uwe-K. Ketelsen: Literatur in der Industrialisierungskrise der Jahrhundertwende. Eine historische Analyse der Erzählkonzeption von Gustav Frenssens Roman „Jörn Uhl". In: Jb. der Raabe-Gesellschaft 1984, S. 173–197.

5 Hermann Brekenfeld: Erlewnisse ut 1870 un 71. Wriezen 1895. – Brekenfeld geht in seinem Vorwort darauf ein, dass er den unter dem direkten Eindruck der Ereignisse entstandenen Vorläufer seines Buches („Ut uns' Le Bourget-Tid", Rostock o. J.) um allerlei „Reuterei" ergänzt und jenen „Reuter-Ton" zu treffen sich bemüht habe, den die Zuhörer seiner mündlich gegebenen Berichte so sehr schätzten. – Gedankt sei Herrn Dr. Goltz und dem Bremer Institut für niederdeutsche Sprache (INS) mit seiner gut bestückten Institutsbibliothek, die mir freundlicherweise die Einsicht in das 217 Seiten starke – in der Göttinger Universitätsbibliothek nicht greifbare – Brekenfeld-Buch ermöglichten.

6 Die Namen *Gravelotte* und *St. Privat la Montagne* gehören zusammen; die beiden Orte liegen dicht beieinander und waren Schauplatz der Kämpfe zwischen dem 16. und dem 18. August 1870; *Gravelotte* steht für das Ausmaß der Verluste, *St. Privat* für den endgültigen – durch die Garde erreichten – Sieg der Deutschen. Das strategische Ziel der Kämpfe war es, den Rückzug der französischen Rheinarmee nach Paris zu verhindern. – Vgl. dazu die bei Freudenthal (s. Anm. 1) abgedruckten Skizzen nach S. 124 und S. 148 sowie Theodor Fontane: Der Krieg gegen Frankreich 1870–1871. 1. Band: Der Krieg gegen das Kaiserreich. 1. Halbband. Berlin 1873, mit zahlreichen Skizzen zur Illustration der Truppenbewegungen; verwiesen sei hier auf S. 296. – Ein dritter wichtiger Ort dieser Schlacht ist *Vionville*; dort wurde am 16. August gekämpft. Mehrfach, so in einem 1926 erschienenen Lesebuch („Wägen und Wirken". Heimatausgabe für Hannover, ersch. bei Teubner, Leipzig und Berlin 1926, S. 226f.), trägt das weiter unten behandelte berühmte Gedicht von F. Freiligrath nicht den Namen *Gravelotte* im Titel, sondern lautet *Die Trompete von Vionville*.

7 Lieder zu Schutz und Trutz, 3. Sammlung (s. Anm. 3), S. 98f.; ferner veröffentlicht in: Alte und neue deutsche Lieder. Ohne Herausgeberangabe. 15. vermehrte Auflage. Hannover 1877, S. 207f.; das Gedicht trägt hier den Zusatz „Nach einer wahren Begebenheit", was auf eine Anekdote als Referenztext schließen lässt. Dies bestätigt ein Hinweis im 7. Band einer 1906 von Ludwig Schröder besorgten zehnbändigen Gesamtausgabe der Werke von Ferdinand Freiligrath, S. 64: „Tatsächlich. Nach einem jüngst durch die Blätter laufenden Schreiben des Majors im Magdeburgischen Kürassier-Regiment, Grafen Schmettow." – *Die Trompete von Gravelotte* wurde später wieder abgedruckt in: Liederbuch des deutschen Volkes. Herausgegeben von Carl Hase, Felix Dahn und Carl Reinecke. Leipzig 1883, S. 563f., unter *Siegeslieder* und mit Noten von August Barth versehen; man findet dieses Gedicht zum Beispiel auch in: Deutsche Soldaten- und Kriegs-Lieder aus fünf Jahrhunderten. Gesammelt und herausgegeben von Hans Ziegler. Leipzig 1884, S. 386f., sowie im Band 6/7 der *Hausbücherei der Deutschen Dichter-Gedächtnis-Stiftung*: Balladenbuch, 1. Band, Neuere Dichter. Hamburg 1904, S. 122f. Das Buch erlebte mehrere Auflagen.

8 Die *Rosse von Gravelotte* lässt sich in *Alte und neue deutsche Lieder*, S. 208f., und in *Deutsche Soldaten- und Kriegs-Lieder aus fünf Jahrhunderten*, S. 387f. (s. Anm. 7) nach-

weisen. Die beiden bekanntesten *Gravelotte*-Gedichte werden häufig gemeinsam abgedruckt, oft direkt aufeinander folgend. Als Beispiele seien hier angeführt: Deutschlands Helden in der deutschen Dichtung. Eine Sammlung historischer Gedichte und ein Balladenschatz für Schule und Haus. Hrsg. von Franz Brümmer. Stuttgart 1891 (S. 396f. und S. 398f.); Deutsche Geschichte in Liedern deutscher Dichter. Hrsg. von Franz Tetzner. 2. Teil. Leipzig 1892 (S. 301 und S. 302); Deutsches Schicksal im Liede. Gedichte zur deutschen Geschichte. Hrsg. von Joh. Beck. München o.J., vermutlich während des 1. Weltkrieges erschienen (S. 79 und S. 79f.).

9 Theodor Fontane, Krieg (s. Anm. 6), S. 339. – Fontane zitiert dieses Gedicht ohne Verfassernamen, die zweite Strophe lautet: „Das war eine Schlacht! / Zwischen Kampf und Kampf / Hat der Tod je einen Rasttag gemacht, / Umnebelt von schwebendem Pulverdampf, / Satt und übersatt / Des Blutes, das er zu gierig trank, / Vom blutigen Mähen so müd' und matt, / Daß dem knöchernen Arm die Sichel entsank." – Fontanes im Prinzip um Objektivität bemühte Darstellung der Kriegsereignisse erhält durch die – wohl mit Rücksicht auf ein breites Lesepublikum erfolgte – Einbindung von Gedichten und Erlebnisberichten ein eigentümliches Gepräge.

10 Vgl. z.B. die beiden Verse eines sehr bekannten Autors, nämlich Hoffmanns von Fallersleben: „Die Ehr' ist unser Banner, / Unser Feldgeschrei das Recht" aus dem Gedicht *Wir sind da* (Sammlung von Ziegler, s. Anm. 7, S. 363).

11 Der Frage, inwieweit überhaupt Raum war für Originalität und Individualität, geht William Webster in einem Aufsatz über die Kriegslyrik aus dem Stuttgarter Freundeskreis von Wilhelm Raabe nach (William Webster: Drei Kameraden und ein Alleingänger. Vier Stuttgarter Literaten und der deutsch-französische Krieg. In: Jb. der Raabe-Gesellschaft 2007, S. 111–134); Webster erkennt in den von ihm untersuchten Texten allenfalls Ansätze einer eigenständig-zurückhaltenden Einschätzung, z.B. in einem Gedicht von Johann Georg Fischer („Aus beiden Lagern"), in dem dieser, um ein gerechtes Urteil bemüht, die Ursache des Krieges auf beiden Seiten sieht: „Zwei Elemente, die sich ewig hassen, / Zwei Todesfeinde, ewig angezogen" (ebd., S. 119); bei Webster auch Literaturangaben zu weiteren Sammlungen und zu weiterer Sekundärliteratur. – Vgl. ferner Walter Hinck: Geschichtsdichtung. Göttingen 1995, S. 41–44.

12 Alte und neue deutsche Lieder (s. Anm. 7), S. 321–323. – Strophe 5 (von insgesamt 16) lautet: „Ha! wie die deutschen Jungen da / Die nerv'gen Arme regten, / Bis sie die ganze wälsche Spreu / Von der grünen Tenne fegten!" Das Gedicht (ohne Verfasser) berichtet sodann von einem stattlichen deutschen Kürassier, der nach der Schlacht auf der Suche nach seinem Pferd einem schmächtigen Franzosen („Franzmann") begegnet und über diesen herzieht (Strophe 12): „Dann spricht er unwirsch: Wat is dat? / Wat sall'n de Dämlichkeiten? / Wat kümmt di Jung woll in den Kopp? / Sau'n Jung, de will hie scheiten?" Er nimmt diesen Jungen als Beweisstück mit und zeigt ihn in seinem Regiment. – Wegen der niederdeutschen Einsprengsel ist zu vermuten, dass dieses Gedicht, das wohl eine – erfundene? – Anekdote zur Grundlage hat, von einem Norddeutschen stammt; es findet sich, versehen mit dem Hinweis *Anonymus*, auch in dem von O. Boehm in Wismar 1884 herausgegebenen Band *Das deutsche Volk in Liedern* (als Nr. 240, S. 268–270). In seiner

unmittelbaren Nachbarschaft ist, neben den beiden sehr bekannten Gedichten von Freiligrath (Nr. 237) und Gerok (Nr. 241), als Nr. 239 (S. 267f.) ein weiteres *Gravelotte*-Gedicht abgedruckt, sein Verfasser ist ein Franz Jahn.
13 Webster, Kameraden (s. Anm. 11), S. 114. – An diesem „poetischen Propagandakrieg" beteiligte sich z. B. auch Karl Simrock mit den Versen „Wir saßen so lang in gemütlicher Ruh / Und reimten nur Liebe auf Triebe; / Dem verlogenen Feinde nun setzen wir zu / Und reimen ihm Hiebe auf Diebe" (Sammlung von Ziegler, s. Anm. 7, S. 363).
14 Webster, Kameraden (s. Anm. 11), S. 127; der Verfasser nennt z. B. für Ludwig Dill Gedichte über die Siege bei Weißenburg, Wörth, Sedan und Gravelotte – Orte, die nachfolgend in Deutschland durch Straßennamen präsent bleiben sollten (vgl. Anm. 100).
15 Franz Lipperheide, Lieder (s. Anm. 3), 3. Sammlung, S.68–79, mit einer faksimilierten Wiedergabe von Reuters Originalhandschrift; vier Strophen aus *Ok 'ne lütte Gaw' för Dütschland* erscheinen später in der Sammlung *Alte und neue deutsche Lieder* (s. Anm. 7, S. 205f.). – Zum „Krieg 1870/71 in der niederdeutschen Literatur" sendete Radio Bremen am 13.4.1985, 21.00 Uhr, einen Beitrag von Claus Schuppenhauer unter dem Titel „Ick scheet di doot, seggt he …"; zu Reuter résumierte der Verfasser: „Zwar hatte er immer ein moderneres, demokratisches Vaterland im Auge – dies Aufbruchsdenken des Jahres 1870 aber und dies nationale Zusammenhalten, dies mag ihn an seinem Lebensende vollends in blinden Nationalismus getrieben haben. Und, immerhin: Er hat nicht verschwiegen, daß all das mit Not, Tod und Trauer erkauft werden mußte. Klaus Groth, sein Antipode in vielem, hat sich mit dem patriotischen Pathos begnügt." – Für die Überlassung des Manuskripts der Sendung danke ich dem INS, Bremen.
16 Fritz Reuter: Gesammelte Werke und Briefe. Hrsg. von Kurt Batt. Band VII. Neumünster/Rostock 1967, S. 488–496; vgl. auch Band IX (Kurt Batt: Fritz Reuter. Leben und Werk), S. 401f.; Batt sieht hier „literarischen Nationalismus", erklärt Reuters Haltung jedoch auch durch dessen – in den letzten Lebensjahren von Herz- und Rheumabeschwerden stark beeinträchtigten – Gesundheitszustand.
17 Der Aufbruch wird von der Mutter des Hann Jochen kommentiert mit: „Du büst min Letzt, min Einzigst büst. // Wenn't äwer up den Franzmann geiht, / Denn weg mit all de Trurigkeit! / Sei heww'n hir stahlen as de Rawen, / Sei heww'n min Öllern ehr Graww eins grawen" (GWB VII, S. 488). Später heißt es: „So trecken wi nu nah Frankrik herin; / Je, dor ward nicks as Elend sin: / Verkamene Öllern, verkamene Gören, / De Hunger, de kickt ut alle Dören. // Ringsüm is nicks as Jammer tau sehn / Un up de Feller kein Halm tau mehn; / De einzigst, de Aust höllt, dat is de Dod, / Kein Eten, kein Drinken, kein Water, kein Brod" (ebd., S. 491).
18 Ebd., S. 492. – Nach freundlicher Auskunft von Prof. Dr. Pierre Hessmann, Gent, enthält der Ortsname *Gravelotte* ein Deminutivum auf -*otta*/-*etta* (15. Jh.: *Gravilette*), abgeleitet von romanisch *grava* „Kieselstein, Kies", frz. *gravier* (vgl. engl. *gravel*); da ohne Entsprechung im Lateinischen, vermutlich in vorrömischer, also gallischer, Zeit ins Altfranzösische übernommen.
19 Ebd., S. 493f.
20 Ebd., S. 496.

21 Ebd. – Ein weiteres Kriegsgedicht von Fritz Reuter, *Großmutting, hei is dod*, (ebd., S. 497–501, sowie bei Lipperheide, s. Anm. 3, Lieder zu Schutz und Trutz, 4. Sammlung, S. 55–57) wurde noch in einem Lesebuch der 1920er Jahre unter Verweis auf das Jahr 1870 wiederabgedruckt (In: Deutsches Gedichtbuch, erschienen in der Weidmannschen Bücherei, Berlin, 5. Auflage [o.J.], S. 109–112; darin auch *Die Rosse von Gravelotte;* S. 105f.).

22 Die Autoren waren meist Kriegsteilnehmer, von Beruf oft Lehrer oder Pastor; in der oben genannten Reihenfolge des Erscheinens: Julius Josephy; Ernst Keller; D. Zander; August Bruns; Georg Heinemann; Max Sander. – Weiter seien genannt: Wilhelm Schröder: Swinegels Reise nah Paris as Friedensstifter. Eene putzige plattdütsche Historje. Mit fine Billers. Berlin 1869, sowie Richard Knoche: Lähm up! Wat de Trängssoldate Matigges Pappstoffel, dei met synem Pasteor im Fransseosenlanne wiäsen is [...], vam grauten Kryge te vertellen weit. Erlebnisse im Feldzuge 1870 bis 1871 im Paderborner Dialekt mitgetheilt von einem Sohne der rothen Erde. Niu lustert mol! Neue Folge. Celle 1877.

23 Ernst Keller, Crischon Ballermann (s. Anm. 22), S. 14 u. 21.

24 Georg Heinemann, Heer, Schaul un Volk (s. Anm. 22), S. 15f., Heinemann, geb. 1825 in Stöcken bei Wittingen, war dort seit 1844 als Lehrer tätig; dekontextualisiert, bleibt der in der bemühten contradictio in adiecto („herbeswornen Gästen") liegende Vorwurf an den Kriegsgegner ohne Substanz.

25 August Bruns, Krischan Pampel (s. Anm. 22), S. 65; Bruns, geb. 1847, war Lehrer in der Nähe von Göttingen.

26 Die Verfasser solcher Gedichte betrachteten den Krieg aus der Ferne, über einzelne Vorgänge auf dem Kriegsschauplatz vielleicht in Kenntnis gesetzt durch einen Sohn oder durch einen nahen Verwandten. Für das Vaterland war der Tod eines Angehörigen klaglos hinzunehmen; vgl. Webster, Kameraden (s. Anm. 11), S. 128–131. – Webster entnimmt z. B. den Gedichten Ludwig Dills, „dass man den Tod des [einzigen] Sohnes leichter verwinden könne, weil dieser sich für die nationale Sache geopfert hat" (S. 129); als Beleg führt er die Dillschen Verse an: „Laß deine Mutter weinen und die Schwestern, / Uns ziemt die Thräne nicht, es gilt zu schaffen!" und „Leb wohl, mein Sohn! Wie auch der Würfel fällt – / Auf Wiedersehn in einer andern Welt!" (S. 128f.).

27 Vgl. Freudenthal (s. Anm. 1), S. 72, 91, 97, 125, 163 sowie Fontane (s. Anm. 6), S. 49, 66, 98, 127, 197, 285, 286, 317f., 327, 339, 356, 362; Fontane bezieht nicht nur zeitgenössische Lyrik, sondern weiteres Bildungsgut, z. B. Verse von Goethe, mit ein (S. 77, 78, 82); auf Grenzen und Differenzen zwischen Gattungen sowie zwischen fiktionalem und faktualem Erzählen nimmt er keine Rücksicht. – Unter der Zielsetzung einer „systematische[n] und historische[n] Grundlegung der Geschichtslyrik als Forschungsfeld" fand vom 6.–8. März 2009 eine vom Seminar für Deutsche Philologie der Georgia Augusta unter Federführung von Prof. Dr. Heinrich Detering veranstaltete Tagung zur Geschichtslyrik statt; die Referenten erörterten die „genrespezifischen Möglichkeiten von Geschichtsgedichten" unter gattungstheoretischen, literaturhistorischen und geschichtsphilosophischen Aspekten sowie unter Berücksichtigung der historischen Rahmenbedingungen im Sinne eines „Beitrag[s] zur Mediengeschichte der historischen Sinnbildung"; auch Fon-

tanes „Preußen-Lieder" und der „militärische Geist" bei Fontane waren Gegenstand eines Vortrags, jedoch ohne dass auf Fontanes Kriegsberichterstattung Bezug genommen worden wäre; anders Hinck, Walter: Die deutsche Ballade von Bürger bis Brecht. Göttingen ³1978, S. 92f. – Vgl. ferner Helmuth Nürnberger: „Hohenzollernwetter" oder Fünf Monarchen suchen einen Autor. Überlegungen zu Fontanes politischer und literarischer Biographie. In: Theodor Fontane und Thomas Mann: die Vorträge des internationalen Kolloquiums in Lübeck 1997. Hrsg. von Eckhard Heftrich u. a.; Thomas-Mann-Studien 18. Frankfurt a. M. 1998, S. 49–76, hier: S. 56f.; Werner Rieck: Fritz Reuter und Theodor Fontane – Versuch eines Vergleichs. In: Beiträge der Fritz Reuter Gesellschaft 10. Rostock 2001, S. 9–60, hier S. 32f.

28 Brief vom 3. September 1872 an Otto Baumann, abgedruckt in: Dichter über ihre Dichtungen. Theodor Fontane. Hrsg. von Richard Brinkmann in Zusammenarbeit mit Waltraud Wiethölter. Teil II. München 1973, S. 97f., sowie Brief vom 21. März 1877 an Mathilde von Rohr (ebd., S. 114); Fontanes Absicht war, ein „Volksbuch im besten Sinne" zu schreiben (ebd., S. 102).

29 Theodor Fontane wollte den Geburtsort der Jeanne d' Arc besichtigen; obwohl er eine Rote-Kreuz-Binde trug, wurde er in militärischen Gewahrsam genommen; der gegen ihn erhobene Spionagevorwurf wurde erst am 24. Oktober fallengelassen (vgl. Fontanes Brief an seinen Verleger Rudolf von Decker, den Inhaber der Berliner Hofbuchdruckerei; ebd., S. 94).

30 Vgl. zu dieser Lebensphase Helmuth Nürnberger: Fontanes Welt. Berlin 1997, S. 224–237. – „Meine Gefangenschaft hat mich zu einer Sehenswürdigkeit (Rhinozeros), zu einem nine days wonder gemacht", so zitiert Nürnberger, ebd., S. 229, aus einer Tagebuchnotiz Fontanes.

31 Ebd., S. 234.

32 Theodor Fontane: Kriegsgefangen. Erlebtes 1870. / Aus den Tagen der Okkupation. Hrsg. von Edgar Groß. Sämtliche Werke. Bd. XVI. München 1962, S. 436–454. – Der Reisende schenkt seine Aufmerksamkeit zunächst dem Ort, wo „der König in der Nacht vom 18. auf den 19. geschlafen" hat, und schildert, „soweit Se. Majestät dabei in Rede kommt, die letzten Stunden jenes denkwürdigen Tages" (ebd., S. 441).

33 Ebd., S. 445f. – Auf die Verluste der Garde geht Fontane ein weiteres Mal ein, als er St. Privat erreicht (S. 453): „Was man auch sagen mag – es war *mehr* als ein Wagnis, die furchtbare Position in der Front nehmen zu wollen, eh' die Flanke durch die Sachsen wirklich angegriffen war. Alles erklärbar, alles begreiflich, aber ... keine Sophistik wird dies ‚aber' völlig hinwegdeuten können."

34 Ebd., S. 447.

35 Ebd., S. 448.

36 In einer kenntnisreichen Analyse hat sich John Osborne mit Fontanes Kriegsberichterstattung auseinandergesetzt. Für *Aus den Tagen der Okkupation* und dessen Struktur sieht er Fontanes Bemühen um die „Vermittlung von Vergangenheit und Gegenwart" als zentralen Impetus (John Osborne: Theodor Fontane: Vor den Romanen. Krieg und Kunst. Göttingen 1999, S. 145) sowie dessen auf Frankreich bezogene „moralisierende Kultur-

kritik" (ebd., S. 153) als Entsprechung zu den Erwartungen der zeitgenössischen Leser. Zugleich betont Osborne, „daß der Verfasser trotz der wiederholten und aufrichtigen Würdigung der Tapferkeit der deutschen Soldaten es zwischendurch ablehnt, den jüngst abgeschlossenen Krieg mit dem ihm gebührenden Ernst zu behandeln" (ebd., S. 157).

37 Dessen erster Band (*Der Krieg gegen das Kaiserreich* mit den Teilbänden *Bis Gravelotte, 18. August 1870* und *Von Gravelotte bis zur Capitulation von Metz (19. August bis 27. October 1870)*) erschien im Jahr 1873, der zweite (*Der Krieg gegen die Republik* mit den Teilbänden *In und vor Paris bis zum 24. Dezember* und *Orléans bis zum Einzuge in Berlin*) in den Jahren 1875 und 1876. – Nürnberger, Hohenzollernwetter (s. Anm. 27), S. 62, bezeichnet die Kriegsbücher als „Mammutvorhaben aus patriotischem Geist".

38 Fontane (s. Anm. 6), S. 291–362. – Der Kritik an seinem Verfahren erwehrt sich Fontane in einem Schreiben an Ludwig Pietsch vom 21. Februar 1874: „Ich darf sagen, ich schmücke mich nirgends mit fremden Federn, ohne jedesmal bestimmt zu erklären: Leser, hier kommen fremde Federn. Ich treibe einen wahren Mißbrauch mit Gänsefüßchen, mehr ist am Ende nicht zu verlangen. Der Stoff ist aus 100 Schriftstücken entlehnt, aus tausend Notizen zusammengetragen. Dies wird nirgends cachiert." (Brinkmann, Dichter, s. Anm. 28, S. 105).

39 Fontane (s. Anm. 6), S. 305–313.

40 Ebd., S. 308.

41 Vgl. dazu Osborne, Kunst (s. Anm. 36), S. 77, 92f.

42 Fontane (s. Anm. 6), S. 319–327. – Iphigenie V, 3; der Superlativ des Adjektivattributs *unwahrscheinlich* verdankt sich dem – vermutlich aus der Erinnerung – zitierenden Fontane.

43 Dies ist weniger noch als jenes „aber", mit dem Fontane seinen diesbezüglichen Kommentar in *Aus den Tagen der Okkupation* (vgl. dazu Anm. 33) abschloss. – Auf die Verarbeitung solcher Fragen in Fontanes Romanen macht Osborne, Kunst (s. Anm. 36), S. 89, 93f., 103 aufmerksam.

44 Fontane (s. Anm. 6), S. 329. – Es mag diese Anekdote die Suggestionskraft des Berichteten verstärkt haben sollen.

45 Ebd., S. 358–362: „Das Todtenfeld vom 16. und 18. August"; die Kreuzzeitung jener Tage lese sich „wie ein Moniteur des Todes" (ebd., S. 359).

46 Osborne, Kunst (s. Anm. 36), S. 63, zeigt sich „vom literarischen Ehrgeiz und vom Kompositionswillen des Autors" überzeugt; danach war Fontane bestrebt, „die preußische Modernisierungstheorie und die damit verbundene Polarisierung" weiterzuentwickeln und eine „Symmetrie in der Darstellung der Ereignisse" herauszuarbeiten.

47 In Gravelotte und in den benachbarten Orten wurde an drei verlustreichen Tagen im August, im Norden von Paris vor Le Bourget wurde an drei verlustreichen Tagen im Oktober gekämpft.

48 Fontane (s. Anm. 37), 2. Band. 1. Halbband. Berlin 1875, S. 275.

49 Im Abschnitt *Im wiedergewonnenen Le Bourget*; ebd., S. 301–308.

50 Die von Fontane zitierten Partien entsprechen in etwa S. 74–77 und S. 89–101 der *Erlewnisse*; allerdings enthält das Buch von 1895 in diesen Abschnitten noch zusätzlich umfangreiche Räsonnements, die in der von Fontane genutzten Version wohl noch nicht

vorhanden waren. Brekenfelds Anliegen war es offensichtlich, durch sie die humoristischen Züge seines Erinnerungsbuches zu verstärken. Die Übersetzung ins Hochdeutsche ist sehr frei; manche Wendung erhält einen anderen Charakter als im Niederdeutschen, so beispielsweise die Beschreibung des ersten Granateneinschlags: „As wi dor nu noch so üm den Disch 'rüm sitten, warden wi all miteinanner mit ein Mal so hellhürig, keiner sprök 'n Wurd, jeder hüll den Athen up 'ne Wil an, ut dat fine Pipen ward ein Gesus'" (Brekenfeld, s. Anm. 5, S. 97) gegenüber „Da plötzlich, mitten im Geplauder, wurden wir Alle mit einem Male hellhörig. Die Unterhaltung schwieg, jeder hielt den Athem eine Weile an und das feine Pfeifen draußen ward ein Summen und Sausen" (Fontane, s. Anm. 37, S. 306).

51 Der Krieg von 1870–71. Auf Grund des deutschen und französischen Generalstabswerkes und zahlreicher neuerer Quellenwerke bearbeitet von J. Scheibert, Major z. D., Berlin 1904, S. 244–249.

52 Brekenfeld (s. Anm. 5), S. IIf.; Ausführungen zum Schnarchen (S. 66, 118f.) und zu einer erst noch zu komponierenden „Granaten-Polka" (S. 97), eine Reihe von Döntjes (S. 69f., 73, 138, 141, 176f.), manche räsonnierende Passage (S. 77, 93, 114, 128f., 132–134) und allerlei eingestreute Redensarten (z. B. S. 110: „ick slap hir irst orntlich ut, wat nah kümmt, bitt dei Wulf", ferner S. 140, 143, 162, 173, 176, 178, 181f., 205) sind dieser Orientierung an Reuter geschuldet. Unübersehbar ist Brekenfelds Bemühen, seine Bildung zu zeigen (z. B. S. 87 durch die Allusion auf Goethes „Iphigenie" in „woans hei dat meinte, as hei nülich dat grote Wurd gelaten utsprök, dat dei Snaps för uns' Soldaten dat reine Gift wir" sowie durch manch lateinisches Zitat, z. B. S. 151). In eklatantem Widerspruch zu diesem hehren Anspruch stehen indes die „Censur-Geschäften", bei denen – doch wohl wertvolle – alte Bücher aus einer Klosterbibliothek (S. 124f.: „einen Arm vull vun dei ‚ollen Heiligen' von'n Bähn"; „je bunter uns' Smökers, desto weniger sünd sei nütt") ebenso zum Heizen verwendet wurden wie später ein Klavier (S. 166f.).

53 Ebd., S. 58; durchgängig werden die Franzosen als „Rothosen" – auch als „dat rothosige Gesindel" (S. 79) – bezeichnet, daneben auch als „dat Pack" und „dat Gesindel" (S. 102), „dat Takeltüg" (S. 214) sowie „de Bengel" (S. 141), deren Angriffe als „tau Besäuk bi uns kamen" (S. 140, 151), „Krakehl anfangen" (S. 141) oder „Stänkerien anfangen" (S. 151) kleingeredet werden. Als Epitheta zu „Franzosen" erscheinen z. B. „verflixte" (S. 36) und „ßackermentsche" (S. 151); gegen Ende heißt es von französischen Gardisten, dass sie „as dei will'n Dir herümlepen" (S. 203). Wie die Geschichte von der Beschaffung eines Fernrohres (S. 170–190) zeigt, sind aus Brekenfelds Sicht im Umgang mit der Zivilbevölkerung alle Mittel, auch Lügen und Drohungen, erlaubt.

54 Ebd., S. 44, 77, 117, 126, 148–150. – Sein humoristischer Zugriff verschaffte Brekenfeld besondere Anerkennung: „Ärzte und Geistliche traten ebenfalls in die Reihen, und wir verdanken ihnen willkommenste Gaben, hervorragend Dr. Brekenfeld vom Franz-Regiment, der in plattdeutscher Sprache Fritz Reuter an die Seite zu stellende ganz köstliche Beiträge lieferte", so urteilt Scheibert (s. Anm. 51) in seiner Einleitung, S. VIIf.

55 Ebd., S. 130f. – Die Sprengung des Bahnhofs wird als ein lustiges „Schauspill" („Antreh süll't nich kosten") angekündigt (S. 139); den Beginn der Kanonade am 23. Dezember be-

zeichnet Brekenfeld als „Inladungskorten taum Danzen" und das, was folgt, als „Beddeldanz" (S. 154). – Mit seinen Erlebnissen einen „Roman" zu schreiben, das ist Brekenfelds ausdrückliches Ziel (S. 67).

56 Ebd., S. 50; vgl. auch S. 102: Brekenfelds Auseinandersetzung mit „Klaukschnackers un Nägenklauken" hinsichtlich der Zernierung von Paris (von Moltke „meisterhaft dörchset't"), sowie S. 80–84: Kritik an „Mäßigkeitsverein" und „Waterprophet" beim Thema ‚Alkoholkonsum der Soldaten'.

57 Ebd., S. 99.

58 Ebd., S. 91f. – Ähnlich auch S. 132–134, wo Brekenfeld über Elend und Sorge auf der einen und Freude und Glück auf der anderen Seite nachdenkt.

59 Ebd., S. 101f., 198.

60 Ebd., S. 106–108, 144f.

61 Ebd., S. 136, 217.

62 Am deutlichsten gibt er sich als treuer Hannoveraner zu erkennen, als er, in der Nähe von St. Ingbert, den preußischen König in seinem – haltenden – Wagen zu Gesicht bekommt und ihn dies zu Gedanken über den Verlust der Selbständigkeit Hannovers veranlasst (Freudenthal, s. Anm. 1, S. 104f.). – Seinem dänischen Freund Jensen nimmt er indes keineswegs übel, dass dieser die Annexion von 1866 nicht anders aufzufassen vermag denn als „gerechte Strafe für die Feindseligkeiten, welche wir Hannoveraner seiner Zeit seinen Landsleuten bewiesen hatten" (S. 40). – Am 14. August 1870 ist seine Freude groß, als er beim Vormarsch auf das Hannoversche Infanterie-Regiment Nr. 77 stößt (S. 116f.).

63 Ebd., S. 130.

64 Fontane (s. Anm. 6), S. 307.

65 Freudenthal (s. Anm. 1), S. 12. – Dabei versucht Freudenthal, die Sache humorvoll zu nehmen: Die „beiden alten würdigen Veteranen", nämlich die ihm übereigneten wasserdurchlässigen Stiefel, hätten sich bestens für eine „Kneipp-Kur" geeignet; erst mit „einem halben Dutzend Zeitungen" waren sie passend zu machen.

66 Ebd., S. 15.

67 Ebd., S. 14. – Der dafür anfallende Betrag wurde, sofern der Rekrut ihn nicht bezahlen konnte, später von der Löhnung abgezogen; Freudenthal konnte mit einer Nebentätigkeit bei der Wasserbaubehörde durch Abschreiben „dickleibiger Aktenstücke" sein Salär ein wenig aufbessern (S. 16).

68 Ebd., S. 20. – Als Freudenthal einmal ein Fehler unterlief, tadelte jener Leutnant ihn „in ungewöhnlich verletzender Weise" und nannte ihn „in höhnischem Tone", unter Anspielung auf die Langensalza-Medaille, die er bei einer Parade getragen hatte, „den Sieger von Langensalza"; dies war für Freudenthal eine besonders schmerzliche Kränkung (S. 16f.).

69 Ebd., S. 28. – Seine „Lesebegierde" gefiel dem Bibliothekar, der deshalb von dem mittellosen Soldaten nur eine ganz geringe Leihgebühr verlangte; zu den in damaliger Zeit von Friedrich Freudenthal gelesenen Büchern gehörten mehrere Werke von Charles Dickens.

70 So bezieht er sich beispielsweise zu Beginn des 8. Kapitels fast beiläufig auf Schillers *Wallenstein* und Goethes *Faust* (ebd., S. 59).

71 Ebd., S. 73.
72 Ebd., S. 115–151.
73 Ebd., S. 118f.
74 Ebd., S. 120f.
75 Ebd., S. 125.
76 Ebd., S. 127f.
77 Ebd., S. 132.
78 Ebd., S. 129–131, 134.
79 Ebd., S. 135; detailliert beschreibt er: „das war ein Zischen, Pfeifen, Heulen, Singen und Klingen, als ob Wodans grimmiges Heer auf uns los gelassen worden wäre".
80 Recht ungehalten kommentiert er, dass sich unmittelbar nach Beginn des Gefechts der Kanonier Nr. 1, scheinbar verletzt, „unter lautem Gejammer schleunigst von dannen machte" (ebd., S. 133). – Nachdem mehrere Offiziere verwundet oder gefallen waren, konstatiert er: „Unter solchen Verhältnissen konnte bei uns von einem regelrechten Kommando keine Rede mehr sein." (S. 137)
81 Ebd., S. 138.
82 Ebd., S. 135f.
83 Ebd., S. 137.
84 Ebd., S. 137, 141.
85 Ebd., S. 142.
86 Der folgende Passus ebd., S. 144, die anschließend zitierte Beobachtung S. 146.
87 Alle Zitate ebd., S. 148.
88 Ebd., S. 149.
89 Brinkmann, Dichter (s. Anm. 28), S. 97.
90 Ebd., S. 114.
91 Osborne, Kunst (s. Anm. 36), S. 76. – Vgl. dazu auch Eckhard Heftrich: „Fontane und Thomas Mann, sie hatten viel zu bewältigen, auch zu verdrängen. Man vergleiche nur Fontanes Kriegsbücher mit Thomas Manns Kriegsschriften. Sie als zeitbedingte Nebenarbeiten zu entschuldigen, genügt nicht." (Eckhard Heftrich: Theodor Fontane und Thomas Mann. Legitimation eines Vergleichs. In: Thomas-Mann-Studien 18, s. Anm. 27, S. 9–23, hier S. 23).
92 Freudenthal (s. Anm. 1), Vorwort [S. 3]. – In einer Auswahl aus den Werken Friedrich Freudenthals, erschienen im Verlag Otto Meißners, Hamburg 1939, sowie, in einer 2. Auflage, Bleckede 1949, findet sich ein hochdeutsches Gedicht unter dem Titel „Gravelotte. 18. August 1870" (S. 288–290 resp. S. 239–241); darin verknüpft der Verfasser sein eigenes Schicksal in der Schlacht mit dem Abschiedsgruß der Freundin „Gott schütze dich!", der, mehrfach wiederholt, Inhalt und Struktur des Gedichtes bestimmt.
93 An manchen Stellen wirken Brekenfelds Formulierungen wie aus dem Hochdeutschen übersetzt, so wenn ein Ziel „erreikt" ist, etwas „in mancher Beteihung" gilt, jemand „in't Timmer gestört't kam" oder aber von „hüpig" und „Tweck" die Rede geht (Brekenfeld, s. Anm. 5, S. 44, 61, 49, 120, 83).

94 Friedrich Freudenthal: Von Lüneburg bis Langensalza. Erinnerungen eines hannoverschen Infanteristen. 2. ergänzte und vermehrte Auflage. Bremen 1895. Reprint der Freudenthal-Gesellschaft, Soltau 1999. In seinem Nachwort charakterisiert Volker Wrigge dieses – ungleich erfolgreichere – Buch als „Reiseliteratur, Feldzugsbericht, welfische Bekenntnisschrift".

95 Freilich dürfte die Hervorhebung des Ortsnamens im Titel des Freudenthal-Buches durchaus ihren Anteil daran gehabt haben, dass sich *Gravelotte*, in Verbindung mit dem Datum *18. August*, noch über einen längeren Zeitraum historisch verorten ließ.

96 Vgl. z. B.: Präparationen zu deutschen Gedichten. Nach Herbartischen Grundsätzen ausgearbeitet von August Comberg. Fünftes Heft. Langensalza ³1904; Nr. 56, S. 195–198, zu dem *Gravelotte*-Gedicht von Karl Gerok; die Präparationen umfassen jeweils die Abschnitte *Gedichttext / Ziel / Vorbesprechung / Lesen des Gedichts / Vertiefung in den Inhalt / Gliederung / Würdigung / Aufgaben.* – Für die Hand des Schülers gab es z. B. in Schöninghs Dombücherei die *Schülerhefte von deutscher Art*, ausgewählt von Theodor Maus, erschienen o. J. in Paderborn, in deren 38. Heft *Gedichte und Lieder zur deutschen Geschichte. III. Vom Wiener Kongreß bis zur Gegenwart* auch die beiden bekannten Gravelotte-Gedichte (S. 18–20) abgedruckt sind.

97 Der Barde. Deutsche Geschichte von ihren Anfängen bis zur Gegenwart in deutschen Gedichten. Hrsg. von Walther Eggert-Windegg. München 1936, S. 201–203. – Ich hörte ein Heldenlied sagen und singen. Deutsche Geschichte in Balladen und Liedern. Hrsg. von Karl Plenzat. Breslau 1938, S. 297f.

98 Bis zum Ende des „Dritten Reiches" bot sich die patriotische Geschichtslyrik als eine für die kollektive Erinnerung gut geeignete Gattung geradezu an. Ihr erinnerungsästhetisches Surplus besteht in ihrer relativ leichten Memorierbarkeit, mitunter zusätzlich gestützt durch eine erinnerungsaffine Vertonung. In den Schulen waren viele Gedichte – insbesondere historische Balladen – auswendig zu lernen, wodurch Literatur sowohl zum Gegenstand als auch zum Medium des kulturellen Gedächtnisses wurde. Verwiesen sei hier auf Ernst Fleischhack: Freiligraths Gedichte in Lied und Ton. Bielefeld 1990, S. 55f., der für *Die Trompete von Gravelotte* unter den Nummern 220–236 insgesamt 17 Vertonungen nachweist, darunter auch eine von Franz Liszt (mit dem Titel *Und wir dachten der Toten*).

99 Jan Assmann: Das kulturelle Gedächtnis. München 1992, S. 52. – Meyers Großes Konversations-Lexikon, in der 6. Auflage erschienen 1906–1912, gibt sehr detailliert Auskunft über die verschiedenen Kriegsschauplätze und den Verlauf einzelner Schlachten; zu *Gravelotte* (Bd. 8) und *Mars-La-Tour* (Bd. 13) resp. *Vionville* (Bd. 20) bietet es umfangreiche Artikel und zeigt damit auch, in welchem Maße diese Orte zu Beginn des 20. Jahrhunderts das kollektive Gedächtnis der Deutschen mit bestimmten.

100 Ergebnis einer Durchsicht der Straßennamen in größeren deutschen Städten: Eine Gravelottestraße gibt es in Berlin, Bremen, Duisburg, Düsseldorf, Essen, Hildesheim, Kiel, Mannheim, München, Pforzheim, Wuppertal, meist in Verbindung mit einer Sedanstraße oder aber mit Straßennamen, die Orléans und / oder Weißenburg als Bestimmungswort führen. In den neuen Bundesländern sind diese Straßennamen heute nicht

mehr nachweisbar; Meyers Großes Konversationslexikon enthält in seiner 6. Auflage (s. Anm. 99) Stadtpläne größerer ostdeutscher Städte, auf denen jedoch sehr wohl eine Sedanstraße (Dresden, Magdeburg, Leipzig) sowie eine Gravelottestraße (Leipzig) verzeichnet sind. – Zum Hofnamen *Gravelotte* am Kummerower See westlich von Demmin vgl. Adolf Bach: Deutsche Namenkunde II. Die deutschen Ortsnamen 2. Heidelberg 1954, S. 252 u. 526, der bei dieser Namensgebung „eine politische Note" und „nationales Empfinden" erkennt; den Gasthof *Gravelotte* – heute ein Hotel mit angrenzender Ferienhaussiedlung – erbaute ein pommerscher Kriegsteilnehmer aus dem benachbarten Meesiger; die Einweihung fand am 7. Jahrestag der Schlacht von Gravelotte statt, die amtliche Genehmigung des Namens wurde umgehend erwirkt (Berichte darüber im Kreisheimatmuseum Demmin, auf die mich Cornelia Nenz freundlicherweise aufmerksam gemacht hat, und auf der Homepage des Hotels *Gravelotte*).

101 François Caron: Frankreich im Zeitalter des Imperialismus 1851–1918. Stuttgart 1992, S. 215.

102 Im Jahre 1870 verfasste der damals sechzehnjährige Arthur Rimbaud ein Gedicht unter dem Titel *Le rêve de Bismarck (Fantaisie)*; es wurde seinerzeit – unter einem Pseudonym – in der lothringischen Tageszeitung *Le Progrès des Ardennes* gedruckt. Knapp 140 Jahre später wurde der Text in einem französischen Antiquariat wiederentdeckt und am 22. Mai 2008 in *Le Figaro* veröffentlicht. *Bismarcks Traum*, den der jugendliche Verfasser als Rausch der Eroberung wirkungsvoll – mit Spott und Häme – inszeniert, belegt die Angst der Franzosen vor den Deutschen, den Traum des deutschen Kanzlers, der der Albtraum der Franzosen war. – Meyers Großes Konversations-Lexikon (s. Anm. 100) vermerkt zu Beginn des Artikels *Vionville*: „Zahlreiche Denkmäler erinnern an die am 16. Aug. 1870 daselbst gelieferte *Schlacht* (auch Schlacht bei *Mars-La-Tour* genannt)." – Die aus der Sammlung von Konrad Kleist, Hamm, Mitglied der Fritz Reuter Gesellschaft, abgedruckten *Gravelotte*-Postkarten vermitteln einen Eindruck davon, wie allgegenwärtig um die Jahrhundertwende die Erinnerung an den deutsch-französischen Krieg war.

Renate Drefahl

„Jeder Schritt, den wir gehen, führt über eine unsichtbare Schwelle." Das Fischland in den Romanen, Erzählungen und Aufsätzen Käthe Miethes

„Woll to seihn", mit diesem alten Fischlandgruß führen die Werke Käthe Miethes in eine alte, und doch ständig sich erneuernde Landschaft Mecklenburgs und Pommerns. Sicher wäre dieser Landstrich an der Ostsee auch ohne die Schriftstellerin ein beliebtes Reiseziel, aber gerade durch ihre feinfühligen literarischen Arbeiten werden dem Leser die Lebensumstände der Menschen dieser Region deutlicher, als Reiseführer oder historische Abhandlungen es vermitteln können. Einige ihrer Bücher erleben noch immer neue Auflagen.

Die Erzählungen Käthe Miethes sind auf der alten „Swante Wustrow", der heiligen Insel, wie dieses Stück Land zwischen Ostsee und Saaler Bodden in alten Urkunden benannt wurde, angesiedelt. „Bis gegen Ende des 16. Jahrhunderts war diese Benennung gebräuchlich, ging dann von dieser Zeit an aber in den Namen ‚Fischland' über", schreibt der Navigationslehrer C. J. F. Peters in seiner geschichtlichen Darstellung *Das Land Swante-Wustrow oder Das Fischland*, erstmals erschienen 1862. Der Name Fischland rühre von der Beschäftigung der Einwohner her, die neben dem Ackerbau und der Viehzucht auf dem kargen Land immer auch den Fischfang betrieben hätten, um ihren Lebensunterhalt zu sichern. Der Ausdruck findet sich erstmals in den Urkunden des Klosters Ribnitz, zu dessen „Inventario" das Fischland einst gehörte. Im eigentlichen Sinne zählten nur die vier Orte Althagen, Niehagen, Wustrow und Barnsdorf zum Fischland, Ahrenshoop lag schon jenseits der mecklenburgischen Grenze und gehörte zu Pommern.[1] Noch heute wird der kleine Graben zwischen Althagen und Ahrenshoop Grenzbach genannt, obwohl die Orte inzwischen eine Gemeinde bilden. Durch Zuschütten und Verlandung des Durchflusses der Recknitz aus dem Saaler Bodden in die Ostsee zu Zeiten der Hanse wurde aus der alten Insel Swante Wustrow die Halbinsel Fischland-Darß. Nach den historischen Angaben zeichnete Georg Hülsse[2] für den Einband der zweiten Ausgabe des Fischlandbuches von Käthe Miethe eine Karte.

Käthe Miethe, die den historischen Wechsel in den Lebensformen der Menschen persönlich miterlebte, schreibt 1948 die *Tradition des Fischlandes*:

Jeder Schritt, den wir gehen, führt über eine unsichtbare Schwelle. Jeder Augenblick, den wir leben, ist der Durchgang von einer Epoche in eine andere, von vertrauten Lebensformen in eine neue, uns noch unbekannte. … Was wir jetzt auf dem Fischland erleben, ist das endgültige Versinken der großen Fischländer Zeit, der Epoche der Segelschiffahrt. Wohl ruhen seit langem die namenberühmten Briggs und Barken, die dem Fischland Weltruf und Reichtum brachten, seinem Leben einen besonderen Stil verliehen, das Wesen der Fischländer auf eine ganz eigene Weise prägten, auf dem Meeresgrund oder wurden abgewrackt oder gingen in den Besitz anderer seefahrender Völker über, so dass uns ihr letztes Schicksal unbekannt blieb. Aber noch leben einzelne Menschen, die ältesten in den Fischlanddörfern, die Zeugen jener Epoche waren ..."[3]

Damit hatte sie das Thema formuliert, das ihre literarischen Werke in den folgenden Jahren bestimmen wird. Jürgen Grambow beschrieb es so: „Heimatgeschichte sollte lebendig im Gedächtnis der Leser aufgehoben werden."[4]

Käthe Miethe war zwar nicht die einzige Autorin, die sich literarisch mit dieser besonderen Landschaft an der Ostseeküste auseinandersetzte, zu nennen wären u. a. Hermann Buddenhagen, Ottomar Enking, Toska Lettow, Gerhard Ringeling, Johann Segebarth und vor allem auch Fritz Meyer-Scharffenberg, jedoch ihr gelang es durch ihre lebendige, Anteil nehmende Schilderung besonders, dem Leser die Menschen, ihre Lebensweise, ihre Volksbräuche und ihre Arbeitsbedingungen auf diesem Küstenstrich nahe zu bringen.

Um mehr über die Autorin Käthe Miethe zu erfahren, hatte ich mich aufgemacht, ihre Heimat kennen zu lernen und traf auf Menschen, für deren Hilfe ich mich herzlich bedanken möchte.[5] Wir waren uns schnell einig, das, was man über Käthe Miethe erzählt oder schreibt, kann nicht die ganze Wahrheit sein. Sie ist nicht nur herb, trinkfest, eine starke Raucherin mit einer tiefen Stimme gewesen, sie konnte in die Menschen hineinsehen, sie konnte zuhören, sie konnte mitempfinden, was ihr erzählt wurde. Diese große Gabe war eine wichtige Voraussetzung, um Literatur zu gestalten.

Ich besuchte das Haus Käthe Miethes. Auffallend in ihm ist das von Thekla Köhler-Achenbach[6] in Öl gemalte Porträt, den Blick des Betrachters fragend erwidernd. Unwillkürlich tritt man in eine stumme Zwiesprache ein. Käthe Miethe lebte ohne Familie, hatte aber viele Freunde auf dem Fischland. Die Wustrower Kantorin und Musiklehrerin Inge Lettow (Carmen Ingeborg Lettow, 1904–1962) war ihre enge Gefährtin, und doch empfand ich beim Betrachten ihres Porträts etwas von Einsamkeit, und von der Last, die sie mit all den ihr erzählten Familienschicksalen auf sich genommen hatte.

Die Bekanntschaft mit dem Fischland und dem Darß hatte Käthe Miethe schon als Kind gemacht. Sie war acht Jahre alt, als ihr Vater 1901 die Büdnerei 10 im damaligen Norderende, heute Bernhard-Seitz-Weg, in Althagen kaufte. Das Haus wurde zum ständigen Sommersitz der Familie. „Ich kann ohne Übertreibung sagen, dass ich zusammen mit den Kiefern aufgewachsen bin, die nördlich des Kurhauses die beiden Wege nach Neu-Ahrenshoop begleiten. Sie waren ebenfalls klein, als ich klein war. Wir hatten ungefähr die gleiche Größe."[7] So schreibt Käthe Miethe in ihrem Fischlandbuch. Nach einigen Um- und Ausbauten ist der alte Katen den Bedürfnissen der Familie Miethe angepasst. Marie Miethe, die Mutter, ist froh, dass auch die Kinder – zur Familie gehörten zwei Töchter – das Landleben kennen und lieben lernten, mit all seinen Freuden und Pflichten.[8] Die Ältere, Inge, war am 11. April 1891 in Potsdam geboren worden. Sie war musisch sehr begabt und erhielt frühzeitig Geigenunterricht.

Käthe, manchmal auch Kaethe (Katharina Ella Ottilie), wurde am 11. März 1893 in Rathenow geboren. Der Vater, Adolf Miethe, geboren am 25. April 1862 in Potsdam, gestorben am 25. Mai 1927 in Berlin, war Geheimer Regierungsrat, ordentlicher Professor und seit 1899 Inhaber des einzigen Lehrstuhls für Photochemie und Spektralanalyse im Deutschen Reich an der Technischen Hochschule Berlin-Charlottenburg. Er war ein weltweit anerkannter Wissenschaftler, Inhaber zahlreicher Patente, Erfinder des Magnesiumblitzlichtes, Konstrukteur des Teleobjektivs und Autor bedeutender Lehrbücher u. a. zur Künstlerischen Landschaftsphotographie. Die Sommer in Althagen benutzte er, um die in Berlin erdachten und ausprobierten Verfahren der Dreifarbenfotografie umzusetzen. „Auf dem Fischland sind die ersten Dreifarben-Aufnahmen entstanden, das hohe Ufer, die Wiesen, die Gärten, die Menschen waren ihr Gegenstand", so heißt es in den *Mecklenburgischen Monatsheften* 1935.[9] Althagen war den Miethes zu einer zweiten Heimat geworden. Jährlich mehrere Wochen hielt man sich auf dem Fischland auf. Käthe Miethe bekennt:

> Die neue Heimat. Wir, denen das Fischland eine neue, ja die Heimat geworden ist, nehmen das Land und seine Menschen ernst. – Wir liegen zwischen Bodden und See und werden von Jahr zu Jahr kleiner zwischen beiden Wassern und wir werden angesichts der Weite bescheiden vor dem Land. – Doch wenn die Sonne aufgeht, dann steigt sie hinter dem Bodden hoch, erreicht über dem Wasser das Rohr, mit dem wir unsere Häuser decken, streift über die Wiesen dahinter, die das Futter sind für unsere Kuh, sie gleitet über den Garten dahin und erreicht das Haus. Und am Abend ist sie über die Felder gewandert und über das Hohe Ufer gekommen. Sie ist für uns auf dem Fischlande gewesen, hat unsere ganze Welt besucht. Die Sonne hat ihren weiten Weg gemacht, damit wir sie über dem Bodden aufgehen sehen. Damit wir sie hinter der Ostsee untergehen sehen können.[10]

Käthe Miethe wuchs in einem künstlerisch interessierten, umfassend gebildeten, vielen Besuchern geöffneten Elternhaus auf. Die Achtung, die der Vater erfuhr und seine Erfolge haben sie beeindruckt und geprägt. In Berlin besuchte sie eine private Mädchenschule. Durch die längeren Semesterferien des Vaters begann für sie das neue Schuljahr oft mit „Verspätung". Schon damals wurde sie auf dem Fischland heimischer als in Berlin. Die Eltern unterstützten den Wunsch Käthes, nach der Schulausbildung einen Beruf zu erlernen und damit im Leben auf eigenen Füßen stehen zu können. Sie beendete 1909 die Schule und begann eine Ausbildung zur Bibliothekarin, die sie im Herbst 1914 mit der Staatsexamensprüfung abschloss. In der Berliner Stadtbibliothek begann sie ihre berufliche Tätigkeit, jedoch schon mit der Absicht, aus der bedrückenden Enge herauszukommen und Land und Leute kennen zu lernen. Mit Hilfe des Vaters hatte Käthe Miethe verschiedene skandinavische Sprachen erlernt und sich im Selbststudium das Holländische angeeignet. Während des Ersten Weltkrieges arbeitete sie in der Organisation des Roten Kreuzes in Belgien, wo ihr ihre Sprachkenntnisse sehr hilfreich waren. Zum Jahresende 1916 wechselte sie nach Holland und arbeitete bis Oktober 1918 im Lektorat der Deutschen Gesandtschaft im Haag. Die revolutionären Ereignisse und den Zusammenbruch des Kaiserreichs erlebte sie dann als Redaktionssekretärin beim Feuilleton der *Deutschen Allgemeinen Zeitung*. Sie lernte alle Arbeitsgebiete des Zeitungswesens von der Pike auf kennen. Als sie sich sicher genug fühlte, gab sie die feste Anstellung für Redaktionstätigkeit auf und wurde freie Pressemitarbeiterin. „Als ich mir für das Honorar eines Feuilletons nur noch die Nummer kaufen konnte, habe ich das Steuer umgeworfen, bin Reisende in Buchhaltungsmaschinen in Norwegen geworden."[11]

Mit dem Vater oder allein war sie mehrmals in Norwegen gewesen, und auch durch ihre Übersetzertätigkeit hatte sie Verbindungen angeknüpft, die ihr nun nützlich waren. Sie trat in eine Osloer Firma als Reisende für Buchhaltungs- und Kalkulationsmaschinen ein. Diese Lebensphase schätzte sie als eine Zeit besonderer Lebenserfahrung. 1924 kehrte Käthe Miethe nach Deutschland zurück. Sie arbeitete nun für rund fünfzig Zeitungen, schrieb für das Feuilleton, als Berichterstatterin und Übersetzerin. Im Winterhalbjahr war sie in Berlin oder zu Auslandseinsätzen, im Sommerhalbjahr schrieb sie vom Fischland aus.

In zahlreichen Artikeln beschäftigte sie sich mit der Frauenbewegung der damaligen Zeit. Von der Redaktion der demokratischen Charlottenburger *Neuen Zeit* wurde sie für die Frauenbeilage gewonnen. Von 1925 bis 1934 erschienen fast 100 Artikel zu diesem Thema, die auch in der *Deutschen Allgemeinen Zeitung* veröffentlicht wurden. Daneben war in der Pressearbeit für Käthe Miethe das Fischland ein wichtiges Thema geworden. Sie schrieb Reportagen und Feuilletons, ganze Artikelserien entstanden, die meist von Fritz Koch-Gotha[12] illustriert worden sind. Später bekannte sie, sie habe diese Tätigkeit ausgeübt, „bis mir 1933 die Presse verleidet war. Vor jeder festen beruflichen Bindung habe ich seit meiner Bibliothekszeit einen Horror gehabt. So wurde ich Jugendbuchautor."[13]

Zunächst als viel beschäftigte Übersetzerin von Kinderbüchern und Romanen. Sie übertrug aus dem Norwegischen, Dänischen und Holländischen. Sie beherrschte außerdem Englisch, Französisch, konnte Latein und Griechisch. Insgesamt hat sie 14 Kinderbücher übersetzt.

1923 erschien in Berlin Käthe Miethes erstes Kinderbuch *Die Smaragde des Pharao*. In ihm und in *Ins Eismeer verschlagen*, erschienen 1925, verarbeitete sie Expeditionserlebnisse des Vaters.

1930 erschienen die Kinderbücher *Fischerkinder* und *Schifferkinder*; das letztgenannte erlebte bis 1954 fünf Auflagen. Bis 1937 erschienen sieben weitere Kinder- oder Mädchenbücher in Berlin.

Auch der Kinderbuchverlag Hermann Schaffstein in Köln gewann Käthe Miethe als Übersetzerin und verlegte ab 1931 ihre Bücher, von denen einige bis 1956 vier- bis fünfmal erneut aufgelegt worden sind. Das Jungmädchenbuch Käthe Miethes *So ist Lieselotte, die Geschichte einer Primanerin* (1931) wurde 1932 ins Norwegische, 1935 ins Schwedische übersetzt.

1939 erschien im Berliner Universitas Verlag ihr erster Roman: *Das Haus ohne Kinder*.

Vierzig Jahre ihres Lebens hatte Käthe Miethe in Berlin gelebt und gearbeitet, „1939 zog ich dann endgültig in meinen Katen auf dem Fischland",[14] bekannte sie. Die Büdnerei Althagen Nr. 54 hatte der Vater 1916 von dem Berliner Maler Hugo Jaeckel für die Tochter gekauft, „damit sie in den unruhigen Zeiten auch etwas habe". Die Geschichte dieses Hauses verarbeitete sie literarisch in den zwei Erzählungen des Bandes *Unterm eigenen Dach*, erschienen 1949 im Schweriner Petermänken-Verlag. Dort heißt es in *Geschichte meines kleinen Hauses*:

> Ich war noch ein Kind und lief hinter meinem Vater her, da trat ich in die erste Beziehung zu meinem künftigen Haus. Es wohnte damals die alte Frau Haase darin, nach der das Haus bis heute noch Hasenkaten oder gar Hasenvilla heißt. Manche sagen auch Hasenburg. ... Der Vater hatte das kleine Haus von dem reichen Manne für mich gekauft, ... Das Haus sollte mir eine Zuflucht sein.[15]

Anschaulich beschreibt Käthe Miethe die Konstruktion des kleinen Katens, seine Lage am Bodden mit dem Garten und der Wiese bis ans Ufer, und die Schicksale seiner verschiedenen Bewohner. In der zwein Erzählung *Das zweite Leben* schildert Käthe Miethe ein authentisches Geschehen. In Gesprächen mit den Dorfbewohnern hatte sie vom Schicksal der Alma Ahrens erfahren. Deren Mann fuhr zur See und war viele Monate nicht im Ort. Um für ihre Familie ein eigenes Heim zu schaffen, zog Alma Ahrens mit ihren

Kindern zu einem alten Matrosen, der keine eigene Familie besaß, und nahm es auf sich, ihn „zu Tode zu füttern", wie es auf dem Fischland hieß, wenn jemand bis zu seinem Tod zu Hause gepflegt wurde. Meisterhaft gelingt es Käthe Miethe, das Interesse des Lesers für das Schicksal dieser Familie zu wecken und gleichzeitig einen Einblick in die Gepflogenheiten des Umgangs der verschiedenen Generationen miteinander auf dem Fischland zu geben. Mit diesen Erzählungen hatte im Schaffen Käthe Miethes die Phase begonnen, die sie überschrieb: „ – und dann kam das Fischland an die Reihe …"[16]

Alle folgenden Werke Käthe Miethes wurden beim Hinstorff-Verlag in Rostock veröffentlicht. Die literarische Zusammenarbeit mit dem Verlag hatte schon 1933 mit Aufsätzen für die *Mecklenburgischen Monatshefte* zum Thema Fischland begonnen.[17] In der Zeit der Arbeit für die *Mecklenburgischen Monatshefte* (bis 1936) begann die Bekanntschaft Käthe Miethes mit dem legendären Hinstorff-Verleger Peter E. Erichson. In ihm fand sie einen verständnisvollen „Bruder".[18] In der Festschrift *Autoren geben einen Verleger heraus*, die von Ehm Welk ediert worden war, beschreibt Käthe Miethe ihre Begegnung mit Peter E. Erichson so:

> Als ich damals – es war im kalten Januar 1934 – zum ersten Male Peter E. begegnen sollte, meinte ich, nun müsste ich vor dem Herrn Verleger und Drucker wohl aus dem verbeulten Trainingsanzug mit den Wickelpoten unterhalb der Knie und aus meines Vaters Seglerjacke mit dem vermotteten Hamsterfell steigen und mich „in Schale" werfen. Im letzten Augenblick wurde ich eines Besseren belehrt und durfte mir diese Umstände ersparen.
> Wichtiger jedoch: Ich habe in meinem langen Leben mit keinem Verleger Krach gehabt, jedoch nur mit Peter E.
> Allein mit ihm habe ich phantastische Entwürfe für neue Bücher gemacht, denn wir können zusammen fliegen. Es kam allerdings immer etwas ganz anderes heraus, aber auch das war ihm dann recht. Er hat mein Geschriebenes in das feinste Gewand gesteckt, und wie ein brüllender Löwe sein tumbes Junges in Schutz nimmt, genau so hat er sich vor meine Bücher gestellt und wie ein Löwe für sie gebrüllt!
> Wir sind einen weiten Weg zusammen gegangen: über Steine und Schotter, durch Pfützen und Lehmmatsch, in des Winters undurchdringlicher Dunkelheit, auch unter Sternen und einem hohen Himmel, so wie man nur über das Fischland wandern kann.[19]

52 Jahre stand Peter E. an der Spitze des Hinstorff-Verlages und noch heute gilt er als einer der markantesten Verlegerpersönlichkeiten Deutschlands. Er hatte den Ruf eines unübertroffenen Kenners allen mecklenburgischen Kulturgutes.[20] Zum Verlagsprogramm gehörten in den fünfziger Jahren zahlrei-

che Heimatbücher, bei denen Käthe Miethe u. a. als Herausgeberin mitwirkte. So bei dem Buch *Die Insel Rügen* von Wolfgang Rudolph, bei Gerta Anders *Die Halbinsel Darß und Zingst*, bei Hermann Wille *Die Insel Usedom* und bei dem Buch des „Insel-Pastors" Arnold Gustavs *Die Insel Hiddensee*.[21]

Mit Käthe Miethe hatte das Fischland seine literarische Chronistin bekommen. Auch ihre letzte Schaffensperiode war gekennzeichnet von einem immensen Arbeitspensum. In ihren Aufsätzen, Reportagen, Heimatbüchern, Erzählungen und Romanen vermittelte sie ein relativ geschlossenes Bild der Geschichte des Fischlandes und seiner Bewohner. Aufsätze erschienen u. a. in *Heute und Morgen*, in *Natur und Heimat*, im *Norddeutschen Leuchtturm*.[22] Ihr Wissen schöpfte sie nicht nur aus exakten Quellen- und Archivstudien, sondern vor allem aus den Erzählungen der Einheimischen. Dafür hatte Käthe Miethe viele sichtbare und unsichtbare Schwellen zu den Häusern und zu den Menschen zu überschreiten. Sie musste einen Zugang zu den recht wortkargen alteingesessenen Fischländer Familien finden, um deren Geschichten zu erfahren, musste zuhören können, also oft auch viel Zeit mitbringen, wenn sie mit den alten Schiffern vor dem Haus auf der Schifferbank oder im Café Saatmann saß und sich erzählen ließ, wie es damals war. Die heimatkundliche Kleinarbeit erforderte eine unermüdliche Geduld und Energie. „Kleine Leute führen kein Tagebuch. Kleine Leute schreiben überhaupt nicht gern etwas auf", heißt es in den Erzählungen *Unterm eigenen Dach*.[23]

Sie musste sich mit den Traditionen der Seefahrt vertraut machen, über das Zusammenleben im Dorf Bescheid wissen und Nachbarschaftsverhältnisse deuten können. Sie sammelte Flurnamen, die später dem Wossidlo-Archiv übergeben wurden, war auf der Suche nach Sagen und Legenden des Fischlandes, sammelte Fachausdrücke der Schifffahrt und der Fischerei, beschäftigte sich mit der Entwicklung der Segelschifffahrt und dem Übergang zur Dampfschifferei. Sie sprach Plattdeutsch und verwandte es in den Gesprächen mit ihren Gewährsleuten. Noch war das Platt die Umgangssprache der landwirtschaftlich oder handwerklich tätigen Bevölkerung. Literarische Gestalt findet das Plattdeutsch in ihren Romanen in der Rede der Dorfbewohner untereinander, zur Charakterisierung einzelner Personen oder um Standesunterschiede in den Dörfern deutlich zu machen. In den besser gestellten Familien bemühte man sich, eher hoch- als plattdeutsch zu sprechen.

Inzwischen fördern Käthe Miethes Bücher, die vom Leben der Generationen vor uns erzählen, das Gedächtnis an Lebensumstände, wie sie heute im Zeitalter des Internets, des Zusammenrückens der Erdteile, der zentralen Energie- und Wasserversorgung, der allgemeinen Mobilität kaum noch gekannt werden. Sie werden damit zu einer Quelle für die neue Fischlandliteratur, denn Käthe Miethes Zeitzeugen deckt schon längst die Heimaterde. Selbst für sie war das Aufschreiben der Geschichten ein Wettlauf mit der Zeit. Beschrieben wird eine Zeit des Umbruchs der Verhältnisse. Den literarischen

Stoff gaben ihr die Konflikte, die daraus entstanden, dass die Menschen einerseits ihre Ordnung und ihren Lebenssinn fest mit den von alters her überkommenen Traditionen verknüpften, wohl wissend, dass sich damit die bisherige Existenz gegenüber den Gefahren des Lebens behaupten ließ, andererseits aber sich den neuen Herausforderungen der Technik und Wissenschaft nicht entziehen konnten und davon fast überrollt wurden. Die Bücher Käthe Miethes sind von enger Verbundenheit mit der Region geprägt; in ihnen verknüpfte sie historische Daten, biographische Details und topographische Gegebenheiten mit fiktiven Ereignissen. Selbst bei der Wahl der Namen für die literarischen Figuren bemühte sie sich um Authentizität, und bemerkte humorvoll, dass schon Fritz Reuter (in *De Tigerjagd*) seinen Spaß daran gehabt habe, dass bestimmte Namen auf dem Fischland immer wieder auftauchten.

Das bekannteste Buch Käthe Miethes – *Das Fischland* – erschien 1949 im Hinstorff-Verlag. Den Schutzumschlag und die Illustrationen schuf Fritz Koch-Gotha. In ihrem Vorwort betonte sie:

> Ich habe hier die Liebe und Dankbarkeit sprechen lassen, die mich an das Fischland, das meine Wahlheimat geworden ist, binden. … denn es war mein Wunsch, das Fischland so aufzuzeigen, wie es sich uns darbietet, also nach einem berühmten Wort, festzustellen, was ist und warum es so ist. … Ich habe vielen Fischländern, vor allem den alten, eingesessenen Wustrower Familien, für ihre Mitarbeit zu danken. Sie in erster Linie haben die Tradition der großen Fischländer Zeit, der letzten Epoche der Segelschifffahrt, bewahrt. Nicht durch die Landschaft, entscheidender noch durch die Menschen, die hier gewachsen sind, erschließt sich das Fischland in seiner Schönheit und Eigenart.[24]

Käthe Miethe schildert in diesem Buch das Fischland und seine Bewohner in Einzelbildern. Von der Gegenwart ausgehend blendet sie zurück in fernste Vergangenheit. Diese Gestaltungsform verwendet sie auch in späteren Romanen wieder. In fünfzehn Kapiteln werden die Naturgegebenheiten, die Besiedlung seit der Steinzeit, der Übergang von der bäuerlichen zur seemännischen Tätigkeit der Menschen dargestellt. Sie beschreibt die charakterlichen Eigentümlichkeiten der Fischländer und ihre Traditionen, die sich über Generationen hinweg herausgebildet haben. Dazu gehört die kühle Zurückhaltung, mit der sie allem Fremden begegneten,

> die sie allen von auswärts Kommenden gegenüber zeigten, bis sie durch den Badeverkehr lernten, in den Fremden Gäste zu sehen, an denen man verdient. Seit es eine Eisenbahn nach Ribnitz gibt, hat der Fischländer für alle, die nicht auf dem Fischland geboren sind, eine Bezeichnung gefunden, die ihren Abstand deutlich macht. Sie sind

"Isenbahner". Das gilt bis auf den heutigen Tag von allen Fremden. Daran wird sich wohl auch nichts mehr ändern. Und der Eisenbahner tut am besten, sich damit abzufinden.[25]

Die zweite Auflage des Fischland-Buches wurde durch ein Namen- und Sachregister sowie durch eine Karte vom Fischland bereichert. Im Vorwort kann Käthe Miethe feststellen: „Dieses Buch ist eine Brücke geworden. ... von Ost nach West, auf der sich die deutschen Menschen in der gleichen Liebe zum Vaterlande begegnen. ... Sie führt hinüber zu den Fischländern, die fern ihrer Heimat leben, und verbindet die junge Generation mit dem kostbaren Erbe ihrer Väter."[26]
Der Tenor der Leserbriefe war großenteils von begeisterter Zustimmung geprägt. Sowohl die Zeichnung des Fischländer Menschenschlages als auch die Beschreibung der einzigartigen Naturverhältnisse seien ihr großartig gelungen. Bestätigt wurde ihr, auch die Darstellung der historischen Abläufe kündeten von einer intensiven Beschäftigung mit den Gegebenheiten. Neben begeisterter Zustimmung erntete das Fischland-Buch auch Kritik. In der Wochenzeitung *Der Sonntag*, Nr. 10/1954 schrieb Heiner Müller[27] unter dem Titel *Nicht für 'Eisenbahner'. Kritische Bemerkungen zu einem Heimatbuch*, dass Käthe Miethe sich nicht mit dem auch auf dem Fischland anzutreffenden „Lokalchauvinismus" auseinandergesetzt habe, sondern ihn als von alters her gegeben akzeptieren und damit der „guten alten Zeit" anhängen würde. Schade, dass er in diesem Falle nicht zwischen den Zeilen zu lesen vermochte und den Distanz wahrenden, leicht ironischen Unterton, mit dem sie die Lebensansichten der Fischländer darstellt, nicht wahrnahm. In *Der Sonntag* Nr. 13 vom 28. März 1954 wurden unter *Fragen und Antworten. Zur Kritik an dem 'Fischland'-Buch Käthe Miethes* in einem redaktionellen Beitrag die auf den Artikel Heiner Müllers eingegangenen Zuschriften zusammengefasst. Besonders Dr. Wolfgang Rudolf, Autor des im Hinstorff Verlag erschienen Buches *Rügen*, machte seiner Empörung über die unsachgemäße Beurteilung der Autorin Luft. Er würdigte die Leistungen Käthe Miethes für die Gestaltung eines neuen kulturellen Lebens auf dem Fischland. Sie engagiere sich im Kulturbund, baue ein Heimatmuseum in Ahrenshoop auf, halte allsommerlich drei Dutzend Vorträge und hätte es daher nicht verdient, so kritisiert zu werden. Heiner Müller bekannte später in seiner Autobiographie: „Ich habe einen wütenden Verriss fabriziert und mich dann nur gewundert über die empörten Leserbriefe aus Ahrenshoop."[28] In einer erneuten Auflage des Fischlandbuches 1954 erläuterte Käthe Miethe die Entstehungsgeschichte des Buches, das 2008 in 9. Auflage erschienen ist.

Es war in den dunklen Novemberwochen 1946, als aus gescheiterten Plänen, auf dem Fischland Volkshochschulkurse einzurichten, bei denen mir das Gebiet der Heimatkunde zugedacht war, der Plan zu einem bescheidenen Fischlandbuch entstand; ich nannte es in Gedanken eine kleine Heimatkunde. Vorbilder für meine vagen Vorstellungen, wie eine solche Aufgabe anzufassen sei, lagen nicht vor. Ich wusste nur eines genau: ein Heimatbuch meines Fischlandes darf nicht trocken und langweilig sein, nicht gelehrt im üblichen Sinn und in dieser Weise belehrend, nicht aus Papieren zusammengetragen, sondern aus dem Leben geschöpft, weil es den Lebenden dienen soll. Denn ich dachte in erster Linie an meine Nachbarn dabei, an deren Kinder, sowie an die Alten, die still auf der Bank am Hause oder am Ofen sitzen, voll von versinkender Erinnerung, von der die junge Generation nicht mehr viel hören oder wissen wollte. ... Damals lernte ich kennen, dass Heimatforschung ein Wettlauf mit dem Tode ist, weil mit jedem alten Seemann, mit jeder alten Mutter, die wir auf den Friedhof tragen, eine Fülle wertvoller Überlieferungen unwiederbringlich verloren ist. So hieß es zuerst, auf Wanderschaft zu gehen, von Haus zu Haus, von Dorf zu Dorf. Es war Wintertag, wir hatten kaum Licht, wir hatten nur Allernotwendigstes für den Magen, kein Schuhzeug, das dem tiefen Schnee und später den rinnenden Schmelzwassern auf allen Wegen standhalten konnte. Und ich sehe mich noch heute in geliehenen Knobelbechern, Filzschuhe unter dem Arm, um mich in die Häuser hineinzuwagen, Reste von altem Manuskriptpapier zum Notieren in der Tasche, tagaus, tagein, bei jedem Wetter und bei jedem Wind, diesen Wettlauf auszutragen. Auf solche Weise wurde der Grund zu diesem Heimatbuch gelegt.[29]

Wer nun das Fischland aufsucht, kann anhand des Buches wie mit einem erzählenden Freund über Weg und Steg wandern.

In vielen Werken Käthe Miethes findet sich ihre Beschäftigung mit den besonderen Haustypen des Fischlandes wieder. Das Haus spielte für den Fischländer stets eine große Rolle, es gab ihm Schutz, es war das kleine eigene Reich, es hatte das kleine Stück Land drumherum, das die Ernährung der Familie sicherte.

Für den Fischländer, der ein Seefahrer ist, war das Haus das stete Ziel seiner Gedanken. Innen und außen musste es wie ein Schmuckkästchen sein; in mancher Beziehung war es ein Abbild der Umwelt des Schiffers an Bord. ... Welt und Heim waren die Pole, zwischen denen sich das Leben des Schiffers bewegte.
Bescheiden und klein sind die Häuser geblieben, auch als auf dem Fischland durch die Schiffahrt der große Wohlstand heimisch war.[30]

Thekla Köhler-Achenbach: Porträt Käthe Miethe. Öl auf Leinwand

Eingehend beschreibt Käthe Miethe die Architektur der Häuser, die Bauweise mit Eichensohle, Fachwerk, Lehmstaken und Rohrdach. Rauchkaten sind die ersten Häuser gewesen, Schornsteine und Kamine kamen erst später hinzu. Käthe Miethe bekannte, dass sie einst den Wunsch hatte, Kunsthistorikerin zu werden und ihr Interesse an den alten Haustypen daher rühre. Auch die typische Kloehndoer findet Erwähnung, allerdings wurde die Schriftstellerin von den Einheimischen für ihre darauf bezogene Aussage berichtigt.

Und in der Mitte der Giebelseite die geteilte, oft noch von zwei Flurfenstern begleitete Tür, die den anschaulichen Namen Kloehntür trägt. Es schwatzt sich nämlich nicht so gemächlich, wenn man in einer offenen Haustür stehen muss. Eine offene Haustür lädt entweder zum Eintreten in das Haus ein, oder sie will geschlossen werden. Eine Kloehntür dagegen ist wie ein geöffnetes Fenster, auf dessen Brüstung man sich bequem stützen kann.[31]

Ein gesonderter Abschnitt des Fischlandbuches ist der Entwicklung Ahrenshoops zum Künstlerdorf gewidmet. Käthe Miethe berichtet über die ersten Künstler,[32] die sich in diesem abgelegenen Dorf mit seinen wenigen Häusern und Menschen ansiedelten. Wustrow war bereits um 1880, nachdem die Segelschifffahrt keinen Erfolg mehr hatte, zielbewusst von seinen Bewohnern zu einem Badeort entwickelt worden. Ahrenshoop dagegen wurde erst einige Jahre später „entdeckt". Von Ahrenshoop aus aber begann für das Fischland eine neue Zeit. Zwar hatten die Künstler kein Interesse daran, das stille Dorf zu einem viel besuchten Badeort umzuwandeln, das geistige Leben auf dem Fischland jedoch wurde durch sie entscheidend geprägt. Käthe Miethe betont in ihren Werken den besonderen Zauber des Lichtes, das über dem Fischland liegt, diesem Land zwischen den Wassern, über dem sich ein hoher Himmel spannt. Im Zusammenhang mit Ahrenshoop heißt es:

Diese Grazie Ahrenshoops liegt gleichsam in der Luft, die der Zusammenklang des Meeres mit der weit nach Osten ausgedehnten Boddenwelt erzeugt. Über Ahrenshoop liegt eine Luft voll Salzgehalt und satter Feuchtigkeit, herb und süß zugleich. Nirgends hat auch das Licht einen so goldenen Glanz, als wenn es durch die dichten Blätterkronen dieses Weges sinkt. Nirgends wirken die Bäume so seidengrün, die Schatten so warm und freundlich wie hier. Und zugleich spürt man mit jedem Atemzug die See, hört ihr Rauschen und weiß sich in der Geborgenheit dieses Raumes immer der grenzenlosen Weite des Meeres nah.[33]

Bei der Arbeit an dem Fischlandbuch stellte Käthe Miethe fest, dass der eigentliche Fischlandroman noch nicht geschrieben worden sei.

An Stoff zu solch einem Buche fehlt es auf dem Fischland keineswegs. Im Gegenteil, es ist eine Überfülle an Stoff gegeben, denn jedes Haus und jede Familie ist an wechselvollen Geschichten reich. ... Man geht auf dem Fischland gleichsam zwischen lauter Romanstoffen einher und an eigenwilligen Menschen wie abwechslungsreichen Geschehnissen ist bei uns wirklich kein Mangel.[34]

Mit *Bark Magdalene*, erschienen 1951, schuf Käthe Miethe dann den ersten Fischlandroman. Er beschreibt Lebensgeschichten mehrerer Schifferfamilien. Die Zeit der Handlung ist ziemlich genau festgelegt, es ist die Blütezeit der Segelschifffahrt um 1856 und 1857, die Zeit des Krimkrieges, in der die Auftragsbücher der Schiffer mit Fahrten ins Schwarze Meer angefüllt waren. Diese Zeit bescherte den Fischländern ihren sprichwörtlichen Reichtum. Es wurden immer mehr Schiffe gebaut, ungeachtet der Tatsache, dass bereits Frachtraum ungenutzt in den Häfen lag. Die Schiffe wurden größer, immer mehr Parten, d. h. Teilhaber, waren nötig, um den Bau eines Schiffes auf der Werft finanzieren zu können. Die Partenreederei war auf dem Fischland vor allem eine Familienangelegenheit, d. h. man lieh sich das Geld von den Verwandten. Die Gewinnausschüttung richtete sich nach dem prozentualen Anteil der Parten. Auch für den jungen Tönnis Voss wird auf der Ribnitzer Werft eine Bark gebaut, mit der er auf große Fahrt gehen soll. Aber sie wird teurer als erwartet. Daniel Bradhering könnte helfen, von Kindheit an waren seine Tochter Ida und Tönnis nach altem Fischländer Brauch einander versprochen. Doch Tönnis hatte sich in Magdalene Jansen verliebt, die Tochter eines Fremden, eines Zugereisten. Die Liebesgeschichte wird zum Konflikt für die Familien. Das Geld für den Bau der Bark wird zuletzt zwar aufgebracht, trotzdem konnte Tönnis mit seinem Schiff dem Neuen, das mit der Dampfschifffahrt seinen Einzug gehalten hatte, nicht trotzen.

Ausführlich gestaltet Käthe Miethe den Konflikt zwischen dem hartnäckigen Beharren auf den alten Segelschifffahrtstraditionen, auf die die Schiffer stolz waren, die ihnen ihre Unabhängigkeit garantierten, und der technischen Weiterentwicklung. Die Schiffer, die auf den Weltmeeren zu Hause waren, die unternehmerisch dachten, verschlossen die Augen davor, dass diese Zeit zu Ende gegangen war. Stattdessen verfluchten sie die „Füerfräter" (Dampfschiffe) und Eisenschiffe.

Unter dem Titel *Die Flut – Bilder vom alten Ahrenshoop* erschien 1953 ein weiterer Roman, der 2004 inzwischen in der 5. Auflage beim Hinstorff Verlag verlegt worden ist. Das Thema, die große Sturmflut von 1872, die in den Erinnerungen der Menschen fest verankert war, hatte Käthe Miethe bereits in einem Aufsatz in *Heute und Morgen* (1948), der nochmals 1964 im *Norddeutschen Leuchtturm* veröffentlicht worden ist, bearbeitet.

Diese Naturkatastrophe lieferte ihr den Stoff für einen Roman. Nachdem sie die dramatischen Vorgänge beschrieben hatte, als riesige Wassermassen das Fischland von allen Seiten überfluteten und die Menschen Schutz suchten, weil die aus Lehm, Holz und Stroh gebauten Katen sich buchstäblich im Wasser auflösten, schilderte sie den Wiederaufbau. Der literarische Ort ist vor allem Ahrenshoop. In neun Kapiteln, vier Jahrzehnte Zeitgeschichte umfassend, erzählt der Roman die Entwicklung des Ortes zur Künstlerkolonie und zum Modebad. Die Handlung lebt von der Fülle an Einzelschicksalen, die mit großem psychologischen Empfinden gestaltet worden sind. Und doch macht es zunächst einige Mühe, alle Romanfiguren im Blick zu behalten, nicht zuletzt wegen der oben bereits erwähnten Namensgleichheit von Personen. Im Lektoratsgutachten von Dr. Erich Fabian heißt es:

> Sobald die Verfasserin anfängt zu erzählen, ist sie in ihrem Element. Solange sie die gesellschaftlichen Verhältnisse im Dorf nur schildert oder als Chronist berichtet, sind wir wohl interessiert, aber nicht eigentlich gepackt. Sowie sie aber erzählt, stehen Gestalten und Situationen plastisch vor uns; auch stilistisch ist dann plötzlich eine gewisse Steifheit, die vorher auffiel, verschwunden. ... Die Verfasserin versteht es, uns die Bewohner des Dorfes keineswegs als eine im wesentlichen einheitliche Gemeinschaft, sondern als eine in arm und reich gespaltene, sehr differenzierte Dorfbewohnerschaft darzustellen. Das zeigt sich nicht nur in den typischen Charakteren, sondern auch in den typischen Situationen. ...
> Käthe Miethes Roman *Die Flut* darf der Öffentlichkeit nicht vorenthalten bleiben, sondern muss erscheinen – als zweiter Teil einer Fischlandtrilogie, deren dritten Teil wir von der Verfasserin noch erwarten![35]

Doch bevor es soweit war, erschienen zwei andere Bücher. Zum einen die Darstellung der Geschichte der Seefahrtschule Wustrow, eine sehr anschauliche Beschreibung des langen Weges, den die Schiffer des Fischlandes beschritten, unzählige bürokratische Hindernisse überwindend, um die eigenen Söhne durch die Vermittlung guter Kenntnisse ausreichend für das Leben auf See vorzubereiten. *Auf großer Fahrt. Die Navigationsschule zu Wustrow auf Fischland* erschien 1956. Eine neue Auflage gab es 1990. Auch dieses Buch gehört inzwischen zu den Zeitdokumenten, denn die Schule als Lehreinrichtung gibt es nicht mehr. Interessant ist der Bericht Käthe Miethes über die Bewerbung John Brinckmans. Er hatte sich 1850 in Wustrow um eine Tätigkeit als Sprachlehrer beworben.

> Wenn John Brinckman auf das Fischland gekommen wäre, um unter uns sein Leben zu verbringen, hätte er gewiss auch über den Fischländer Fahrensmann ein Buch geschrieben. Brinckman, der sich ausdrücklich auf seine Herkunft aus dem Schifferstande berief, hat in „Kasper-Ohm un ick", im „Generalreeder", sowie in dem viel zu wenig beachteten Romanfragment „Von Anno Toback und dat oll Ihrgistern, Een Schiemannsgorn" dem Rostocker Seemann für alle Zeiten ein Denkmal gesetzt, um das man diese Stadt beneiden muss. Der Rostocker Schiffer „Kasper Ohm" ist unsterblich geworden.[36]

Die Bewerbung John Brinckmans um ein Lehramt an der Navigationsschule war abgelehnt worden. Dem Fischland sei damit ein Mann verloren gegangen, der sonst einige seiner unsterblichen Romangestalten bestimmt auf dem Fischland anstatt in Rostock angesiedelt hätte, vermutet Käthe Miethe. Aber was das Fischland an John Brinckman verloren hatte, hat es mit Käthe Miethe gewonnen.[37]

Die Erzählung *Der erste Rang* erschien 1957. Käthe Miethe wurde durch eine wahre Begebenheit zum Schreiben angeregt, wobei sie die Vielfalt und Buntheit denkwürdiger und heiterer Begleiterscheinungen meisterhaft gestaltet. Ein alter Matrose und Fischer, allein in der Welt zurückgeblieben, gewinnt im Zahlenlotto und wird am Ausgang seines kümmerlichen Lebens zum halben Millionär. Geldmangel hatte der Ausbildung zum Schiffssteuermann im Wege gestanden, Entbehrungen der Kriegszeit nahmen ihm seine junge Frau. Armut zerschlug also alles, was ihm Glück bedeutet hatte. Jetzt ist das Geld da, in Hülle und Fülle! In der Einsamkeit zieht nun vor Peter Konow sein Leben vorüber: Kindheit, Fahrensjahre, Liebe – alles wird wieder Gegenwart. Dann reist er zur Entgegennahme des Gewinns nach Leipzig. Nach der Rückkehr erfährt er die Auswirkung seines „Glücksfalls" rundum im Dorf.

1957 hatte die Universität Rostock vorgeschlagen, Käthe Miethe mit dem Nationalpreis der DDR zu ehren. Diese Auszeichnung ist nicht vorgenommen worden. Der Journalist Dieter Borkowski würdigte in der Zeitschrift *Frau von heute* unter der Überschrift „Käthe Miethe – eine Heimatdichterin unserer Zeit" ausführlich die Leistungen der Schriftstellerin.[38] Sie habe eine neue Form der Heimatliteratur gefunden, weitab von „kitschiger Gefühlsromantik". 1959 erschien mit *Rauchfahnen am Horizont* der dritte Roman der Fischlandtrilogie. In der Einführung schreibt Egon Schmidt:[39]

> Zu diesem Buche [muss] gesagt werden, dass es erst im Zusammenhang mit den übrigen Arbeiten über die Fischländer Segelschiffahrt voll zu begreifen ist. Auch in ihm ist die unvergleichliche herbe Landschaft des Fischlandes im Wechsel der Jahreszeiten gestaltet, auch in ihm finden sich ergreifende menschliche Schicksale. Die Sympathie der Autorin ist bei den Armen oder den vom Leben Benachteiligten. Ihnen gehört ihr Mitgefühl, während manche der hochmütig in der Sicherheit des Besitzes Wohnenden einer satirischen Beleuchtung nicht entgehen können. ... Die getreue Aufzeichnung vergangenen Lebens hat bis in Details hinein dokumentarischen Wert.[40]

Mehr noch als in ihren vorhergehenden Werken verwendet Käthe Miethe hier die plattdeutsche Sprache für die stilistische Gestaltung der Romanhandlung.

… sie (hatten) fast jeden Tag ihres Lebens geteilt. Sie brauchten also nicht viele Worte zu machen, jede kannte der anderen Sorgen, und wenn Meta mitunter seufzte: ‚Tjä, Anning, so is dat all in de Welt', nickte Anna und ließ ebenfalls einen Seufzer über ihre Lippen hauchen, dem die ergebenen Worte folgten: ‚Meting, so is dat all.' …
„Wenn Korl man irst wedder hier is. Wat Vadder seggt, dat nähmt de Jung em af – oewer de veele Läserie, Anning", sagt sie nach einer Pause, „hei läst jeden Dag. Dorvon möt hei jo brägenklütrig warr'n. Immer hett hei en Bauk in de Kammer – – wi läsen ok mal, mien Korl un ick, wenn Winterdag is. Wi läsen den'n ‚Voss un Haas'". Mutter Schuldt nickte. Der ‚Voss un Haas' lag auch bei ihr das ganze Jahr über auf dem Wandbrett, wie es wohl kaum ein Haus in Mecklenburg gab, wo dieser Volkskalender nicht zu finden gewesen wäre.[41]

Mit der Erzählung *… und keine Möwe fliegt allein* erschien 1960 das letzte literarische Werk Käthe Miethes. Die Handlung ist im Fischermilieu angesiedelt, einzeln oder zu zweit fahren die Fischer mit ihren Zeesbooten auf den Bodden hinaus, um den begehrten Zander zu fangen. Wieder erhält der Leser einen Einblick in die Schwere der Arbeit, in Familienverhältnisse, in das Zusammenleben der Dorfgemeinschaft. Und wieder geht es ihr um die Gestaltung des Konfliktes zwischen dem Festhalten an den von alters her gewohnten Arbeitsmethoden und der Einführung neuer, größerer Schiffe, die ein gemeinsames Arbeiten und ein Umdenken notwendig machen. Eine besondere Wirkung erhält das Buch durch die Illustrationen Arnold Klünders.[42]

Käthe Miethe starb am 12. März 1961, einen Tag nach ihrem 68. Geburtstag. Ihre letzte Ruhestätte fand sie auf dem Wustrower Friedhof, neben ihrer Mutter, die ebenfalls in der geliebten Fischländer Erde beigesetzt worden war. Erich Fabian schrieb im Nachruf:

Sie wurde vielfach Heimatdichterin genannt. Käthe Miethe liebte diese Bezeichnung nicht sehr. Vielleicht war für sie dieser Begriff zu eng, vielleicht haftete ihm nach ihrer Meinung ein negativer Beigeschmack an, der aus vergangener Zeit stammt. Sicher tut man gut daran, den Begriff „Heimatdichtung" genau zu untersuchen, bevor man ein Urteil über Käthe Miethe und ihre Dichtung fällt.[43]

In seinem Erzählband *Boddengeflunker* berichtet Fritz Meyer-Scharfenberg über die Aufnahme der Nachricht von der Beerdigung Käthe Miethes durch ihren Verleger Peter E. Erichson:

Unmittelbar nach dem Tode einer Kollegin traf ich ihn allein in der Mitte des Zimmers im Schlafrock sitzend an. Über ihm brannte auf dem Kronleuchter eine dort befestigte Kerze. ‚Habt ihr sie begraben?' fragte er. Er ging nicht zu Begräbnissen. Ich nickte. Er stand auf, leckte am Daumen und am Zeigefinger und schnippte die Kerze aus. ‚Mädchen', klang es ungewöhnlich pastoral aus seinem Mund, ‚du warst ein Biest, aber eine große Dichterin!' Während seine Stimme noch im Raum zitterte, gingen wir zur Tagesordnung über und stießen mit einer seiner Mixturen zur Erinnerung an die Verstorbene an, die einige Tage vorher noch tüchtig mitgehalten hatte, denn das Leben auf dem Fischland ist rauh und braucht zur Abwehr aller möglichen Unbill kräftige Gegenwehr; so hielten es jedenfalls die alten Fischländer.[44]

Anmerkungen

1 C. J. F. Peters: Das Land Swante Wustrow. Eine geschichtliche Darstellung. Neu bearbeitet und aufgelegt von Walter K. J. Richter. Wustrow: Julius Richter Verlag 2008, S. 30f. – Christian Johann Friedrich Peters (1822–1889) war Lehrer an der Großherzoglichen Navigationsschule zu Wustrow.

2 Georg Hülsse: geboren am 30. Dezember 1914 in Düsseldorf, gestorben am 9. April 1996 in Ahrenshoop, lebte seit 1943 in Ahrenshoop. Der Maler und Grafiker war ca. zwanzig Jahre als Illustrator und Gestalter für den Hinstorff Verlag tätig. Fast alle Bücher Käthe Miethes hat er als Gestalter begleitet. Illustrationen schuf er u. a. auch für Fritz Klose: *Zu Hause bei Fritz Reuter. Ein Heimatbuch* (1956).

3 Käthe Miethe: Tradition des Fischlandes. In: Heute und Morgen. Literarische Monatszeitschrift, hrsg.von Willi Bredel. Schwerin: Petermänken Verlag GmbH 1948, H. 11, S. 738–740.

4 Jürgen Grambow: Immer misst man mit seinem Maß. Nachwort zu *Bark Magdalene* von Käthe Miethe. Rostock: Hinstorff Verlag 8. Aufl. 1999.
Jürgen Grambow, geboren 1941, war Literaturwissenschaftler, Dr. phil., Autor und Herausgeber zahlreicher Publikationen sowie profunder Kenner der norddeutschen Regionalliteratur. Für Editionen und kritische Begleitung niederdeutscher Literatur erhielt er 1995 den Gillhoff-Preis und 2000 den Fritz-Reuter-Literaturpreis der Stadt Stavenhagen und des Fritz-Reuter-Literaturmuseums. Er starb am 15. April 2003.

5 Ich danke Herrn Dr. Seibt, Mitglied der Fritz Reuter Gesellschaft und in Wustrow zu Hause, der mich zu allen markanten Orten auf dem Fischland führte und mir mit Bild- und Textmaterial hilfreich zur Seite stand. Danke den Mitarbeiterinnen der Kurverwaltung, besonders Frau Barth, sowie Frau Jastram-Porsche und Frau Fröhlich vom Kunstkaten Ahrenshoop. Danke sage ich Herrn Atulla vom Bernsteinmuseum Ribnitz-Damgarten, Frau Malzahn-Denzin und Herrn Denzin, dem Patensohn Käthe Miethes. Herzlich danke ich Rosemarie Sporns, Inhaberin der Bücherstube Fischland im Ostseebad Wustrow für die mir gewährte Unterstützung und die guten Gespräche.

6 Thekla Köhler geb. Achenbach, Malerin, geboren am 22. November 1890 in Hamburg, gestorben am 11. September 1964 in Hamburg. Malte vor allem Landschaften, Portraits und schuf Skulpturen. Lebte ab 1922 in Berlin, war mit Käthe Miethe befreundet und verbrachte die Sommerferien mit ihren Kindern in deren Haus. 1935 erwarb sie ein Haus in Niehagen und übersiedelte 1938 ganz auf das Fischland. Ab 1953 lebte sie in verschiedenen Städten Westdeutschlands.

7 Käthe Miethe: Das Fischland. Ein Heimatbuch. Rostock: Hinstorff Verlag 9. Auflage 2008, S. 116.

8 Marie Miethe: Eigenes Leben. Als wir uns kennen lernten. Manuskript, unveröffentlicht. Im Archiv des Bernsteinmuseums Ribnitz-Damgarten. Marie Miethe geb. Müller wurde am 23. Juni 1866 in Ascherode (Harz) geboren, gestorben ist sie 1946, ihr Grab befindet sich auf dem Wustrower Friedhof.

9 Der Forscher am Strand. In: Mecklenburgische Monatshefte. Begründet von Johannes Gillhoff und Otto Kärst. 11. Jahrgang, Mai 1935, Heft 125, S. 224f. Die Mecklenburgischen Monatshefte erschienen ab Januar 1925 mit Heft 1 in der Hinstorff'schen Hofbuchhandlung Ludwigslust, ab Mai 1925 im Carl Hinstorff Verlag Rostock.

10 Käthe Miethe: Die neue Heimat. In: Mecklenburgische Monatshefte 1935, Nr. 125, S. 230.

11 Käthe Miethe: Kurzbiographie. In: … und keine Möwe fliegt allein. Erzählung. Rostock: Hinstorff Verlag, 1960. Illustrationen: Arnold Klünder, Ahrenshoop; Umschlagentwurf und Einband: Georg Hülsse

12 Fritz Koch-Gotha, geboren am 5. Januar 1877 in Eberstädt bei Gotha, gestorben am 16. Juni 1956 in Rostock. Er schuf die eindrucksvollen Illustrationen zu dem Fischlandbuch und gestaltete die Initial-Zeichnungen für *Auf großer Fahrt, die Geschichte der Navigationsschule Wustrow*. Er war in Ahrenshoop zu Hause, seine letzte Ruhestätte fand er auf dem Friedhof in Wustrow. Auch Werke Fritz Reuters sind von ihm illustriert worden.

13 Käthe Miethe: Kurzbiographie (s. Anm. 11).

14 Ebd.

15 Käthe Miethe: Unterm eigenen Dach. Zwei Erzählungen aus dem Fischland. Schwerin: Petermänken-Verlag 1949.

16 Käthe Miethe: Kurzbiographie (s. Anm. 11).

17 Band 9 (1933) Heft 104, S. 373–375: *So reiten sie in Althagen* mit 5 Illustrationen von Hans Abeking (einem Ahrenshooper Maler); Bd. 9 (1933) Heft 107, S. 542–543: *Der Weg der Siedlerfrau*; Bd. 10 (1934) Heft 112, S. 163–164: *Alte Türen an der Wasserkante*; Bd. 10 (1934) Heft 115, S. 325–326: *Seemannspoesie: Ein Kapitel über Reiseandenken*; Bd. 11 (1935) Heft 122, S. 73–74: *Alte Kapitäne gehen vor Anker*; Bd. 11 (1935) Heft 129, S. 480–482: *Zum Heiligen Geiste, mit fünf Aufnahmen von Wilhelm Carl*; Bd. 12 (1936): Aufsatz zu Rostock *Liebe zu einer Stadt*.

18 Aus dem *Privaten Gästebuch von Peter E. Erichson zum 75. Geburtstag* (1956).

19 Autoren geben einen Verleger heraus: Peter E. Erichson. Redigiert von Ehm Welk. Rostock: o. A. d. Verlages 1956.

20 Der 26-jährige Buchdrucker und Setzer Peter E. Erichson, geboren am 4. Januar 1881, hatte von den Erben Hinstorffs 1907 die Rostocker Druckerei und 1925 die Ludwigsluster Verlagsanteile erworben. Er führte den Verlag durch die Herausgabe guter Belletristik, Heimatliteratur, Übersetzungen skandinavischer Literatur, wissenschaftlicher Publikationen von Angehörigen der Universitäten Rostock, Greifswald und Hamburg und nicht zuletzt durch die elf Jahrgänge der von Johannes Gillhoff 1925 begründeten *Mecklenburgischen Monatshefte* wieder zu großem Ansehen. Auch die Veröffentlichung der Sammlungen Richard Wossidlos erfolgte unter der Regie von Peter E., wie er allgemein genannt wurde. 1942 fielen Druckerei und Verlag dem Bombenangriff Rostocks zum Opfer. Buchstäblich aus den Ruinen baute Erichson nach 1945 mit großer Tatkraft diesen Verlag wieder auf. 1956 verlieh die Universität Rostock ihm die Würde eines Ehrensenators. 1959 schied er 78-jährig aus dem Verlag aus und überführte ihn in Volkseigentum. Als väterlicher und fachkundiger Berater blieb er dem Verlag und seinen Autoren bis zu seinem Tode am 14. Februar 1963 verbunden. Beigesetzt wurde Peter E. Erichson auf dem Schifferfriedhof in Ahrenshoop.
21 Heimatkundliche Darstellungen erfreuten sich immer größerer Beliebtheit. Besonders in Mecklenburg und Vorpommern war nach dem Zweiten Weltkrieg eine fast völlig neue soziale Zusammensetzung der Bevölkerung zu verzeichnen, man versuchte, sich mit der „neuen Heimat" zu identifizieren. „Eine Reihe von Autoren Mecklenburg-Vorpommerns befassen sich seit den 50er Jahren ... mit der Historie. Sie wird ... häufig als Spiegel gegenwärtiger Verhältnisse verstanden, oder mit kulturgeschichtlich-didaktischer Ambition genutzt." In: Pegasus am Ostseestrand. Hrsg. Von Gunnar Müller-Waldeck. Rostock: Konrad Reich Verlag 1999, S. 259.
22 Heute und Morgen. (s. Anm. 3); Natur und Heimat. Eine Monatsschrift mit Bildern. Dresden: Sachsenverlag; Leipzig / Jena: Urania – Verlag; Norddeutscher Leuchtturm: Wochenendbeilage der Norddeutschen Zeitung.
23 Käthe Miethe: Unterm eigenen Dach. Zwei Erzählungen aus dem Fischland. Schwerin: Petermänken-Verlag 1949, S. 16.
24 Käthe Miethe: Das Fischland. Ein Heimatbuch. Mit Zeichnungen von Fritz Koch-Gotha. Farbiger Schutzumschlag von Fritz Koch-Gotha. Graphische Gestaltung des Einbandes: Georg Hülsse. Rostock: Carl Hinstorff Verlag 1951, S. 5.
25 Ebd., S. 45.
26 Ebd., S. 6.
27 Heiner Müller, Dramatiker, geboren am 9. Januar 1929 in Eppendorf, Sachsen, gestorben 1995 in Berlin. 1954 bis 1955 wissenschaftlicher Mitarbeiter beim Schriftstellerverband der DDR.
28 Heiner Müller: Krieg ohne Schlacht. Eine Autobiographie. Köln 1992, S. 99.
29 Käthe Miethe: Das Fischland. Rostock: Hinstorff Verlag GmbH 9. Aufl. 2008, S. 5.
30 Ebd., S. 60.
31 Ebd., S. 64.
32 Dazu gehörten: Eva Stort, Paul Müller-Kaempff, Fritz Wachenhusen, Elisabeth van Eicken, Anna Gerresheim, Fritz Grebe, Hugo Richter-Lefensdorf, Martin Körte.

33 Käthe Miethe: Das Fischland. (s. Anm. 29), S. 128f.
34 Käthe Miethe: Das Fischland. Ein Heimatbuch. Mit Zeichnungen von Fritz Koch-Gotha. Rostock: Carl Hinstorff Verlag 1949. S. 33.
35 Erich Fabian: Lektoratsgutachten über: Käthe Miethe, Die Flut. Typoskript, S. 1, 3, 4. In: Nachlass Käthe Miethe: Dokumente zur „Flut". Bernsteinmuseum Ribnitz-Damgarten.
36 Käthe Miethe: Auf großer Fahrt. Die Navigationsschule zu Wustrow auf dem Fischland. Mit Initial-Illustrationen von Fritz Koch-Gotha. Schutzumschlag: Arnold Klünder. Gestaltung d. Einbandes: Georg Hülsse. Rostock: Carl Hinstorff Verlag 1956, S. 73–75.
37 Friedrich Schulz: Wustrow auf dem Fischlande. Ein Exkursionsführer in die Geschichte und Gegenwart der ältesten Fischlandgemeinde. Ahrenshoop: Bunte Stube 1990, S. 23.
38 Dieter Borkowski, Journalist, geboren am 1. November 1928 in Berlin, gestorben am 22. Februar 2000 in Raddestorf, Niedersachsen. Der Artikel befindet sich im Nachlass Käthe Miethe im Bernsteinmuseum Ribnitz-Damgarten ohne Angabe von Jahr und Ort. Die Quelle ist: Frau von Heute Nr. 33 v. 16. Aug. 1957, S. 10, Hg. v. Bundesvorstand des DFD im Verlag für die Frau Leipzig.
39 Egon Schmidt, geboren am 2. November 1927 in Klein Priesen, Nordböhmen, gestorben am 8. Mai 1983 in Güstrow. Dozent am Pädagogischen Institut Güstrow und Autor verschiedener Sach- und Kinderbücher.
40 Egon Schmidt: Zur Einführung. In: Käthe Miethe: Rauchfahnen am Horizont. Rostock: Hinstorff Verlag 1959. S. 5f.
41 Käthe Miethe: Rauchfahnen am Horizont. Rostock: Hinstorff Verlag 1959.
42 Arnold Klünder, Maler, Grafiker und Keramiker, geboren am 3. November 1909 in Groß-Stepnitz in Pommern, gestorben am 23. Dezember 1976 in Rostock. Seit den dreißiger Jahren war er Sommergast in Ahrenshoop und siedelte 1946 nach der Heirat mit einer Tochter Fritz Koch-Gothas ganz auf das Fischland über. Da er lange Zeit zur See fuhr, waren Schiffe, Seeleute und Wasser immer wieder Motive seiner Bilder. Arnold Klünder ist auf dem Wustrower Friedhof begraben worden.
43 Erich Fabian: Nachruf zu Käthe Miethe. In: Nachlass Käthe Miethe im Bernsteinmuseum Ribnitz Damgarten.
44 Fritz Meyer-Scharffenberg: Boddengeflunker. Neun Geschichten aus dem Nachlass. Mit Federzeichnungen von Hartwig Hamer. Rostock: VEB Hinstorff Verlag 1978, S. 23.

Jürgen Mantbey

**Ratte und Schwan:
Der Dichter Günter Grass lässt sein Wappen nicht ändern**

Friedrich der Große hat in seinem Testament des Jahres 1752 erklärt, Preußen brauche keine Kriegsflotte, es sei eine Landmacht, um dem dann hinzuzufügen: Ja, wenn wir Danzig hätten! 1794, nach der dritten polnischen Teilung, kam Danzig an Preußen, und nach 1850 wurde es der erste preußische Kriegshafen, noch vor Kiel. Das erste preußische Schiff wurde in Danzig gebaut, hieß „Danzig" und war von Danziger Bürgern finanziert worden. Bismarck unterband die Veröffentlichung des Testaments von Friedrich dem Großen. Preußen und erst recht das Deutsche Reich brauchten in seinen Augen sehr wohl eine Kriegsflotte, seine Nachfolger meinten gar, eine so große wie England, was dann zum Auslöser des Ersten Weltkrieges wurde. Hitler erklärte die Ostsee zu einem deutschen Binnenmeer und verkündete, St. Petersburg, damals Leningrad, habe keine Daseinsberechtigung, er werde es dem Erdboden gleichmachen.

Friedrich der Große hatte dringend abgeraten, sich je auf einen Krieg mit Russland einzulassen, das er die einzige für Preußen relevante Seemacht nannte. Wir wissen, wie es weiterging, wie es endete. Der Zweite Weltkrieg begann am 1. September 1939 mit der Beschießung der sogenannten Westerplatte im Danziger Hafen durch den Kreuzer „Schleswig Holstein", Günter Grass war zu diesem Zeitpunkt knapp zwölf Jahre alt. Den auf der Westerplatte gefangen genommenen polnischen Soldaten wurde noch der Status von Kriegsgefangenen zuerkannt, während z. B. die Verteidiger der Polnischen Post in Danzig nach ihrer Niederlage an Ort und Stelle erschossen wurden. Darunter ein Onkel von Günter Grass, der Bruder seiner Mutter. Das Kapitel *Die polnische Post* in der *Blechtrommel* ist nicht nur das bewegendste, es ist in der kühnen Ausschöpfung aller schriftstellerischen Mittel auch das literarischste des ganzen Buches.[1] Um Missverständnisse zu vermeiden, sage ich nicht, das poetischste. Das müsste ich aber. Ich will das erklären.

In dem Stück Shakespeares mit den meisten Grausamkeiten auf der Bühne, *Titus Andronikus*, erreicht die Sprache des Autors den höchsten Grad an poetischer Anmut in derjenigen Szene, in der Lavinia, die Tochter des römischen Feldherrn Titus Andronikus, auftritt. Stumm. Die beiden Söhne der gefangenen Gotenkönigin Tamora haben sie vergewaltigt, ihr danach die Zunge herausgeschnitten und die Hände abgehackt, damit sie weder sprechend noch schreibend verraten kann, wer ihr das angetan hat. Für sie spricht statt dessen ein Onkel, das heißt, es spricht der Dichter, so, wie er an keiner anderen Stelle wieder gesprochen hat.[2]

Wie viele Werke der Weltliteratur, bei Homers Epos vom Untergang Trojas angefangen, ist das epische Werk von Günter Grass u. a. eine große Verlustgeschichte, Verlust unter Berücksichtigung der Selbstbeteiligung daran, wie eines der Kriterien von Literatur, das, was sie z. B. vom Journalismus unterscheidet, die Selbsteinbeziehung des Schreibenden ist. Wie reich die Romane dieses Autors an autobiographischen Bezügen sind, das ist schon vor Veröffentlichung von *Beim Häuten der Zwiebel* be- und vermerkt worden.[3] Was der darin geschilderte wiederholte Schulwechsel und zuletzt der Abbruch der schulischen Ausbildung überhaupt bei Grass für Reaktionen ausgelöst haben mag, und welche Rolle dabei spielte, dass zu jener Zeit Krieg war, das können wir, transponiert in das poetische Medium Literatur, in der Novelle *Katz und Maus* nachlesen.

Eine Schülergeschichte aus dem Danzig der Kriegsjahre. Die unmittelbaren Kämpfe in der Stadt sind vorüber, von ihnen zeugt noch der halb aus dem Wasser ragende Rumpf eines versenkten polnischen Minensuchbootes. Die Geschichte spielt sich weitgehend auf diesem mit allerlei Bedeutung hochaufgeladenen Schiffswrack in der Danziger Bucht ab. Auf ihm tut sich der anfangs 14-jährige Joachim Mahlke vor seinen Mitschülern und -schülerinnen hervor, indem er immer wieder in das Wrack hinabtaucht und mit dort unten abmontierten Gegenständen wieder hoch kommt, bewundert als der „große Mahlke".[4]

Eines Tages tritt in Mahlkes Schule ein ehemaliger Schüler auf, ein inzwischen hochdekorierter U-Boot-Kommandant. Er berichtet von seinen Heldentaten auf Feindfahrt und um zu zeigen, was für ein ganzer Kerl er ist, turnt er allen zuletzt in der Turnhalle nach etwas vor. Dazu legt er Uniform und Ritterkreuz im Umkleideraum ab. Als er beides wieder an sich nehmen will, ist das Ritterkreuz verschwunden. Für alle steht fest: Mahlke.[5]

Ich erwähne an autobiographischen Bezüglichkeiten nur, dass der 15-jährige Grass versucht hat, sich freiwillig zu den U-Booten zu melden. Und auch Mahlke ergeht es wie ihm: Er wird von der Schule verwiesen. Das Nächste, was wir von ihm hören, ist, dass er sich bei einer Panzereinheit im Osten durch besonders viele Abschüsse feindlicher Panzer hervorgetan hat und mit dem Ritterkreuz ausgezeichnet worden ist. Bekanntlich war Grass bei einer Panzereinheit, als er bei Cottbus verwundet wurde und in Gefangenschaft geriet.

Mahlke hat nur eines im Sinn: In der Schule, von der man ihn verwiesen hat, von seinen Heldentaten zu berichten, zu zeigen, dass er das Ritterkreuz sich auch durch Leistungen zu verdienen vermochte, Leistungen an der Front, durch Vernichtung möglichst vieler Gegner. Die Lehrer verwehren ihm aber den Auftritt, und das verwindet Mahlkes Größenselbst nicht. Er taucht ein letztes Mal in das Schiffswrack hinab, um nicht wieder aufzutauchen.[6] Ein Abgang à la Goethes Werther.[7]

Brigitte Reinert: Porträtskizze Günter Grass. Gefertigt während der Lesung von Günter Grass bei den Reuter-Freudenthal-Tagen in Lübeck-Travemünde. Mit eigenhändiger Unterschrift des Dichters

Mahlke und sein Sichhervortun an der Front als Kompensation für die Kränkung durch den Schulverweis, diese Figur und was der Autor Grass von sich auf sie übertragen haben mochte, hat er mit dieser Novelle für immer in der Ostsee versenkt. Spätestens in der *Blechtrommel* hatte er als Schriftsteller erreicht, was Mahlke mit seinem Vortrag in der Schule erreichen wollte: zu zeigen, was für außerordentliche Fähigkeiten in ihm stecken, und hatte dafür Anerkennung gefunden.

Auf eine Stelle möchte ich noch aufmerksam machen. Als Mahlke in seiner alten Schule auf den Direktor wartet, den fertig ausgearbeiteten Vortrag über seine Heldentaten in der Mappe, da heißt es: „er hatte den besonderen Artikel am Hals, das Dingsdamlei, den Magneten, das Gegenteil einer Zwiebel, galvanisiertes Vierklee, des guten alten Schinkel Ausgeburt, den Bonbon, Apparat, das Ding, Ding, Ding, das Ichsprecheesnichtaus". Letzteres zusammengeschrieben in einem Wort.[8]

Das Ritterkreuz als das Gegenteil einer Zwiebel, da horchen wir als Leser der Autobiographie *Beim Häuten der Zwiebel* natürlich auf. Da wird also nichts abgeschält, enthält, sondern ganz im Gegenteil verschlossen, versteckt, nach einer alten Definition der Allegorie in einem Symbol verhüllt und gleichzeitig enthüllt, zur Sprache gebracht. Deswegen die schier nicht abreißenden Umschreibungen des Dings und am Ende: Ichspracheesnichtaus. Damit ist alles gesagt. Und zwar, wie es einem Schriftsteller angemessen ist, weil das den Antrieb zu seinem Schreiben ausmacht, in der Form der literarischen Transsubstantiation.

Zu einem sehr aufschlussreichen, von der Kritik völlig verkannten Roman, *örtlich betäubt*, will ich hier gleichsam im Vorbeigehen nur ein paar Bemerkungen machen. Es ist die Geschichte des Studienrats Starusch aus Danzig, der 1944 wie Grass 17 Jahre alt war, Anführer einer Jugendbande, wie sie schon in der *Blechtrommel* vorkam, immer dicht am Verbrechen, wie es heißt. Nun, im Jahr 1967 will er einen seinerseits 17-jährigen Schüler in Berlin von einer Gewalttat abbringen, als der nämlich aus Protest gegen den Vietnamkrieg einen Dackel vor dem „Hotel Kempinski" verbrennen möchte. Er solle sich lieber der Schülerzeitung, also dem Schreiben und Geschriebenem widmen. Als der Schüler nicht auf ihn hören will, sagt Starusch zu ihm: „Gut, Phillip, mach es ... Ich kann nicht mehr. Früher mit 17 konnte ich auch. Da war ich ein Täter. Damals im Krieg ... Gut, jetzt bist du dran. Aber das nützt nichts. Es wird dir Erinnerung werden, riesengroß. Du wirst nicht mehr drüber (weg)kommen. Immerzu wirst du sagen müssen: Als ich 17 war, war ich ein Täter ..."[9] Das Buch besteht aus lauter Variationen darüber, was einem alles passieren, was aus einem alles werden konnte, wenn man 1944 17 war.

Ich möchte noch kurz auf ein weiteres Buch eingehen, auf die 1979 erschienene Erzählung *Das Treffen in Telgte*. Es ist dasjenige Werk, in dem uns Günter Grass zu verstehen gibt, als was für einen Schriftsteller er sich sieht. Die Sache, die verhandelt wird, spielt sich im Dreißigjährigen Krieg ab. Wieder also Krieg. Der Autor versammelt die damals bekanntesten deutschen Schriftsteller zu einem Treffen in Telgte bei Münster. Das Treffen hat Grass erfunden, die Namen der Dichter nicht. Sie kommen aus allen Regionen Deutschlands, die literarische Creme des Barockzeitalters, d. h. größtenteils eine akademisch geschulte und gesonnene Dichter-Elite. Ein Fremdkörper und Außenseiter ist darunter, einer, der gar kein Dichter ist, jedenfalls zu dem Zeitpunkt noch nicht, eine Figur, die im Buch Gelnhausen heißt. Gemeint ist der aus Gelnhausen stammelnde Grimmelshausen, Autor des berühmtesten Kriegsromans des Zeitalters mit seiner Hauptfigur *Simplicius Simplicissimus*.

Dass Grimmelshausen ein Vorbild für ihn sei, ein Autor, mit dessen Lebenszuschnitt und Schreibweise er sich identifizieren könne, hat Grass wiederholt deutlich gemacht. Ein Schriftsteller also, der als Regimentsschreiber selbst in das Kriegsgeschehen verwickelt gewesen war und daraus Anregung und den Stoff für seine Bücher bezogen hat. So auch Gelnhausen in dieser Geschichte, in der er zunächst nur als Quartiermacher und Furier eine Rolle spielt. Er hat für das üppige Gastmahl am Schluss des Treffens die Gänse, Ferkel, Blut- und Leberwürste herbeigeschafft. Groß ist die Betroffenheit, nachdem dem alle reichlich zugesprochen haben, als sie erfahren, dass Gelnhausen das alles mit seinen kaiserlichen Reitern und Musketieren erbeutet hat. Gelnhausen, könnte man sagen, hat wie der Anführer einer Jugendbande gehandelt. Es hat offenbar Tote dabei gegeben.

Gelnhausen wird von der Schlusssitzung, bei der es um eine Friedensresolution gehen soll, ausgeschlossen. Doch da nimmt ihn der als Gast anwesende Komponist Heinrich Schütz beiseite. Gelnhausen versucht es erst mit einer Ausrede, er habe doch nur auf sein Fuhrwerk umgeladen, was die Schweden schon als Beute fortschaffen wollten, doch Schütz lässt ihm das nicht durchgehen: „Er (also Gelnhausen) dürfe Lügengeschichten nie mehr mörderisch ausleben, sondern müsse sie beherzt niederschreiben, Lektionen habe ihm das Leben genug erteilt."[10]

Wie weit soll man dabei gehen, auszudeuten – auszusprechen – , was alles darunter fallen könnte: Nicht auch die einst gern geglaubten Lügengeschichten der Nazis? Die jugendlichen Heldenträume, mit der Chance, sie im Krieg mörderisch auszuleben – schließlich veranstalteten die als Vorbilder verehrten U-Boot-Kommandanten ja keine Spazierfahrten unter Wasser.

Gelnhausen bleibt der akademischen Poeten-Runde nach dem Eklat zunächst fern. Dann aber steigt er durchs Fenster ein, und bevor er auf dem gleichen Weg wieder verschwindet, verkündet er sein literarisches Credo, das natürlich das Credo von Günter Grass ist: Er wolle „in die Kunst, wie grad durchs Fenster, den Einstieg finden". „Er komme wieder", und er „werde den großen Sack aufmachen, den gefangenen Stunk freisetzen ... und der Sprache den Freipass geben, damit sie laufe, wie sie gewachsen ist, grob und leisgestimmt, heil und verletzt ... und immer dem Leben und seinen Fässern abgezapft."[11]

Einem seiner bekanntesten Gedichte – *Racine läßt sein Wappen ändern* – aus dem 1960 veröffentlichten Gedichtband *Gleisdreieck* hat der Autor offenbar so viel Bedeutung beigemessen, dass ein Jahr darauf der Erzähler in *Katz und Maus* darauf anspielt: Racine habe aus seinem Wappen die Ratte entfernt, mit der sich bis dahin ein Schwan den Platz auf dem heraldischen Tableau hatte teilen müssen.[12] Dem geht im Gedicht voraus, dass die Ratte den Schwan nachts im Schlaf auf einem Teich angenagt hatte. Schreiend wühlt der Schwan die glatte, den Mondschein spiegelnde Wasseroberfläche auf: Das Schönheitsideal des Dichters der französischen Klassik, die still gestellte Natur im kalten Licht des Mondes ist infragegestellt. Daher streicht Racine, wörtlich, „die heraldische Ratte. / Die aber hört nicht auf in seinem Wappen zu fehlen. / Weiß stumm rattenlos / wird der Schwan seinen Einsatz verschlafen. – / Racine entsagt dem Theater".[13]

Welche Poesie da kritisiert wird, was für eine poetologische Aussage der Autor damit verbindet, ist klar: Ohne die finstere Seite, ohne die dunkle Hälfte des Menschen ist Kunst nicht zu haben, nicht zu machen.

Der Schwan, der verletzt, der sterbend singt, als Sinnbild des Dichters, der heilige Vogel des Apollo, dem Gott der Kunst, dieser Mythos war in der Antike weitverbreitet. Den Versen Racines, „kühl und gemessen mittels Mondlicht und Wasserspiegel" verfertigt, fehlt also der eigentliche Anstoß, der Anlass zur Kunstausübung.[14] Im Falle von Grass haben wir gesehen, was das ist: Der Krieg, der ja nicht etwas da draußen ist und bleibt, sondern der eindringt, sich im Innern fortsetzt, bei Opfern wie Tätern.

Als Kriegsfreiwilliger hatte Nietzsche im Jahre 1870 Verwundete in einem Lazarettzug vom Kriegsschauplatz im Elsaß zurück nach Deutschland begleitet. Im Anschluss daran an Ruhr erkrankt, schreibt er, kaum genesen: „Vor all den schrecklichen Bildern, die mir meine Reise an die Front gezeigt hat, habe ich Schutz bei der Wissenschaft gesucht."[15]

Bezeichnenderweise einer Wissenschaft, die den Ursprüngen der Kunst nachgeht. Nietzches *Die Geburt der Tragödie aus dem Geiste der Musik* entsteht unter dem Eindruck des Kriegsschocks. Das Gegensatzpaar Dionysos – Apollo stellt er darin in den Zusammenhang der „Schrecken und Entsetzlichkeiten" des Daseins, die durch die „künstlerische Mittelwelt der Olympier fortwährend von neuem überwunden, jedenfalls verhüllt" werden müssen.[16] Die griechische Götterwelt des Olymps war bekanntlich eine Projektion der Dichter und nicht der Priester. Bei Grass in der *Blechtrommel* wird daraus das Gegensatzpaar Rasputin und Goethe, oder eben die Ratte und der Schwan.[17]

Mahlke in *Katz und Maus* hatte gezeigt, wie es jemandem ergeht, der die erlebten oder angerichteten Schrecken und Entsetzlichkeiten nicht auf dem Wege „magischer Transformation" (Hanna Segal)[18] ständig metaphorisch zu beschwören, also im Verhüllen zu enthüllen vermag. Ichspricheesnichtaus, hieß es vom Ritterkreuz und wie man dazu kam. Dafür standen eine Unzahl von Umschreibungen, Verhüllungen. Mahlke dagegen wollte von seinen Taten im Klartext reden. Als er das nicht durfte, stieg er für immer in sein Schiffsgrab hinab. Vorher hatte er irre geredet.[19]

Was Grass von Mahlke unterscheidet, ist einmal, dass er lebt – die erste Voraussetzung für einen Dichter. Was er ihm ferner voraus hat, dafür habe ich eine wunderbare Stelle bei Jean Paul gefunden, in seinem Roman *Titan* mit der Hauptfigur Albano: „Krieg – das Wort allein gab Albano Frieden: Wissenschaft und Dichtkunst steckten ihm ihre Blumen nur in seine tiefen Wunden."[20] Das sind die Blumen, durch die die Dichter zu uns sprechen. Anders würden wir, und auch sie selbst, es nicht ertragen, was sie zu sagen haben. Auch über sich.

Bei der Verleihung des Sonning-Preises, mit dem vor ihm Winston Churchill, Albert Schweitzer und Hannah Arendt ausgezeichnet worden sind, hat Günter Grass 1996 in Kopenhagen gesagt: „Wer in den zwanziger Jahren ... geboren wurde, wer, wie ich, das Kriegsende nur zufällig überlebt hat, wem die Mitschuld – bei aller Jugend – an den übergroßen Verbrechen nicht auszureden ist, wer aus deutscher Erfahrung weiß, daß keine noch so unterhaltsame Gegenwart die Vergangenheit wegschwätzen kann, dem ist der Erzählfaden vorgesponnen, der ist nicht frei in der Wahl seines Stoffes, dem sehen beim Schreiben zu viele Tote zu."[21]

Anmerkungen

1 Günter Grass: Werkausgabe in zehn Bänden. Hg. von Volker Neuhaus. Darmstadt und Neuwied 1987, Bd. II, S. 267ff.
2 William Shakespeare: Titus Andronikus, II. Akt, IV. Szene.
3 Günter Grass: Beim Häuten der Zwiebel. Göttingen 2006.
4 Grass: Werke, (s. Anm. 1), Bd. III, S. 77.
5 Ebd., S. 72.
6 Ebd., S. 135ff.
7 Die Parallelen sind nicht zu übersehen: Werther wie Mahlke wählen den Freitod; beide sind, dank ihres infantilen Größenselbsts, an unerreichbare Frauenideale fixiert, Jungfrau und Mutter, beide scheitern zudem an den Leistungsnormen der Männergesellschaft.
8 Grass: Werke, (s. Anm. 1), Bd. III, S. 115.
9 Grass: Werke, (s. Anm. 1), Bd. IV, S. 173.
10 Grass: Werke, (s. Anm. 1), Bd. VI, S. 95.
11 Ebd., S. 113 und 116.
12 Ebd., S. 115.
13 Grass: Werke, (s. Anm. 1), Bd. I, S, 99f.
14 Ebd., S. 100.
15 Friedrich Nietzsche an Wilhelm Vischer(-Bilfinger) am 19.10.1870. In: Sämtliche Briefe. Berlin / New York 1976 ff., Bd. III, S. 146.
16 Friedrich Nietzsche: Sämtliche Werke. Berlin / New York 1967–1977. Bd. I, S. 35f.
17 Grass: Werke, (s. Anm. 1), Bd. II, S. 102.
18 Hanna Segal: Traum, Phantasie und Kunst. Stuttgart 1996, S. 124.
19 Grass: Werke, (s. Anm. 1), Bd. III, S. 133f.
20 Jean Paul: Tristan. Frankfurt a. M. 1983, S. 810 (132. Zykel).
21 In: Michael Jürgs: Bürger Grass. Biographie eines deutschen Dichters. München 2002, S. 58.

Anhang
Historische Hintergrundinformationen

Polen hatte in den Friedensverhandlungen von Versailles 1919 zunächst ganz Ost- und Westpreußen für sich gefordert. Dem hatten sich Amerika und vor allem England widersetzt. Der Kompromiss war der Freistaat Danzig unter

Kontrolle des Völkerbundes. Angaben über den polnischen Bevölkerungsanteil von Danzig schwanken, neuere Historiker gehen von etwa einem Prozent aus. Günter Grass spricht von fünf Prozent zu seiner Zeit in Danzig. Der polnischen Minderheit wurden quasi exterritoriale Zonen für bestimmte Institutionen eingeräumt. Darunter die Polnische Post und eben die Westerplatte, ein abgeteiltes Areal im Hafen. Auf dieser Westerplatte legte Polen ein befestigtes Munitionsdepot an, stationierte Militär in unterirdischen Unterkünften, das alles vermeintlich heimlich, doch natürlich bekam man das auf deutscher Seite mit und rüstete nun, wiederum vermeintlich heimlich, seinerseits auf. Die Stadt war ein Pulverfass, im wörtlichen wie im übertragenen Sinne, an das Hitler längst seine Lunte gelegt hatte. Schon vor dem Ende des Freistaats waren die Nationalsozialisten dort an der Macht.

Das neben dem 20. grausamste, mörderischste, furchtbarste Jahrhundert, das 17., ist zugleich das Zeitalter, in dem alle Künste und Wissenschaften in höchster Blüte stehen, in einem einzigen Blütenflor sogar. Krieg und Poesie also. Nicht von ungefähr hat Günter Grass eine besondere Vorliebe für die Barockliteratur und da insbesondere für den Autor des Simplicissimus, des Kriegsromans schlechthin, nicht nur dieser Epoche.

Günter Grass:
Racine läßt sein Wappen ändern

Ein heraldischer Schwan
und eine heraldische Ratte
bilden – oben der Schwan,
darunter die Ratte –
das Wappen des Herrn Racine.

Oft sinnt Racine
über dem Wappen und lächelt,
als wüßte er Antwort,
wenn Freunde nach seinem Schwan fragen,
aber die Ratte meinen.

Es steht Racine
einem Teich daneben
und ist auf Verse aus,
die er kühl und gemessen
mittels Mondlicht und Wasserspiegel verfertigen kann.

Schwäne schlafen
dort wo es seicht ist,
und Racine begreift jenen Teil seines Wappens,
welcher weiß ist
und der Schönheit als Kopfkissen dient.

Es schläft aber die Ratte nicht,
ist eine Wasserratte
und nagt, wie Wasserratten es tun,
von unten mit Zähnen
den schlaftrunkenen Schwan an.

Auf schreit der Schwan,
das Wasser reißt,
Mondlicht verarmt und Racine beschließt,
nach Hause zu gehen,
sein Wappen zu ändern.

Fort streicht er die heraldische Ratte.
Die aber hört nicht auf, seinem Wappen zu fehlen.
Weiß stumm und rattenlos
wird der Schwan seinen Einsatz verschlafen –
Racine entsagt dem Theater.

(Aus: Günter Grass: Gleisdreieck. Neuwied am Rhein. Berlin 1960, S. 58f.)

Dieter Stellmacher

Das Niederdeutsche als literarisches Gestaltungsmittel bei Siegfried Lenz und Walter Kempowski

1. Hinführung zum Thema

Wer sich mit den Büchern des Hamburger Ostpreußen Siegfried Lenz (*1926) oder des Rostockers Walter Kempowski (1929–2007) beschäftigt, stößt auf Wörter, Wendungen und Satzteile, die man in hochdeutschen Nachschlagewerken vergeblich suchen wird: „… wo Hilke und ich unseren Butt *peddeten*" (*Deutschstunde*, S. 213); „Laß man die Kinder am *lütten* Tisch *ätn*" (ebd., S. 56); „Daß der uns nun mal 'ne Wurst 'rüberschiebt … nee, da *luer upp*" (*Tadellöser & Wolf*, S. 181); „*Kumm rin, kannst rutkieken*" (ebd., S. 24); „*Sünd all weck båben*, aber geh man rauf" (ebd., S. 95).

Sind solche niederdeutschen Sprachzeugen (die ja keine quasiterminologischen Realbezeichnungen darstellen) den Autoren unbeabsichtigt, latent, aus der Feder geflossen und damit Hinweise auf ihre norddeutsch geprägte Muttersprache oder sind das bewusste, manifeste Montagen in den hochdeutschen Romantext?[1]

Eine Antwort auf diese Frage verlangt literaturwissenschaftliche und sprachwissenschaftlich-dialektologische Anstrengungen. Wer sie auf sich nimmt, kann sich auf nicht sehr viele, dafür qualitätsvolle Vorarbeiten stützen, denn die Berücksichtigung regionaler und dialektaler Sprachelemente in der großen nationalen Literatur ist in der Germanistik in den letzten Jahrzehnten an Texten von Max Frisch, Thomas Mann, Wilhelm Raabe, Uwe Johnson und Wilhelm Busch untersucht worden.[2] An Beispielen des englischen regionalen Romans im 19. Jahrhundert hat das die 1987 veröffentlichte Dissertation von Renate Mace unternommen.[3] Sie unterscheidet in der Dialektverwendung vier Funktionen: die literarische (z. B. fingierte Mündlichkeit, Zeit- und Lokalkolorit), die komische (sich ergebend aus der langen Tradition dialektaler vis comica), die psychologische (z. B. Wiedergabe von Gefühlsausbrüchen, Erinnerung an die Sprache der Kindheit), die soziale (z. B. die Kennzeichnung bestimmter Schichtenzugehörigkeit, Ausdruck von sozialer Distanz). Ohne auf diese Festlegungen jetzt näher einzugehen, kann festgestellt werden, dass sich die meisten Dialektverwendungen in standardsprachlich konzipierter Literatur diesen vier Bereichen zuordnen lassen. Dass man im Einzelfall, bei der Interpretation konkreter Textstellen, damit nicht immer glatt hinkommt, sei eingeräumt, aber auch betont, dass es mir nachfolgend nicht so sehr um die Raffinessen moderner Erzählforschung geht, so wichtig diese Literaturwissenschaft auch ist (Barbara Scheuermann hat das an Texten Uwe Johnsons eindrucksvoll aufgezeigt). Ich verfolge eine eingeschränktere dialektologische Perspektive mit der Frage, in welcher Weise norddeutsche, einem wirklichkeitsgetreuen Erzählen verpflichtete Schriftsteller auf die Sprachsituation ihrer Handlungsräume reagieren, und Sprachsituation meint hier die sich aus dem Nebeneinander von Hoch- und Niederdeutsch ergebenden sprachlichen und kommunikativen Mittel und Möglichkeiten. In Verbindung damit kann sogar überlegt werden, inwieweit solche Schriftsteller nicht auch als Gewährsleute für dialektologische Fragestellungen dienen können.

Dass Autoren wie Siegfried Lenz und Walter Kempowski die von ihnen beschriebenen Regionen, die literarischen Handlungsräume, genau kennen, darf unterstellt werden. Immer wieder stößt man ja auf metalinguistische Einschätzungen wie diese: „Zu meiner Zeit, als ich ein Kind war (also etwa zwischen 1910 und 1925, D. St.) ... sprachen nur noch die Tagelöhner, die Bauern, die Fischer und die Landarbeiter Platt. Die bürgerliche Schicht sprach bereits hochdeutsch, verstand zwar noch das Plattdeutsche, konnte es aber nicht mehr sprechen. In der Schicht darüber, dem Großbürgertum, dem Adel, benutzte man das Platt nur noch als Verzierung oder auch, um mit kraftvollen, eingestreuten Sätzen zu beweisen, daß man genauso drastisch sein konnte wie die unteren Schichten."[4] Mit solchen Worten beschreibt Hans Werner Richter, der Gründer der Gruppe 47 – des einflussreichsten Literaturkreises im Deutschland nach 1945 – die Sprachsituation seiner vorpommerschen Heimat, so wie er sie empfunden hat. Dem vergleicht sich die Feststellung Kempowskis: „Mein Großvater sprach Platt ausschließlich, mein Vater gelegentlich, und ich verstehe es."[5] Zu erinnern ist hier auch, was Walter Kempowski in der Einführung zu seiner Lesung auf den Reuter-Tagen 1996 in Ludwigslust über sein „Verhältnis zur plattdeutschen Sprache" ausgeführt hat.[6] An der Richtigkeit solcher Aussagen brauchen wir nicht zu zweifeln. Die Sprachwissenschaft, die die sprachsituationellen Gegebenheiten in Norddeutschland erforscht hat, diskutiert ganz ähnliche Ergebnisse.[7]

2. Literarische Darstellung des Themas

2.1 Das 19. Jahrhundert und Thomas Mann

Wir dürfen also davon ausgehen, dass der norddeutsche Schriftsteller über das kommunikative Zusammenspiel von Hoch- und Niederdeutsch gut Bescheid weiß und damit auch über die poetischen Möglichkeiten, die diese linguale Koexistenz eröffnet. Unvergesslich hat sie der Lübecker Thomas Mann in den *Buddenbrooks* genutzt. Der Roman spielt in der Zeit von 1835 bis 1877. Ausnahmslos Niederdeutsch sprechen hier nur Nebenfiguren, deren sozialer Stand sie als nicht „erstklassig" qualifiziert. Das sind in der Folge ihres Auftretens die Gemüsefrau, der Schneidermeister Stuht, die Köchin

Trina, der Lagerarbeiter Carl Smolt, das Folgemädchen Line, der Mietkutschenbesitzer Longuet, der Speicherarbeiter Grobleben, zwei Arbeitsmänner, der Blumenhändler Iwersen und ein alter Briefträger. Niederdeutsch sprechen auch der alte Konsul Johann Buddenbrook, sein Sohn Thomas und einige Mitglieder des Senats, also Angehörige der oberen Gesellschaftsschichten. Das ist das bekannte soziolinguistische Standesschema, das auch Hans Werner Richter gemeint hat. In den *Buddenbrooks* kann nun beobachtet werden, wie sich dieses Schema entwickelt. Mit dem Verfall der Kaufmannsfamilie verliert sich ihr niederdeutscher Sprachbesitz (übrigens auch ihr französischer), es bleibt das Hochdeutsche. Diese Komposition legt nahe, dass dem sozialen Abstieg die sprachliche Eintönigkeit folgt. Wir können das in dem Roman nachlesen.

1825 bezeugt ein Anonymus, dass „in Lübeck … bis in sehr gebildete Häuser das Niederdeutsche allgemeine Konversationssprache" ist.[8] Sie, die niederdeutsche Sprache, wird schon in den *Buddenbrooks* nicht mehr so wiedergegeben, sondern als eine zu Texten geformte pragmatisch markierte Alternative zum Hochdeutschen bewusst kommunikationsstrategisch eingesetzt. Dabei kann die situationsveranlasste Stimmung einen Wechsel in den Dialekt zur Folge haben, wie bei dem Tuchhändler Benthien, der in Erregung in das Niederdeutsche verfällt: „Nee, Gottsdunner, ick heww da nu 'naug von …" (3. Kapitel im 4. Teil), oder Konsul Peter Döhlmann, der plattdeutsch spricht, wenn er Spaß machen will („Ik bün so wied, Frau Konsulin!", „als auf einem Diner bei Buddenbrooks sich das Erscheinen eines Gerichtes lange Zeit verzögerte", 7. Kap. im 3. Teil). Der Lotsenkapitän Diederich Schwarzkopf wechselt dagegen vom Niederdeutschen ins Hochdeutsche, als ihm sein Sohn Morten eröffnet, dass er ein Verhältnis mit Tony Buddenbrook habe, was als nicht standesgemäß galt. Auf des Sohnes Geständnis „,Ja, Vater' …, ‚Fräulein Buddenbrook und ich …'" fällt ihm der Alte niederdeutsch ins Wort: „,So, na, denn will 'k di man vertellen, daß(!) du 'n Döskopp büs', 'n Hanswurst, 'n groten Dummerjan!" Und nun Hochdeutsch: „Und daß du morgen nach Göttingen abkutschierst, hörst Du wohl? Morgenden Tages! Und daß das Ganze 'n Kinderkram ist, ein nichtsnutziger Kinderkram, und damit Punktum!" (11. Kapitel des 3. Teils). Die vertraute niederdeutsche Sprache wird in dem Moment aufgegeben, da der Vater in seinem Ärger über die von ihm als Anmaßung verstandene Zuneigung seines Sohnes zu der Tochter aus großbürgerlichem Hause eine Strafe verhängt, er sozusagen ungemütlich, amtlich, wird.

Diese Beobachtungen – sie wären noch durch die Rolle des Niederdeutschen in der bekannten Revolutionsszene im 3. Kapitel des 4. Teils der *Buddenbrooks* zu ergänzen – zeigen, dass Thomas Mann seine niederdeutschen Übernahmen in diesem Roman, vor allem in dessen ersten Teilen (bis zum 5. Kapitel des 8. Teils), in literarischer und sozialer Funktion nutzt (nach der

Klassifikation von Renate Mace): zur genauen Personencharakterisierung und zur Sichtbarmachung von Kommunikationsstrategien. Die *Buddenbrooks* werden dadurch zu einem verlässlichen Zeugnis für die Lübecker Sprachsituation im 19. Jahrhundert. Das gilt in vergleichbarer, aber doch deutlich anderer Weise für zwei Romane des 20. Jahrhunderts, denen ich mich nunmehr zuwenden will.

2.2. Das 20. Jahrhundert: Siegfried Lenz und Walter Kempowski

Es geht um den 1968 erschienenen Roman *Deutschstunde* (D) von Siegfried Lenz und um das 1971 herausgekommene Buch Walter Kempowskis *Tadellöser & Wolf* (T&W). Die Handlungszeit dieser Romane sind die etwa 20 Jahre zwischen 1930 und 1950. Das Niederdeutsche erscheint hier vor allem in psychologischer Funktion als erinnerte Großvätersprache und es ist nicht mehr zu größeren Texteinheiten geformt, sondern tritt formelhaft auf (als Wort, Ausruf, Aufforderung, Redewendung, Zitat).[9] Ein schönes Beispiel dafür ist in der *Deutschstunde* der 92-jährige „Kulturfilm"-Kapitän Andersen, der alles niederdeutsch kommentiert und damit zum Beispiel den Lichtbildervortrag des kriegsbegeisterten Heimatforschers Asmussen fortwährend stört: „Dat schallt woll 'ne Hecksee sin", „Schallt dat ken Hecksee sin?" (D, S. 112). (*Hecksee* ist eine Heckwelle, die die Steuerfähigkeit des Fahrzeugs negativ beeinflussen kann.) Diese Zwischenrufe können, aber müssen nicht als bewusste Provokationen gewertet werden. Der alte Kapitän äußert sich nämlich immer auf niederdeutsch zu nautischen Fragen bei der selben Gelegenheit z. B.: „Kümmt dat Leuchten (!) nich von son lütten Mist, Noctiluca, oder so ähnlich. Wi hebt dat oft hat." (D, S. 112).

Das Niederdeutsche kennzeichnet seinen Sprecher als alten Fahrensmann, es tritt sozialmarkierend auf. Die niederdeutschen Einlassungen des Kapitäns wirken auf den Leser jedoch wie ironische Kommentare zu den Darstellungen des Vortragenden, selbst wenn man das nicht als Absicht des Zwischenrufers bewerten will.

Auch in Kempowskis Roman, in dem eine Rostocker Reederfamilie im Mittelpunkt steht, wird die niederdeutsche Redensart des Großvaters „Is dat noog" gern zitiert, aber immer im ursprünglichen Zusammenhang (wenn etwas geschenkt oder gespendet werden soll), es liegt ein Familienerinnern vor (psychologische Funktion). Deutlich in dieser Funktion tritt die in der Familie übliche Wendung „Watt 'n Uppstand, watt 'ne Katerie / Katerei" bzw. „Watt 'ne Katerei! Watt 'n Uppstand" (*Katerie / -rei* heißt soviel wie ‚Veränderung, Umständlichkeit') auf. Damit wird eine Situation bedauert, beklagt, als beschwerlich erinnert oder es wird ein Stoßseufzer freigesetzt. Die niederdeutsche Wendung vermag verschiedene Stimmungslagen wiederzugeben und wird durch die jeweilige Situation vereindeutigt, soweit man bei derartigen Phrasen von klar umgrenzten Bedeutungen überhaupt ausgehen kann: „Schimpfend pinnte sie (die Mutter, D. St.) jeden Abend an alle Fenster Packpapier: Verdunklung. ‚Watt 'n Uppstand, watt 'ne Katerie'" (T&W, S. 92); „1929, als du geboren wurdest, da war es auch so kalt ... und die Wasserleitungen – watt 'ne Katerei, watt 'n Uppstand – alle eingefroren" (T&W, S. 118).

Der Autor, der solche Wendungen seinen Romanpersonen in den Mund legt, erreicht damit zweierlei: Einmal bewertet er ein Ereignis, etwa den Luftschutz, aus der Sicht der Romanfiguren und zum anderen gewährt er so Einblick in eine Familiensprache, in der man, um sich zu verstehen, nicht viele Worte zu machen braucht. Dieses Sprachverhalten ist typisch für eine gruppensprachliche Kommunikation und dafür eignen sich geprägte Sprachlichkeiten besonders gut. Mit der Verwendung derartiger Formeln in niederdeutscher Gestalt erzielt der Autor einen dreifachen Effekt: Er kann komplexe Situationen und Befindlichkeiten verdichten, Familiensprache gestalten und Lokalkolorit vermitteln. So erklärt es sich auch, dass das Niederdeutsche bei Kempowski nicht nur Alte-Leute-Sprache ist, in *Tadellöser & Wolf* signalisiert z. B. Bruder Robert Desinteresse mit der Wendung „Stüermann, låt mi an Land". Und der mütterliche Stoßseufzer „Kinder nee, watt hett man all erleewt" (T&W, S. 185) reicht aus, eine Situation ohne weitere Zugaben umfassend zu verstehen.

Anders als Siegfried Lenz bedient sich Walter Kempowski im hier behandelten Roman auch literarisch tradierter Phrasen. Wenn der Großvater respektloses Enkelverhalten mit der Bemerkung „Petri fief, fief" (T&W, S. 28) tadelt, dann ist das eine Intertextualität mit dem bibelfesten Käppen Pött aus Brinckmans *Kasper Ohm un ik*, einem anderen großen Rostockroman,[10] die auf das Kauzige der beiden alten Herren verweist.

Die niederdeutschen Sprachmontagen sind, auch wenn es sich nur um ein oder zwei Wörter handelt, durchaus in der Lage, in literarischen Texten zentrale Aufgaben zu übernehmen. Das möchte ich am 6. Kapitel der *Deutschstunde* zeigen. Hier geht es, wie schon gesagt, um einen Lichtbildervortrag, bei dem der alte Kapitän mit seinen niederdeutschen Zwischenrufen, Fragen und Kommentaren zum Gegenspieler des Referenten wird. Als er auf das seltsame Verhalten des als Zuhörer anwesenden Polizisten mit der erstaunten Frage reagiert „Kann hei schichtig kieken?", spricht er etwas aus, das „bei uns nicht selten, aber auch nicht häufig vorkommt" (D, S. 127), und das dem Kapitel als Überschrift vorangestellt ist: „Das zweite Gesicht".[11] Die gleiche hochdeutsche Formulierung wird am Ende des Kapitels noch einmal gesetzt, und zwar mit dem Zusatz, dass es bei dem davon Betroffenen bisher „kein Anzeichen für diese Begabung gegeben" hatte. Die niederdeutsche Phrase wird also textstrukturell gesehen von ihren hochdeutschen Entsprechungen eingerahmt. Genaugenommen bestehen aber zwischen dem „zweiten Gesicht" und dem „schichtig Kieken" bedeutungsvolle Unterschiede. Der niederdeutsche Ausdruck meint ein unheilvolles Geistersehen, die Schichter gelten als unglückliche Menschen, weil sie etwas sehen müssen, was sie gar nicht sehen wollen. So auch der Polizist. Als ihm der von einem Berufsverbot betroffene Maler – die Einhaltung des Verbots soll von Amts wegen der Polizist überwachen – „unsichtbare Bilder" zeigt, da konfisziert er die leeren Blätter, obwohl er wie jeder andere auf ihnen nichts erkennt. Der Maler, für den ja genaues sinnliches Sehen für seine Arbeit unerlässlich ist (wie auch für den Kapitän), spielt also mit den Übersinnlichkeiten des Schichters und deckt dabei seine Irrationalismen als absurde Spökenkiekereien auf. Nichts anderes als ein solcher Spuk ist die Begründung der staatlichen Repression, des Malverbots, wenn man es recht besieht. Das *schichtig Kieken* ist nicht eine harmlose Spielart der Deuteroskopie, schon gar keine phantasievolle, weissagend-warnende Vision, wie bei der Seherin Kassandra oder den Donaunixen in der 25. Aventiure des *Nibelungenliedes*. Das *schichtig Kieken* ist gefährlicher Aberglaube, den sich böse, aber sehr reale Mächte zunutze machen. Diese Seherei ist es wohl auch, auf die das alttestamentliche Prophetenwort zutrifft: „Ich bin der Herr, ... der die Zeichen der Wahrsager zunichte macht und die Weissager zu Narren" (Jesaja 44, 24 f.).

Die Textstelle mit den „unsichtbaren Bildern" ist damit aber noch nicht ausgedeutet, denn mit ihnen können auch Bildvorstellungen gemeint sein, die niemand beschlagnahmen kann. Ohne solche Vorstellungen gibt es keine sichtbaren Bilder. Wenn sich nun der Maler die leeren Blätter als „unsichtbare Bilder" abnehmen lässt, dann führt er den Polizisten und damit die von ihm repräsentierte Obrigkeit an der Nase herum und erweist das *schichtig Kieken* als Nonsens, zumindest als etwas, das beim Überwachen des Malverbots völlig wirkungslos ist.[12]

Weil dieser niederdeutsche Ausdruck sowohl unglückverheißende Spökenkiekerei meint als auch verdummenden Aberglauben, verfügt er über eine Deutungsspanne, die seinen hochdeutschen Entsprechungen abgeht. Das *schichtig Kieken* besagt damit in diesem Textzusammenhang viel mehr als nur eine Anspielung auf regionalen Sprachgebrauch.

3. Die Unterschiede und ihre Ursache

Wird das Niederdeutsche bei Thomas Mann noch als eine Sprachalternative für bestimmte Kommunikationssituationen verstanden, so kann das in diesem Umfang bei Siegfried Lenz und Walter Kempowski nicht mehr beobachtet werden. In ihren Romanen tritt Niederdeutsch vor allem als Zitat und Sprachformel auf, was seine literarische Gestaltungskraft aber nicht mindert, weil beide Autoren, Kempowski wohl noch stärker als Lenz, das Niederdeutsche in vollem Sprachumfang respektieren und nicht als einen Steinbruch, aus dem man, wie Norbert Mecklenburg zumindest missverständlich schreibt, „sprachliche objets trouvés sammelt" (= Fundstücke).[13]

Die unterschiedlichen Verwendungen des Niederdeutschen bei Thomas Mann und den behandelten norddeutschen Autoren unserer Zeit ist eine Reaktion auf die veränderte norddeutsche Sprachsituation, die die Autoren erkannt haben, weil sie wussten, worüber sie schreiben. Und das ist die Voraussetzung jedes geglückten Literaturschaffens. Dann kann man sich daran nicht nur im Sinne kulinarischen Kunstgenusses erfreuen, sondern dann ist aus solchen Werken auch für den Sprachinteressierten viel zu lernen.

4. Dialektologisches Resümee

Im November 2008 titelte die *Süddeutsche Zeitung* einen Bericht mit der Frage: „Wissen Romane mehr über die Welt als die Wissenschaft?"[14] Mit Bezug auf drei englische Romane der Gegenwart wird an eine „Selbstverständlichkeit" erinnert, nämlich „dass Wissen in der Literatur, literarisches Wissen, dem Wissen der Wissenschaft gegenüber oft nicht nur gleichwertig, sondern sogar überlegen ist" (ebd.). So dürfen wir abschließend noch einmal nachfragen, ob die hier behandelten Größen unserer Literatur es wirklich verdienen, dialektologische Gewährsleute genannt zu werden? Im engeren Verständnis von Gewährspersonen sicher nicht, wohl aber als zuverlässige Informanten, wenn man sich über ein dialektologisches Forschungsfeld einen Überblick verschaffen will, nach allgemeinen Hinweisen zur Sprachsituation sucht. Und das ist ja eine unverzichtbare Vorstufe für die eigentliche Forschungsarbeit in Gebieten, wo man nicht aus eigener Erfahrung weiß, wie es um das Nebeneinander der Sprachformen, der sprachlichen Varianten beschaffen ist.

Bleibt am Ende noch die Antwort darauf, ob die Beschäftigung mit vereinzelten niederdeutschen Sprachzeugen in der modernen deutschen Literatur wirklich zu ihrem besseren Verständnis beiträgt. Selbst wenn es sich bei diesen niederdeutschen Sprachlichkeiten nicht mehr um längere Textpassagen handelt, sondern um einzelne Wörter und kurze Sequenzen, so geben sie eine Sprachwirklichkeit wieder, die – in den behandelten Romanen – zum Leben in der Schleswiger Marsch und der mecklenburgischen Großstadt gehör(t)en. Und gerade Walter Kempowski hat ja bei der Beschäftigung mit unserer Zeit auf solche Zeugnisse besonderen Wert gelegt, sein *Echolot*-Projekt, aber auch seine „Tagebücher" stehen dafür.[15] Doch schon für *Tadellöser & Wolf* gilt das, was Johann Wolfgang Goethe in einem Brief an Carl Friedrich Zelter am 12. Januar 1830 festgestellt hat: „Die Einzelheiten sind eigentlich das Leben."[16] Dem brauchen wir nichts mehr hinzuzufügen.

Anmerkungen

1 Zum latenten und manifesten Gebrauch dialektaler Elemente siehe Klaus J. Mattheier: „Mit der Seele Atem schöpfen". Über die Funktion von Dialektalität in der deutschsprachigen Literatur. In: K. J. Mattheier u. a. (Hrsg.): Vielfalt des Deutschen. Festschrift für W. Besch. Frankfurt a. M. u. a. 1993, S. 633–652.
2 Walter Schenker: Die Sprache Max Frischs in der Spannung zwischen Mundart und Schriftsprache. Berlin 1969. – Katrin Jünemann: Das Verhältnis von Hochsprache und Dialekt in Thomas Manns Roman *Buddenbrooks*. In: Niederdeutsches Wort 22 (1982), S. 129–144. – Carl Theodor Saul: Die Bedeutung des Niederdeutschen in den Werken Thomas Manns. In: Quickborn 72 (1982), S. 179–181. – Herbert Blume: Niederdeutsch zwischen Lebensform und Kostüm. Funktionen des Dialekts in Wilhelm Raabes Freundeskreis „Die Bauerschaft von Krähenfelde". In: Herbert Blume und Eberhard Rohse (Hrsg.): Literatur in Braunschweig zwischen Vormärz und Gründerzeit. Braunschweig 1993, S. 323–343. – Barbara Scheuermann: Zur Funktion des Niederdeutschen im Werk Uwe Johnsons. Göttingen 1998. – Dieter Stellmacher: Der Humorist Wilhelm Busch und sein Plattdeutsch. In: Beiträge der Fritz Reuter Gesellschaft 17 (2007), S. 131–142. Allgemein zu dieser Thematik: Walter Haas: Dialekt als Sprache literarischer Werke. In: Werner Besch u. a. (Hrsg.): Dialektologie. Ein Handbuch zur deutschen und allgemeinen Dialektforschung. 2. Halbband. Berlin / New York 1983, S. 1 637–1 651. Aber auch: „Auf Randbereiche wie das Problem der niederdeutschen Anteile in der hochdeutschen Literatur … könnten lediglich Hinweise gegeben werden." So Dieter Möhn und Reinhard Goltz in einem Bericht über ihr Vorhaben „Niederdeutsche Literatur nach 1945. Rekonstruktion einer Entwicklung", in: Niederdeutsches Korrespondenzblatt 115, 2 (2008), S. 43 f.
3 Renate Mace: Funktionen des Dialekts im regionalen Roman von Gaskell bis Lawrence. Tübingen 1987.
4 Renate Herrmann-Winter (Hrsg.): Notwehr ist erlaubt. Niederdeutsch im Urteil von Verehrern und Verächtern. Rostock 1995, S. 242.
5 In Claus Schuppenhauer (Bearb.): Niederdeutsch heute. Kenntnisse – Erfahrungen – Meinungen. Leer 1976, S. 131.
6 In Beiträge der Fritz Reuter Gesellschaft 7 (1997), S. 83–86.
7 Siehe hierzu unter anderem Renate Herrmann-Winter: Sprachen und Sprechen in Pommern, In: Niederdeutsches Jahrbuch 118 (1995), S. 165–187. – Helmut Schönfeld: Die niederdeutsche Sprache in den Ländern Sachsen-Anhalt und Brandenburg, in: ebd. 114 (1991), S. 175–201. – Dieter Stellmacher: Sprachsituation in Norddeutschland, in: Gerhard Stickel (Hrsg:): Varietäten des Deutschen. Berlin / New York 1997, S. 88–108.
8 Herrmann-Winter: Notwehr (wie Anm. 4), S. 84.
9 Vgl. hierzu auch Friedrich Ernst Peters: Formelhaftigkeit ein Wesenszug des Plattdeutschen. Wolfshagen-Scharbeutz 1939.
10 Gemeint ist 1. Petr. 5, 5: „… dei jungen Lüd: Stellt jug unner dei öllern Lüd" (nach Ernst Voß).

11 Das Verbreitungsgebiet dieser Erscheinung zeigt eine Karte im Handwörterbuch des deutschen Aberglaubens, hrsg. von Hanns Bächtold-Stäubli unter Mitwirkung von Eduard Hoffmann-Krager, Band 8. Berlin/New York 2000, Spalten 1 697 f.; danach ist das eine norddeutsche Besonderheit, die ihre Südgrenze etwa auf einer Linie Koblenz–Braunschweig–Stettin findet mit einem Schwerpunkt in Westfalen, vgl. die westfälischen Einträge unter *schichten* bei Walter Born: Kleines Wörterbuch des Münsterländer Platt. Münster 1979, S. 53. – Klaus-Werner Kahl: Wörterbuch des Münsterländer Platt. Münster 2005, S. 413. – Friedrich Woeste: Wörterbuch der westfälischen Mundart. 1930 (Reprint Wiesbaden 1966), S. 228.

12 Wie wenig stringent die nationalsozialistische Kulturpolitik in Bezug auf die moderne Malerei überhaupt war, zeigen die unterschiedlichen Positionen etwa von Joseph Goebbels und Alfred Rosenberg in der auch Emil Nolde betreffenden Expressionismusdebatte (siehe Kirsten Baumann: Wortgefechte. Völkische und nationalsozialistische Kulturkritik 1927–1939. Weimar 2002, bes. Kap. 2.7).

13 Norbert Mecklenburg: Erzählte Provinz. Regionalismus und Moderne im Roman. Königstein/Ts. 1982, S. 211.

14 *Süddeutsche Zeitung* vom 15.11.2008. Vgl. hier den oft zitierten Briefentwurf von Friedrich Engels vom April 1888 an die englische Schriftstellerin Margaret Harkness: „Balzac … gibt uns in ‚La Comédie humaine' eine wunderbar realistische Geschichte der französischen ‚Gesellschaft' …, aus der ich … mehr gelernt habe als von allen berufsmäßigen Historikern, Ökonomen und Statistikern dieser Zeit zusammengenommen." (Karl Marx/Friedrich Engels: Werke. Band 37, Berlin 1967, S. 42–44, Zitat S. 43 f.). Das hier in den Blick tretende Problem der literarischen Wahrheit hat die moderne Literatur und die Literaturwissenschaft vielfältig beschäftigt. Das bestätigen die aktuellen Auseinandersetzungen mit Walter Kempowski, siehe Volker Hage: Walter Kempowski. Bücher und Begegnungen. München 2009 sowie Gerhard Henschel: Da mal nachhaken. Näheres über Walter Kempowski. München 2009. Generell: Gerhard Schmidt-Henkel: ‚Die wirkliche Welt ist in Wahrheit nur die Karikatur unserer großen Romane' – über die Realität literarischer Fiktion und die Fiktionalität unserer Realitätswahrnehmungen. Saarbrücken 1995 (Universitätsreden 25).

15 Einen journalistischen Vergleich der „Diaristen" Walter Kempowski und Günther Grass unternahm Benjamin von Stuckrad-Barre in der *Welt am Sonntag* vom 8.2.2009, S. 12.

16 Goethes Briefe in den Jahren 1768 bis 1832. Hrsg. von Heinrich Döring. Leipzig 1837, S. 453.

Anja-Franziska Scharsich

„Tatsächliche Erfindungen" – Uwe Johnsons Mecklenburg und das Literaturhaus „Uwe Johnson" in Klütz

Uwe Johnson – Ein biographischer Abriss

Es gefällt Leuten, mich einen Mecklenburger zu nennen, als sei das ein verlässliches Kennzeichen. Dafür ist nachweisbar, dass mein Vater geboren wurde im Ritterschaftlichen Amte Crivitz und aufwuchs im Domanialamt Schwerin, also in jenem ‚besten Mecklenburg', das die traurigste Figur machte unter den Staaten des damaligen Europa. Dem bin ich verbunden nicht nur durch einen Vater, einen Absolventen des Landwirtschaftlichen Seminars Neukloster und Verwalter herrschaftlicher Güter, sondern auch durch eigene, ausgiebige Beschäftigung mit dem Boden dieses Landes, beim Kartoffelwracken, Rübenverziehen, Heuwenden, Einbringen von Raps und Roggen, des Umgangs mit den Tieren auf diesem Boden nicht zu vergessen. In Mecklenburg habe ich gelernt, dass man als Kind schlicht vermietet werden kann in drei Wochen Arbeit auf fremden Acker gegen einen Doppelzentner Weizen, dass Existenz umgesetzt werden kann in jeweils gültige Währung, und ich bin dankbar für die frühe Lehre. In Mecklenburg war ich von meinem elften bis zu meinem fünfundzwanzigsten Lebensjahr, und im sechzehnten mag ich begriffen haben, wie ich zu antworten wünschte auf die Ansinnen der Leute und Behörden, mit denen ich befasst war. Viel nun spricht dafür, dass ich ein Mecklenburger sei.[1]

Uwe Johnson wurde am 20. Juli 1934 in Cammin in Pommern (heute Kamień Pomorski) geboren. Er wuchs zunächst in Anklam auf, besuchte später in Güstrow die Oberschule, und nach dem Abitur studierte er Germanistik in Rostock und Leipzig. Nach seinem Studium fand er keine feste Anstellung in der DDR und war „arbeitslos in einem Lande, das solchen Zustand abgeschafft haben wollte".[2] Er verdiente in dieser Zeit sein Geld mit freien Übersetzungen und Lektoratsarbeiten. Sein erstes Buchprojekt *Ingrid Babendererde. Reifeprüfung 1953* konnte aufgrund eines fehlenden Verlages nicht realisiert werden. Es erschien ein Jahr nach Uwe Johnsons Tod 1985 im Suhrkamp Verlag, Frankfurt am Main. Ende 1957 hatte Johnson die Konzeption für sein zweites, jedoch erstveröffentlichtes Buch *Mutmassungen über Jakob* abgeschlossen. Hier treten neben Jakob Abs auch Gesine und Heinrich Cresspahl ins Leben der literarischen Texte Johnsons. Die Geschichte der Cresspahls weitete sich in den darauf folgenden Jahren kontinuierlich bis zum New York-Teil der *Jahrestage* aus. Mit der geplanten Veröffentlichung seines Romans *Mutmassungen über Jakob* 1959 beim Suhrkamp Verlag in Frankfurt am Main wurde für Uwe Johnson ein Umzug nach Westberlin unvermeidlich. 1961 erschien *Das dritte Buch über Achim* und Johnson fuhr auf Einladung von zwei Universitäten nach Amerika. Als begeisterter Leser von William Faulkner nutzte Johnson die Gelegenheit, den literarischen Orten in der Realität nachzuspüren. Bei dieser Suche fand er eine Landschaft, die ihm vertraut war: hügeliges Land, mit Seen durchsetzt. So entdeckte er Mecklenburg in Amerika. 1962 Heirat mit Elisabeth Schmidt und Geburt der Tochter Katharina. In den folgenden Jahren erschienen u. a. *Karsch und andere Prosa* (1964), *Zwei Ansichten* (1965). Doch trotz erfolgreicher literarischer Arbeit suchte Johnson neue Wege und Orte, es zog ihn zurück nach Amerika. 1966 erfüllte sich sein Wunsch, denn seine amerikanische Verlegerin Helen Wolff vermittelte ihm eine Tätigkeit als Lektor eines Schulbuchverlages in New York. 1968 sicherte ihm ein Stipendium der Rockefeller Foundation ein weiteres Jahr in den USA. In dieser Zeit begann er mit der Arbeit an seinem Roman *Jahrestage. Aus dem Leben von Gesine Cresspahl* (1970–1983), den er aufgrund einer Schreibhemmung erst 1983 beendete. Nach einer kurzen Zwischenstation in Berlin, zog Uwe Johnson mit Familie 1974 nach Sheerness-on-Sea in England. 1975 stockte die Arbeit an den *Jahrestagen*. Um die schriftstellerische Krise zu überwinden, wandte sich Johnson einem neuen literarischen Projekt mit rekonstruierten historischen Fakten zu. Es entstand der Text *Versuch, einen Vater zu finden*. Trotz instabiler Gesundheit begann ab 1979 eine literarisch produktive Zeit. Es erschienen die *Inselgeschichten* und im Anschluss an seine Poetikdozentur an der Goethe-Universität in Frankfurt am Main wurden seine Vorlesungen unter dem Titel *Begleitumstände* (1980) im Suhrkamp Verlag herausgegeben. 1983 erschien der lang erwartete vierte und letzte Band der *Jahrestage*. Johnson starb im Alter von 49 Jahren in der Nacht vom 23. zum 24. Februar 1984 im englischen Sheerness-on-Sea an den Ufern der Themse.

Jerichow in Mecklenburg – Uwe Johnsons „Tatsächliche Erfindungen"

Uwe Johnson gilt heute als einer der bedeutendsten deutschen Schriftsteller der Nachkriegszeit. Über seine literarischen Arbeiten wurde er zum Chronisten der ‚gespaltenen Zeit', und wie man häufig sagt zum „Dichter der beiden Deutschland" – eine Bezeichnung, die ihm von Rezensenten seit der Veröffentlichung seiner ersten Bücher zugewiesen worden war. Wobei Johnson selbst dieses Etikett vehement ablehnte. So heißt es dazu in den *Begleitumständen*:

Das sass einem im Rücken, unentfernbar wie bei Siegfried das Lindenblatt, und recht schmerzlich, weil es auf alberne Weise ungenau war. [...] Peinlich setzt in solcher Berufsbezeichnung der gute Wille sich durch, der damit ja jemanden loben will und ehren für seine Beschäftigung mit dem „gespaltenen" Deutschland, als wär das ein Verdienst.[3]

Programmatisch für Uwe Johnsons Schreiben ist die Einbindung von Realitätseffekten in fiktive Geschichten. Historische Schlüsseldaten vor allem des 20. Jahrhunderts nehmen wichtige Positionen in seinen Werken ein. Johnson verknüpfte diese historischen Daten, biographische Details und topographische Gegebenheiten mit fiktionalen Orten, Figuren und Ereignissen. Aus diesem Nebeneinander entstanden Geschichten, die ein individuelles Schicksal mit den politischen Verhältnissen der Zeit verbanden. Was sein Werk aber besonders prägte, war die große Sehnsucht nach Heimat. Diese Sehnsucht wurde zum Thema seines Lebens und zum Grundmotiv seines Erzählens. Dabei spielte auch der Verlust von Heimat eine besondere Rolle. Zunächst selbst erlebt – als Kind durch die Flucht der Familie Johnson von Anklam nach Recknitz, dann als junger Mann 1959 durch den „Umzug" nach Westberlin. Diese Verlusterfahrungen versuchte er literarisch zu verarbeiten. Beeinflusst wurde Johnson insbesondere von seinen Wohnorten und den zahlreichen Entdeckungsreisen durch Mecklenburg. Schon früh faszinierten ihn die mecklenburgische Geschichte, die Traditionen, die Sprache, die alten Städte, die Kirchen, weiten Felder, schattigen Alleen sowie die Flüsse und Seen, die er auf unterschiedliche Weise zu entdecken suchte. Diese intensive Heimatbezogenheit Johnsons und seine sprachliche Akkuratesse sind bis heute im Gedächtnis seiner Freunde und Schriftstellerkollegen verankert. Die Sehnsucht nach Mecklenburg, seinen Landschaften, seinen Menschen und der plattdeutschen Sprache hat Uwe Johnson nie losgelassen. So ist sein literarisches Werk vom Heimweh, dem Gefühl von Heimatverlust und der Heimatlosigkeit geprägt. Von seiner Suche nach Heimat, nach einer lokalen Gebundenheit und einer inneren Rastlosigkeit erzählen auch die späteren Wohnortwechsel: Leipzig – Berlin – Rom – New York – Berlin – Sheerness-on-Sea.

Der Verlust des Vertrauten, der Verlust der Heimat durch die Politik ließ Johnson zudem zu der Erkenntnis gelangen, dass man Heimat immer mit dem Wissen um Abschied erleben muss. Was real verloren gehen kann, muss daher im Gedächtnis bewahrt werden. Mit seinem Weggang aus der DDR verlor Johnson – wie auch seine Figur Gesine durch ihre Flucht vor dem Sozialismus – seine Heimat und die dazugehörige Sprache. Und Johnson war sich durchaus der Tatsache bewusst, dass die einstige Zugehörigkeit auch durch unzählige Besuche in der ehemaligen Heimat nie wieder erreicht werden konnte. Sie blieb unwiederbringlich verloren. Entgegen der Frage seiner Figur Ingrid Babendererde „Wann hat Mecklenburg eigentlich aufgehört?"[4] hatte Uwe Johnson nie mit dem Thema Mecklenburg abgeschlossen. Je weiter sich der Schriftsteller räumlich von seiner einstigen Heimat entfernte, desto mehr bemühte er sich um die Rekonstruktion der Erinnerung und die Auseinandersetzung mit der sogenannten Katze Erinnerung. Johnson begriff das Schreiben und Geschichtenerfinden als ein Mittel der Reflexion, der Modellierung und Konstruktion von Erinnerung. Dabei wurden biographische, topographische und historische Erinnerungen evidente Bestandteile von Johnsons Prinzip des „tatsächlichen Erfindens". Exemplarisch für die Verbindung von epischer Fiktionalität und topographischer Dokumentation ist Uwe Johnsons vierbändiges Prosawerk *Jahrestage. Aus dem Leben von Gesine Cresspahl*. Mit seinen „tatsächlichen Erfindungen" wirkt die erzählte Welt mit ihren erfundenen Figuren gegenwärtig, real und fiktional zugleich: „Für mich ist das die Beschreibung von Stücken eines Lebens, eines für mich wirklichen Lebens."[5] Reale Einzelheiten flossen dabei als Versatzstücke in den Erzähltext ein und führen auch heute noch zu einem einzigartigen Leseerlebnis. Uwe Johnson griff jedoch nicht allein auf reale Gegebenheiten (wie Topographie und historische Daten und Personen) zurück. Er verband vielmehr kunstvoll Realität und Fiktion. Er baute mit seinen Geschichten ein „Modell von Welt" auf.

Auch Uwe Johnsons Mecklenburg ist eine literarische Landschaft, deren Städte und Gegenden erfunden sind oder mit realen, geographischen Kennzeichen angereichert wurden. Reale Landschaften und fiktive Orte wurden gleichermaßen Teil der Handlung. Also eine erfundene Welt, aber auch Orte der Erinnerung und gleichzeitig lebendige Schauplätze. Mehr als nur Handlungskulisse dokumentieren sie eine für den Schriftsteller besondere topographische und gesellschaftliche Realität. Die Anbindung der Figuren an geographisch fixierbare Orte, deren Fiktivität dennoch gewahrt bleibt, ist für Uwe Johnson eine schriftstellerische Notwendigkeit, um sich Themen, Personen, Orten und Ereignissen adäquat anzunähern. Subjektives, fiktives Erinnern reicherte Johnson mit regionalen Materialien an, die das reale, vorfindbare Mecklenburg vermeintlich bestätigten. Dazu gehören auch authentische Namen von Orten wie „Fischland" und „Griese Gegend" (dies ist die ehemalige Heidelandschaft, die man im Südwesten Mecklenburgs im Landkreis Ludwigslust findet) ebenso wie die Einbeziehung der lokalhistorischen Geschichte sowie besondere regionale Ereignisse wie der „Wollmarkt in Güstrow" und der „Heitweckenmarkt in Malchow". So ist auch Jerichow – Gesines Heimatstadt – ein fiktiver Ort, den Johnson jedoch mit genauen geographischen Angaben versehen hat.

Der Beschreibung nach liegt Jerichow genau dort, wo im nordwestlichen Mecklenburg die kleine Stadt Klütz zu finden ist: „einwärts an der Ostsee zwischen Lübeck und Wismar gelegen, ein Nest aus niedrigen Ziegelbauten entlang einer Straße aus Kopfsteinen […] und einer Kirche aus der romanischen Zeit, deren Turm mit einer Bischofsmütze verglichen wird; […]." (JT, 28. August 1967).[6] Ebenso wurden der Stadt Gneez und dem Fischerdorf Rande Merkmale realer Städte wie Güstrow, Grevesmühlen und dem Ostseebad Boltenhagen zugeordnet. Die bewusste Bezugnahme auf eine wirklich vorfindbare Landschaft verführt den Leser häufig zur Suche nach Orten wie Gneez, Rande, Jerichow etc. Unterstützt wird die Illusion von Wirklichkeit durch das Erscheinen von Städten und Orten unter ihrem eigenen Namen: Wismar, Lübeck, Güstrow, Insel Poel und auch Klütz etc. werden mehrfach genannt.

Aber Johnsons mecklenburgische Städte bleiben, trotz der teilweise realen Verankerung, imaginär. Es sind literarische Orte, die einem Abgleich mit der Realität nicht standhalten. Mittels der Montage aus Fiktion und Geografie wird allein die Illusion von Wirklichkeit verstärkt. Neben der Topographie nutzte Johnson für seine „tatsächlichen Erfindungen" auch Kursbücher, Telefonbücher oder auch Zeitungen (wie z. B. den *Lübecker Generalanzeiger* und die *New York Times*) als Mittel der Beglaubigung von Personen, Landschaften oder lokalen Ereignissen. Mit seinem Erzählstil rekonstruierte Uwe Johnson nicht nur die Landschaft seiner einstigen Heimat, sondern auch deren Geschichte. Vor allem der Prozess der Wiederherstellung des Vergangenen in der Erinnerung interessierte den Schriftsteller.

Die besondere Intensität der Johnsonschen Texte führt dazu, den Erinnerungsbildern Dauer zu verleihen. Seine Werke dienen nicht allein der individuellen Aufarbeitung, sondern sie wirken gleichermaßen auf die Erinnerungskultur einer Region und der Gesellschaft. So fordert Uwe Johnson auch heute noch den Leser zum detektivischen Erforschen seiner Texte heraus.

Literatur im Speicher

Ein großer Teil der Dichter- und Literaturausstellungen in Deutschland befindet sich im Geburts-, Wohn- oder Sterbehaus ihres Autors. Im Fall des Klützer Literaturhauses „Uwe Johnson" liegen vollständig andere Grundvoraussetzungen vor. Der Mecklenburg immer eng verbunden gebliebene Schriftsteller und seine von dieser Verbundenheit geprägten Werke sollten in einer Region präsentiert werden, die eine der wichtigsten literarischen Landschaften Johnsons war.

Da Uwe Johnson in Klütz weder geboren noch gestorben ist und auch sonst kein konkreter Wohnort Johnsons in Klütz auszumachen war, musste ein für den multifunktionalen Zweck geeignetes Gebäude gefunden werden. Als besonders geeignet erwies sich der viergeschossige Getreidespeicher „Im Thurow", der in der Nähe der Klützer St. Marien Kirche mit ihrer typisch mecklenburgischen „Bischofsmütze" steht. Die Stadt Klütz, die als Siedlung bereits 1230 erwähnt wird, ist seit alters her das Handwerker- und Handelszentrum der Region. Bereits im Mittelalter wurde der Waldbestand des Klützer Winkels verringert, um den fruchtbaren Boden für die Landwirtschaft zu nutzen. Die reichen Ernteerträge trugen der Gegend Beinamen wie „Speckwinkel", „Kornkammer Mecklenburgs" und „Goldene Aue" ein. Von der landwirtschaftlichen Blütezeit des Klützer Winkels und dem florierenden Handel mit Getreide zeugt der Klützer Speicher, der Lager- und Umschlagplatz der Getreideproduktion und somit auch Treff- und Kommunikationspunkt der Stadt war. Im Zentrum von Klütz stehend, prägt der Speicher nicht nur entscheidend das Stadtbild, er belegt außerdem als Kultur- und Industriedenkmal die Geschichte der Stadt.

Doch nicht allein aus stadthistorischen Gründen ist der ehemalige Getreidespeicher ein idealer Ort für eine Dauerausstellung über Uwe Johnson. Auch die Wiederbelebung des Speichers als Klützer Informationszentrum sowie die inhaltlichen Bezüge zu Johnsons Texten, insbesondere zu den *Jahrestagen*[7] legten eine kulturtouristische Nutzung mit literarischem Inhalt nahe.

Für die Gestaltung der fiktiven Stadt Jerichow, die Ausgangspunkt des Romans *Jahrestage* ist, ließ sich Uwe Johnson reale mecklenburgische Kleinstädte beschreiben. Klütz hielt er in diesem Zusammenhang für besonders geeignet.

> Die Einzelheiten des heutigen Jerichow sollte ich mir selbst beschaffen können mit Reisen an die Ostsee; das kann ich nicht. Hier könnte mir geholfen werden durch jemand, der diese fiktive Kleinstadt Jerichow besucht, indem er für zwei Tage in eine wirkliche Kleinstadt an der Küste fährt, und zwar eine beliebige unter den Kröpelin, Neubukow (wenngleich mir Klütz die ergiebigste scheint).[8]

Darüber hinaus legten Anspielungen in den *Jahrestagen* es nahe, dem mecklenburgischen Dichter eine Heimstatt in seinem literarischen Jericho zu geben, das topographisch in Klütz zu finden ist. Erinnert sei an Wendungen wie: „Manchmal, und öfter, benähmen sich die Jerichower als wären sie Klützer", und: „In diesem Winkel fiel das Wunderliche nicht als wunderlich auf."[9] Jedoch kommen in unserem Haus nicht nur Literaturinteressierte auf ihre Kosten. Darüber hinaus hat das Gebäude architektonisch einiges zu bieten.

Das Literaturhaus befindet sich in dem ca. 1890 erbauten ehemaligen Getreidespeicher nahe dem Klützer Marktplatz. Der Speicher diente von Ende des 19. Jahrhunderts bis in die fünfziger Jahre des 20. Jahrhunderts als Getreidespeicher. In den folgenden Jahren blieb er praktisch ohne Nutzung. 1989 begann man mit der Planung einer Umnutzung des Speichers zusammen mit dem sich zum Marktplatz anschließenden Gebäude. Der Speicher sollte zu einem Getränkestützpunkt umgebaut werden. In der Folge entstand bis drei Monate nach der Wende ein Gasbetonanbau, der in der Rohbauphase blieb. 1990 erfolgte die Sicherung des Gebäudes durch die Erneuerung des Pappdaches, darüber hinaus erhielten die Fensteröffnungen Wetterschutzgitter. Um die architektonische Schönheit des Industriedenkmals zu wahren, stand der Erhalt der Holzkonstruktion im Vordergrund. Soweit es möglich war, wurden auch funktionale Teile der alten Nutzung erhalten. Es wurde darauf verzichtet, die im einstigen Getreidespeicher nicht vorhandene Schalldämmung aufzuheben. Das ermöglichte es, von einer Verkleidung der einfachen Dielenbretter mit Gipsplatten abzusehen. Im Materialkonzept des Literaturhauses wurden nur wenige Materialien wie Naturholz, Mauerwerk, Beton und schwarzer Stahl vorgesehen. Ein von den Innenarchitekten besonders berücksichtigtes Stilelement ist das schwarze Leder, das sich auf Uwe Johnsons Vorliebe für schwarze Lederkleidung und seine schwarze Charles-Eames-Sitzgruppe bezieht. Die Architekten verfolgten mit der Renovierung einen Stil, der dem ursprünglichen Charakter des Hauses gerecht werden und mecklenburgische Geschichte dokumentieren sollte. Alte Stütz- und Deckenbalken wurden ebenso erhalten wie Schütten sowie Tor- und Fensterbögen. So behielt der Innenraum trotz der Modernisierung sein altes Gesicht, und auch das Äußere besticht mit der typisch norddeutschen Backsteinfassade. Dabei ziehen sich die beiden Hauptthemen des Hauses – Literatur und Uwe Johnson – durch sämtliche Etagen. Um dem literarischen Anspruch eines Literaturhauses in vollem Umfang gerecht zu werden, bot es sich an, die örtliche Stadtbibliothek in den Speicher zu verlagern. Die Verbindung von Bibliothek, Literaturausstellung und Veranstaltungsort war naheliegend, da sie dem Charakter eines Literaturhauses auf umfassende Weise Rechnung trägt. Der Speicher wurde auf diese Weise gleichzeitig zum Haus für Literatur und zur Begegnungsstätte mit Literatur. In der Einheit von Tourismusinformation, Bibliothek, Ausstellungsebenen und Veranstaltungsraum entstand ein kultureller Mikrokosmos.

Die Dauerausstellung

Aufgrund der zeitlebens besonderen Bindung Johnsons an Mecklenburg, beleuchtet die Ausstellung nicht nur Leben und Werk des Autors, sondern befasst sich auch mit der Rolle der mecklenburgischen Landschaft und Menschen in Johnsons Romanen – speziell den *Jahrestagen*.

Die Ausstellung bietet auf zwei Etagen auch für ‚Johnson-Anfänger' eine Fülle verschiedenster Begegnungsmöglichkeiten mit dem Autor. Video- und Audiostationen ermöglichen es dem Besucher, dem Autor nicht nur lesend zu begegnen. Es kann seiner Stimme gelauscht werden und sich im wahrsten Sinne des Wortes ein Bild von ihm gemacht werden.

Das Konzept der Ausstellung über Uwe Johnson nutzt die Architektur des Hauses, indem es auf den einzelnen Etagen eine Verknüpfung von Personal- und Themenausstellung herstellt. Die erste Ausstellungsebene wirft unter dem Motto „Verzweigungen" Schlaglichter auf maßgebliche Aspekte in Johnsons Leben. Dabei spielt die „Grenze" eine zentrale Rolle. Nicht nur, dass Johnson von Ost- nach Westberlin „umzog", er suchte immer auch nach literarischen Grenzen, um sie zu überschreiten, zu durchbrechen oder auch an ihnen zu scheitern. Der Besucher erhält, neben den biographischen Daten, wichtige Informationen über den Schriftsteller, die die Werkrezeption erleichtern. Die Konzeption berücksichtigt dabei Johnsons geringe Affinität zur Selbstdarstellung: „Das Subjekt wird hier lediglich vorkommen als das Medium der Arbeit, als das Mittel einer Produktion."[10] Trotz Johnsons Forderung, dass seine Werke im Vordergrund zu stehen haben, erhält der Besucher die Möglichkeit, sich über den Schriftsteller selbst zu informieren. Um diese Intention in Einklang mit Johnsons Anliegen zu bringen, wurde größtenteils auf die wenigen Aussagen von Johnson selbst zurückgegriffen. Daran anknüpfend zeigt der erste Themenkreis „Ich über mich" anhand divergenter Versionen von Johnsons Lebenslauf eine besondere biographische Perspektive. Seine Auskünfte über die ersten Lebensjahre bleiben knapp und fragmentarisch. Die unterschiedliche Interpretation der Vergangenheit zeigt frühe Ansätze des jungen Johnson, reale Fakten durch Auslassungen und Umstellungen in neue Zusammenhänge zu bringen.

An der Station „Andere über mich" kommen Zeitzeugen zu Wort, die Johnson aus verschiedenen Gründen kannten und schätzten. Präsentiert werden diese Aussagen auf Schriftrollen (Textolatoren). Autorenfreundschaften mit Max Frisch, Günter Grass und Walter Kempowski werden ebenso beleuchtet wie die Bekanntschaften mit Hannah Arendt und seinem Verleger Siegfried Unseld im Suhrkamp Verlag. Die Aussagen dieser Persönlichkeiten geben einen Hinweis darauf, wie die Außenwelt auf Johnson reagierte und wie sie ihn wahrnahm. Als Mitglied der „Gruppe 47" zeigte Johnson nicht nur Interesse an der literarischen, sondern auch an der politischen Entwicklung Deutschlands. Darüber hinaus fühlte er eine besondere Verantwortung seiner Generation für die intensive Auseinandersetzung und Beschäftigung mit der deutschen Vergangenheit und der Schuld der Deutschen.

Der biographisch orientierten Präsentation schließt sich im darüber liegenden Geschoss eine thematische Ausstellung an, die den Besucher nach der Vorstellung der Person des Autors nun mit dessen literarischer Arbeitsweise vertraut macht. Leitfaden für die Präsentation unter dem Titel „Tatsächliche Erfindungen" ist Johnsons literarisches Spiel mit Realität und Fiktion.

Die Themenkreise dieser Ebene setzen nicht nur Leben und Werk Johnsons in Beziehung, sie geben auch explizit der Bedeutung Mecklenburgs für den Schriftsteller Raum. In Johnsons Texten findet sich zum Teil eine mimetisch genaue Wiedergabe der Realität. Versucht man jedoch die literarischen Orte mit dieser abzugleichen, so scheitert man bereits auf der Suche nach dem einfachen Abbild. Letztlich sind die Orte überall und nirgends in Mecklenburg auffindbar. Dahinter steht Johnsons episches Prinzip: Realität wird in Einzelteile zerlegt und mit zusätzlichen fiktionalen Teilen neu zusammengefügt. Das Erfinden durchläuft einen ähnlichen Prozess wie das Erinnern, etwas längst Vergessenes wird wieder belebt und neu zusammengefügt.

> Erfahrung im Prozess des Erfindens: er ist vergleichbar mit dem Vorgang der Erinnerung, die eine längst vergessene, in diesem Fall noch unbekannte, Geschichte wieder zusammensetzt, bis alle ihre Leute, ihre Handlungen, ihre Lebensorte, ihre Geschwindigkeiten, ihre Wetterlagen unauflöslich mit einander zu tun bekommen. Dabei ist das Suchen nach der Technik eines Arbeitsvorganges oder nach einer Landschaft als Ort der Handlung als Ermittlung geboten.[11]

Die realen Versatzstücke treten im Prozess der poetischen Verarbeitung in den Bereich der Fiktion ein und ändern damit ihren qualitativen Status. Die Rekonstruktion und gleichzeitige Brechung vergangener Ereignisse soll dem Leser eigene Schlussfolgerungen ermöglichen. Johnson setzt damit eine individuelle Wirklichkeitserfahrung und Rezeption des Lesers voraus.

Auf der zweiten Etage stehen zum einen der vierbändige Roman *Jahrestage* und zum anderen die Verbindung zu Mecklenburg und New York im Vordergrund. Auf Klapptafeln wird erläutert, wie Johnson sich seiner Erinnerungen an die mecklenburgischen Landschaft und Städte bediente. Während seines zweijährigen Aufenthaltes in New York begann er mit der Arbeit an seinem Hauptwerk *Jahrestage*. Hier widmete er sich ausführlich der Reflexion der jüngsten deutschen Geschichte (1931–1968) aus der Sicht der in New York lebenden deutschen Bankangestellten Gesine Cresspahl. Aufgrund der großen Entfernung bat er häufig Freunde und Bekannte, ihm Orte, Ereignisse, geographische Gegebenheiten etc. in Mecklenburg zu schildern, um solche Details realistisch darstellen zu können.

> Wenn ich den Roman ein Modell, die Möglichkeit eines Modells genannt habe, oder ein System, so meine ich damit nicht großmächtige soziologische Wissenschaft, sondern im Grunde ganz gewöhnliche Dinge: Eine kleine Stadt kann für viele kleine Städte stehen, selbst wenn sie erfunden ist; sie könnte möglich sein; so könnte es gewesen sein. Es ist das Gleiche, wie wenn es sich um eine große Stadt handelt, die es wirklich gibt, z. B. New York. Auch da handelt es sich dann um den Versuch, eine Wirklichkeit, die vergangen ist, wiederherzustellen. Und das heißt nicht etwa, eine Wirklichkeit in verkleinerter Form

nachzubauen, sondern eine Wirklichkeit in allen ihren Beziehungen zusammengefasst noch einmal möglich zu machen.[12]

Die Ausstellung gibt über zwei Ebenen einen facettenreichen Einblick in Leben und Werk Uwe Johnsons und zeigt die besondere Verbundenheit Johnsons mit Mecklenburg. Dies gelingt durch multimediale Präsentationen, durch Werkausschnitte und Bilder, welche die typischen Landschaftserscheinungen Mecklenburgs zeigen. Die mecklenburgische Erlebniswelt als wiederkehrendes Motiv soll den Besucher durch eigenes Entdecken und Kombinieren neugierig auf die Johnsonschen Texte aus der Ausstellung entlassen. Moderne Medienstationen mit Interviews, einer Lesung und einem Kurzspielfilm etc. geben die Möglichkeit, sich dem Schriftsteller auf ganz besondere Weise zu nähern. Das Literaturhaus gibt mit seiner Dauerausstellung dem literarischen Text Uwe Johnsons und seinen vielfältigen Projekten der anschaulichen Beschäftigung mit Literatur öffentlichen Raum. Es verschafft daher nicht nur Johnsons Werken Auftrittsmöglichkeiten, sondern ermöglicht darüber hinaus – über die Begegnung mit anderen Autoren – eine lebendige, aktive Auseinandersetzung mit Literatur.

Anmerkungen

1 Johnson, Uwe: Ich über mich. In: Unseld, Siegfried: Wohin ich in Wahrheit gehöre. Ein Uwe Johnson Lesebuch. Frankfurt a. M. 1994.
2 Johnson, Uwe: Begleitumstände. Frankfurter Vorlesungen. Frankfurt a. M. 1996.
3 Ebd.
4 Johnson, Uwe: Ingrid Babendererde. Reifeprüfung 1953. Frankfurt a. M. 1992.
5 Uwe Johnson im Gespräch mit Jürgen Becker und Rolf Michaelis am 8. Dezember 1983. In: „Ich überlege mir die Geschichte". Uwe Johnson im Gespräch (1988), hrsg. von Eberhard Fahlke, Frankfurt a. M. 1988.
6 Johnson, Uwe: Jahrestage. Aus dem Leben von Gesine Cresspahl. Frankfurt a. M. 2000. Abkürzung im Text: JT.
7 So unterhält der Großvater von Gesine Cresspahl, Albert Papenbrock, eine Getreidehandlung und Bäckerei in Jerichow: „Er wusste, dass Papenbrock mit seiner Getreidehandlung, seiner Bäckerei, seinen Lieferungen aufs Land der reichste Mann in Jerichow war, […]." (Johnson: Jahrestage (wie Anm. 6).
8 Brief an Brigitte Zeibig vom 13.12.1969. In: Fahlke, Eberhard: Die Katze Erinnerung. Uwe Johnson. Eine Chronik in Bildern, Frankfurt a. M. 1994.
9 Johnson: Jahrestage (wie Anm. 6).
10 Johnson: Begleitumstände (wie Anm. 2).
11 Ebd.
12 Uwe Johnson im Gespräch mit Christof Schmid am 29.7.1971. In: „Ich überlege mir die Geschichte" (wie Anm. 5).

Wolfgang Mahnke

Hei wier wiss un wohrhaftig bi mi

Mien Fru wier grad tau Bedd gahn, as dat an uns' Flurdör kloppte. Ick kek dörch den Spion. Dor stünn ein ölleriger Herr, dei mi, mit sienen Vullbort un den Knieper up'e Näs, bekannt vörkem. As ick dei Dör upmakte, wüsst ick, dat is hei un kein anner, wiss un wohrhaftig.
"Fritz Reuter!" schöt dat ut mi rut. Oewer ick verbäderte mi furts: "Herr Dr. Reuter, nee, ick glöw 't nich, wur is 't möglich, woans sünd sei orrer nee, woans kam ick, nee, sowat, ick bün je woll reiden ut dei Tüt."
"Nu laten S' mi man ierst eins rin", säd mien Gägenoewer, "denn könn'n wi in Rauh oewer alls spräken."
"Entschulligung, kamen S' rin un leggen S' af, ick ward mien Fru ..."
Laten S' Sei Ehr Fru schlapen", schned Reuter mi dei Räd af, "sei hett dei Rauh verdeint. Kieken S', ick hew ok kein Blaumen orrer 'n anner Mitbringsel bi. Ick bün in'n Deinst un hew nich väl Tiet." Hei hüng sien'n Haut un Ümhang an dei Flurgardrow, dreihte sick tau mi üm un säd:
"För mi wier 't kommod, wenn wi du seggen würden." Ick weigte mit 'n Kopp, wull seggen: "Dat geiht doch nich", oewer hei let nich nah.
"Du kennst je mien Biographie un weitst, dat ick 64 worden bün. Von di weit ick, dat du grad dienen 73. fiert hest. Kiek, du büst dei Öllere von uns twei. Nu hew di man nich so un segg Fritz tau mi."
Mien Hart hüppte vör Freud: ick mit Reuter per du! Wi güngen in mien Arbeitsstuw un sett'n uns dal.
Dit möt begaten warden, dacht ick, un stellte ein Buddel Rotspon un Gläs up 'n Disch. As harr hei mien Gedanken läst, säd Fritz:
"Brukst di kein'n Kopp tau maken, Wolfgang, wi nähmen baben ok giern eins ein'n tau Bost. Stell di den Häwen blot nich as 'n oll Rumpelkamer vör! Nee, dor geiht 't männigmal bannig lustig tau. Oewer Dunsupen giwt nich, dor passt dei Oll för up." Fritz nähm 'n orrigen Schluck un sehg woll an mien hochtreckt Ogenbranen, dat ick nich recht wieder wüsst.
"Je, dat möt di span'sch vörkamen, wenn ick miteins vör dien Dör stah, oewer dat hett sienen Grund. Wi hebben baben so'n Ort Birat, wur väl honorig Lüd in sünd. Ick hür ok dor tau. Vörsitter is dei Oll. Wi kümmern uns üm dat, wat hier unnen passiert. Körtens wiern dei Spraken an'e Reih. As ick säd, dat ick so mien Bedenken mit dei Entwicklung von't Plattdütsche in Mäkelborg harr, fohrte dei Oll mi oewern Schnabel: ‚Reuter, will'n Sei mi all wedder mit Plattdütsch drangsalier'n? Ick hew doch woll naug mit dat Hochdütsche un so'n Schriewerslüd as Grass, Walser orrer Loriot tau daun un kann nich mien Tiet mit 'n Regionalsprak verplempern. Man schliepen laten will ick

dei Sak ok nich. Dorüm legg ick fast: Sei reisen dor för twei Wochen hen. Wenn S' trügg sünd, hebben Sei mi ein'n Bericht oewer dei Plattdütsch-Inspektion in Mäkelborg tweifach vörtauleggen. Den Dörchschlag kriggt Petrus. Dei sall ok dei Planung mit Sei maken. Un noch wat. Dat 's kein Taufall, dat ick Sei 2010 nah unnen schick. Oewer ick will nix von dat Brimborium üm Sei Ehr'n ‚200.' läsen; dat sall sachlich sin!' As Petrus un ick dei Urtschaften un Lüd rutsöchten, dei ick besäuken süll, sünd wi ok up di kamen. Petrus meinte, du, as Vörsitter von'n Schriewerkrink, harrst woll den Oewerblick un künnst mi as Ierster wat tau dei Situation seggen."

Mi wier ümmer noch ganz düsig in'n Kopp un Fritz sien Vertell'n makte dat nich bäder; oewer denn wull ick weiten, wat dit all tau bedüden harr:

„Fritz, wat heit dit, as Ierster?"

„Dat is so", verklorte hei mi, „wi hebben tau dat Plattdütsche in Mäkelborg viertig Fragen tau Popier bröcht, un dei will ick di nu as Iersten stell'n. Ut dien un dei annern ehr Antwurten möt ick den Bericht för 'n Oll'n maken."

För all sien Fragen hebben wi dei halwig Nacht brukt, un as Fritz mien letzt Antwurt notiert harr, trugte ick mi tau fragen:

„Wat kümmt dor bi rut", ick wieste mit 'n Finger nah baben, „wenn hei dienen Bericht läst hett?"

Fritz trök mit dei Schullern, makte ein nahdenkern Gesicht un säd:

„Kiek, Wolfgang, dat is baben nich väl anners as unn'n. Dei Oll hett einfach tau väl üm dei Uhr'n. Oewer hei ward sick Gedanken maken. Kann sin, dat hei sülben wat anwiesen deit, orrer hei giwt 'n Updrag an ein von uns' Exekutiv-Kommissionen. Verspräk di man nich tauväl dorvon. Villicht schickt hei juch 'n gauden Kultusminister orrer lött den ein'n orrer annern von juch Schriewerslüd 'n poor niege Ideen taukamen. Wenn sick oewer ein Kommission dormit befaten möt, kann 't duern, ihrer sick wat rögt."

Fritz stünn up, nähm sienen Haut un Mantäng von'n Haken, schüddelte mi dei Hand un säd tau'n Afschied:

„Hartlichen Dank för den wunnerboren Rotspon un dien Mitarbeit! Disse Nacht schlap ick in't Pribbenower Pasterhus. Un morgen, dor freug ick mi all bannig up, will 'ck mi eins mien eigen Museum in Stemhagen ankieken, un dei lütt kuraschiert' Direktersch ward mi tau Siet stahn. Dat hett Petrus mi versproken, as Geburtsdagsgeschenk un Upmünterung bi dei Strapazen."

Dei Husdör föl in 't Schlott un hei verschwünn in'n Düstern.

Ick wier dodmäud, kröp tau mien Fru in 't Bedd un schlöp up 'n Stutz in. As wi annern Morgen an'n Frühstücksdisch seten, frög mien Fru:

„Stöttst du nu all mit di sülben an, orrer wat hebben dei beiden Gläs' up 'n Disch tau bedüden?"

„Gitting, dat wull 'ck di grad vertell'n. Weißt du, wecker gistern tau Nachtschlapentiet hier wier? Nee, dor kümmst du nich up, Fritz Reuter ..."

„Ach so, Fritz Reuter hett di besöcht. Na, denn kann ick je ok verstahn, worüm dei Buddel lerrig is, denn hest du dor je Hülp bi hadd. Oewer du glöwst doch woll nich in'n Iernst, dat ick di disse dömlich Uträd afnähmen dau?"

„Gitting, dat is twors kum tau glöwen", föl ick ehr in 't Wurt, „oewer Fritz wier wiss un wohrhaftig hier. Wi hebben sogor du taueinanner ..."

„Nu is 't naug!", säd mien Fru un dat in ein'n Ton, dei kein Wedderräd taulet. „Du süsst di oewerleggen, wat dat nich villicht bäder wier, blot ein orrer twei Gläs tau drinken un nich 'n Buddel. Du kannst dat nich af. Dei Wien stiggt di tau Kopp un denn kümmt dor so'n dumm Tüg bi rut. Du, 'n Duzbrauder von Fritz Reuter? Is je nich tau faten!"

Üm ut disse Klemm tau kamen, spälte ick mienen Trumpf ut: „Wenn wi oewermorgen nah Stemhagen führn, kannst je Fru Nenz fragen, wat Fritz Reuter bi ehr wäst is. Un denn warden wi seihn, wecker dumm Tüg räd hett. Fru Nenz wiest em nämlich hüt sien Museum."

„Wat sall ick?", röp mien Fru un würd nu würklich fünsch. „Sall dat Ulenspeigelie sin? Ick sall Fru Nenz fragen, wat Fritz Reuter bi ehr wäst is? Sall dei mi för dömlich holl'n? Dit is dat Mallst, wat ick in'e letzt' Tiet von di hürt hew. Oewer ick weit je, wo dat her kümmt. Dor ward nu Vörpahl schlag'n, kannst di up verlaten!"

Grußwort von Lienhard Böhning,
Stellvertretender Stadtpräsident der Hansestadt Lübeck

Ich überbringe Ihnen zu Ihrer gemeinsamen Jahrestagung der Fritz Reuter Gesellschaft und der Freudenthal-Gesellschaft die herzlichen Grüße der Hansestadt Lübeck. Die Fritz Reuter Gesellschaft ist mit ihrer Jahrestagung wieder einmal an den Ort ihrer Gründung zurückgekehrt. Darüber freuen wir uns natürlich besonders. Trotzdem bedauern wir es bis heute außerordentlich, dass die Gesellschaft 1991 ihren Sitz aus der – mit hanseatischer Bescheidenheit sei dies behauptet – Literaturstadt des Nordens und der Stadt der Literaturnobelpreisträger in das mecklenburgische Neubrandenburg verlegt hat.

Dies Bedauern ist vielleicht mit einer Prise verletzten Stolzes emotional begründet. Rational wissen wir natürlich, dass Fritz Reuter und die niederdeutsche Sprache im Bewusstsein der Lübecker oder auch der Besucher Lübecks nicht so präsent ist wie etwa Thomas und Heinrich Mann, Emanuel Geibel, Erich Mühsam oder Günter Grass.

Obwohl Fritz Reuter, selbst ein Freund des Lübecker Rotspon, mit seinen humorvollen Versdichtungen dafür sorgte, dass die Bezeichnung „Rotspon" in ganz Deutschland bekannt wurde. Und Thomas Mann hat die niederdeutsche Sprache in seinem Roman *Buddenbrooks* verwendet, denn auch die Lübecker Hanseaten und Kaufmannsleute haben ihre Kaufverträge in Niederdeutsch vereinbart.

Trotz allem: Wenn auch die Fritz Reuter Gesellschaft 1960 von Lübecker Bürgerinnen und Bürgern in der Beckergrube zu Lübeck gegründet wurde: Fritz Reuter gehört trotz seiner Ausstrahlung über den Norden Deutschlands hinaus zuerst nach Mecklenburg. So war es folgerichtig, den Sitz der Gesellschaft nach der Vereinigung 1991 nach Neubrandenburg zu verlegen.

Vollends versöhnt mit der Verlegung war ich, als ich das Programm ihrer gemeinsamen Jahrestagung las. Es hat sowohl thematisch als auch bei den Referenten einen deutlichen Lübeck-Bezug. Sie haben exzellente und höchst kompetente Kenner und Gestalter der lübschen Literatur- und Kulturszene gewinnen können. Und sogar Günter Grass haben Sie zu einer Lesung gewinnen können, Günter Grass, der als 68-Jähriger nach Lübeck zog – auch um Thomas Mann und Willy Brandt „nahe" zu sein, wie er einmal sagte – und Lübeck inzwischen als seine Heimat betrachtet. Sie sehen, die vorhandenen Kompetenz zeigt, dass Lübeck sich zu recht auch Literaturstadt nennt. Nicht jede Stadt hat ein so lebendiges und weltweit bekanntes Literaturmuseum wie wir mit dem Buddenbrookhaus, das der ganzen Familie Mann und Erich Mühsam gewidmet ist. Und dazu noch ein Günter-Grass-Haus, auf das wir nicht minder stolz sind.

Wir können und wollen uns jedoch nicht auf diesem Ruhm ausruhen. Denn Ruhm kann auch dazu führen, dass man sich auf einer großen Vergangenheit in aller Bequemlichkeit einrichtet, dass man sich Literaturstadt nennt, ohne sich diesen Titel in der Gegenwart immer wieder neu zu verdienen. Und vielleicht brauchen wir dazu doch ein Fritz-Reuter-Haus zur Pflege der niederdeutschen Sprache. Wir könnten uns damit gut schmücken, denn: Diese Sprache ist ohne Zweifel ein kultureller Schatz. Damit will ich aber keinesfalls ein neues kulturpolitisches Fass für Lübeck aufmachen. Und so schätzen wir zunächst ihre gemeinsame Jahrestagung als großen Gewinn auch für Lübeck ein. Ihr Programm ist engagiert (allein vom Umfang her!), von hoher Qualität und höchst anspruchsvoll. Es strahlt auch auf Lübeck als Kulturstadt, wir profitieren gern davon und sind auf die Ergebnisse ihrer gemeinsamen Jahrestagung gespannt.

Sie sind teilweise von weit her in unsere schöne Hansestadt gekommen. Genießen Sie auch die Königin der Hanse, die Kulturstadt des Nordens. Genießen Sie trotz ihres umfangreichen Programms auch die Gastfreundschaft unserer Gastronomie, das bringt auch Geld in unser Stadtsäckel – wir können es brauchen. Entdecken Sie Lübeck und seien Sie Botschafter für unsere Hansestadt. Es würde mich sehr freuen, wenn Sie in Ihrer Heimat erzählen, wie schön Lübeck ist, dass die Menschen hier auch nicht so stur sind, wie viele meinen, dass es sich wirklich lohnt, Lübeck zu besuchen. Und kommen Sie gern mit Ihren Familien und Freunden wieder.

Ich wünsche Ihnen alles Gute und Ihrer gemeinsamen Jahrestagung viel Erfolg!

Grußwort von Helmut Wischmeyer, Stellvertretender Direktor der Gesellschaft zur Beförderung Gemeinnütziger Tätigkeit, gegr. 1789, Lübeck

Sehr geehrter Herr Prof. Grote, sehr geehrter Herr Dr. Kröger, lieber Herr stellvertretender Stadtpräsident Böhning und lieber Herr Donner, unser freundlicher Verbindungsoffizier zwischen der Fritz Reuter Gesellschaft und der Gemeinnützigen!

Ich möchte Sie herzlich zu Ihrer diesjährigen Tagung in Travemünde, Stadtteil von Lübeck, begrüßen. Ich tue es auch im Namen der Vorsteherschaft der Gemeinnützigen und der Direktorin Antje Peters-Hirt. Vor ihr war ich drei Jahre Direktor und bin nun noch stellvertretender Direktor.

Aus unseren Unterlagen ersah ich, dass die Fritz Reuter Gesellschaft e. V. mit Sitz in Lübeck 1960 auf Anregung des Reuter-Rezitators Ernst Hameister gegründet wurde. In meiner Schulzeit in Ratzeburg habe ich ihn öfter hören dürfen. Er machte es großartig.

1977 stellte der Lübecker Rechtsanwalt und Notar Felke für den damaligen Präsidenten Ihrer Gesellschaft, Herrn Dr. Lehmbecker aus Kiel, den Antrag, dass die Gemeinnützige sie als eine Tochtergesellschaft aufnehmen solle. Im Januar 1978 haben wir dem Antrag dann einstimmig entsprochen. Sie wurden damit unsere 20. Tochtergesellschaft. Heute haben wir fast 40 solcher Tochtergesellschaften. Tochtergesellschaften bleiben rechtlich völlig selbständige Vereinigungen. Sie müssen aber Ziele verfolgen, die etwa denen der Gemeinnützigen selbst verwandt sind. Für die Gemeinnützige sind die Tochtergesellschaften wie die Beine eines Tausendfüßlers. Sie stellen Verbindungen zu vielerlei Vereinigungen in Lübecker Raum dar. Wir beraten uns gegenseitig und sind uns nützlich.

Da wir 1817 die Lübecker Sparkasse gegründet haben – sie ist eine der wenigen freien Sparkassen weiterhin ohne politischen Einfluss – und noch heute etwas Einfluss auf sie haben, können wir unsere Tochtergesellschaften über die Gemeinnützige Sparkassenstiftung zu Lübeck in kleinerem Umfange auch jährlich unterstüzen. So ist Ihre Tagung von dieser Sparkassenstiftung und der Possehl-Stiftung Lübeck auch etwas gefördert worden. Meine Vorgängerin als Direktorin, Frau Renate Menken, ist heute die Vorstandsvorsitzende der Possehl-Stiftung. Lübeck hat eben so eine angenehme mittlere Größe und man trifft sich immer wieder.

Mit der Verlegung Ihres Sitzes nach Neubrandenburg sind Sie nun die einzige unserer Tochtergesellschaften mit einem Sitz außerhalb von Lübeck. Da wir satzungsgemäß nur in Lübeck tätig sein sollen, gibt es immer wieder einmal Diskussionen über Sie und Ihre Anträge auf jährliche Unterstützungen.

Dafür bitte ich um Verständnis. Mit Ihrer bedeutenden Tagung in diesem Jahre in Lübeck haben Sie sich nun aber wieder einen Stein im Brett bei uns geschaffen.

Ihre Arbeit ist einfach großartig. Fritz Reuter würde sich sehr darüber freuen. Ihre Vorträge auf dieser Jahrestagung sind wie immer ganz hervorragend.

Wie Sie wissen, hat der Dichter Emanuel Geibel von 1815 bis 1884 überwiegend in Lübeck gelebt. Auf einer Fahrt von Lübeck nach Travemünde hat er den Text für „Der Mai ist gekommen" und „Wer recht in Freuden wandern will" gedichtet. Wir Lübecker haben ihm zwar mit einem Bronzeguß im Kobergbereich ein Denkmal gesetzt. Aber sonst beschäftigen wir Lübecker uns leider nur sehr wenig mit ihm und seinen Werken. Hätten wir doch auch eine ähnliche Gesellschaft wie die Fritz Reuter Gesellschaft für unseren Emanuel Geibel.

Noch kurz etwas zu unserer Gemeinnützigen.

Etwa 2 000 Menschen gehören heute unserer Gemeinnützigen an.

Wir betreiben jetzt folgende Einrichtungen:
Mütterschule und Familienbildungsstätte
Musikschule mit Kinderschausspielschule, Kunstschule und Knabenkantorei an St. Marien
Eigene Bücherei im Gesellschaftshaus
Herausgabe unserer Lübeckischen Blätter
Konzertsaal Kolosseum, der gerade mit hohem Aufwand saniert wird
Vermietung von Alten- und Studentenwohnungen
Dienstagsvorträge und Mittwochsbildung
Haus- und Familienhilfe.

Gut dreißig unselbständige Stiftungen werden von uns verwaltet. Immer wieder vertrauen uns auch heute noch verantwortungsbewusste Bürger Vermögen an zur Erfüllung unserer gemeinnützigen sozialen und kulturellen vielfältigen Aufgaben.

Fast 40 Tochtergesellschaften sind unter unserem Dach der Muttergesellschaft zusammengeschlossen.

Vorsteherschaft und Direktor sowie zahllose Ausschussmitglieder arbeiten ehrenamtlich.

Etwa 40 hauptberufliche Lehrer und 200 Geringverdiener sind für unsere Aufgaben tätig.

Wir sollten uns wünschen, dass die Fritz Reuter Gesellschaft und die Freudenthal-Gesellschaft sowie die Lübecker Gemeinnützige weiterhin ihre kulturellen und sozialen Aufgaben erfolgreich erfüllen können und sich immer wieder Menschen finden, die sich ehrenamtlich dafür einsetzen.

Ich wünsche Ihrer Tagung großen Erfolg.

Verzeichnis der Autoren und Herausgeber

Ulf Bichel, geboren 1925 in Kiel, Studium der Psychologie (Promotion zum Dr. phil. 1954), von Geschichte und Deutsch. Staatsexamen für das höhere Lehramt 1956 mit einer Arbeit über niederdeutsche Dichtungen im Verhältnis zum Expressionismus), 1957 bis 1961 Schuldienst, dann Wissenschaftlicher Assistent, später Studienassessor, Studienrat und Oberstudienrat im Hochschuldienst am Germanistischen Seminar der Universität Kiel, seit 1987 a. D. Daneben 1970 Habilitation für deutsche, insbesondere niederdeutsche Philologie (mit einer Arbeit über „Umgangssprache" in der germanistischen Forschung). 1974 Ernennung zum außerplanmäßigen Professor. Mitglied der Fritz Reuter Gesellschaft seit 1979, Mitglied des Beirates. Ehrenbrief der Fritz Reuter Gesellschaft 1990.
Adresse: Professor Dr. Ulf Bichel, Kopenhagener Allee 12, 24109 Kiel.

Lienhard Böhning, geboren 1943 in Mohrin (Krs. Königsberg / Neumarkt), aufgewachsen in Salzgitter und Wolfenbüttel. Studium an der Pädagogischen Hochschule Niedersachsen, Abt. Lüneburg und Hannover, Examen für das Lehramt Grund- und Hauptschulen und als Diplom-Pädagoge. Lehrer an einer Mittelpunktschule in Salzhausen, von 1974 bis 1978 Studienleiter am Sozialpädagogischen Institut in Geldern. Von 1979 bis 2008 wissenschaftlich-pädagogischer Mitarbeiter in verschiedenen Funktionen des evg.-luth. Kirchenkreises Lübeck. Mehrere kirchliche Ehrenämter (u. a. Mitglied der Synode des Kirchenkreises Lübeck und der Nordelbischen Kirche). Ab 1994 Mitglied der Lübecker Bürgerschaft, seit 2008 stellvertretender Stadtpräsident.
Adresse: Stellvertretender Stadtpräsident Lienhard Böhning, Rathaus, 23539 Lübeck.

Wolfgang Brandes, geboren 1956 in Burgdorf. Studium von Germanistik, Politologie und Philosophie an der Universität Hannover. Promotion 1989 mit einer Arbeit über Ernst Jüngers Kriegstagebücher „Strahlungen I und II". Seit 1989 Stadtarchivar in Bad Fallingbostel. Mitglied der Historischen Kommission für Niedersachsen und Bremen; Schriftführer von deren Arbeitskreis für die Geschichte des 19. und 20. Jahrhunderts; Mitglied der Freudenthal-Gesellschaft und der Fritz Reuter Gesellschaft. Publikationen und Vorträge zur Regional-, Kultur- und Literaturgeschichte, insbesondere der Lüneburger Heide.
Adresse: Dr. Wolfgang Brandes, Ginsterweg 6, 29683 Oerbke.

Christian Bunners, geboren 1934 in Zapel bei Crivitz / Meckl., aufgewachsen in Waren (Müritz), dort 1953 Abitur am Richard-Wossidlo-Gymnasium, Stu-

dium von Kirchenmusik, Theologie, Philosophie und Musikwissenschaft. Theologisches Diplomexamen 1958, Theologische Promotion 1962 in Rostock. Kirchliche Amtsprüfung 1963 in Schwerin. Tätigkeiten als Organist und Musikkritiker; als wissenschaftlicher Assistent und Lehrbeauftragter an der Universität Rostock. 1965 bis 1975 Pastor (seit 1968 auch Propst) in Neubrandenburg. 1975 bis 1999 Dozent am Theologischen Seminar Paulinum in Berlin. Derzeit Vorsitzender der Historischen Kommission zur Erforschung des Pietismus; Präsident der Paul-Gerhardt-Gesellschaft; Mitglied der Historischen Kommission für Mecklenburg. Seit 1986 Mitglied der Fritz Reuter Gesellschaft, Mitglied des Vorstandes seit 1990.
Adresse: Dr. Christian Bunners, Kurfürstenstraße 108, 12105 Berlin.

Renate Drefahl, geboren 1951 in Solzow bei Röbel / Müritz. 1969 Abitur an der Erweiterten Oberschule in Templin. Studium der Germanistik und Geschichte an der Universität Rostock, 1973 Abschluss als Diplom-Germanistin, Forschungsschwerpunkt Niederdeutsche Sprache und Literatur bei Professor Dr. Hans-Joachim Gernentz. Verschiedene Tätigkeiten im Kultur- und Frauenbereich in Teterow. Seit 1998 wissenschaftliche Mitarbeiterin und später auch stellvertretende Leiterin im Fritz-Reuter-Literaturmuseum in Stavenhagen.
Adresse: Renate Drefahl, Malchiner Straße 94, 17166 Teterow.

Jürgen Grote, geboren 1936 in Schwerin, 1956 Abitur in Melle. Studium der Medizin und Naturwissenschaft in Marburg und Kiel, 1962 Staatsexamen und Promotion zum Dr. med., 1964 Promotion zum Dr. rer. nat., Habilitation für das Fach Physiologie 1969. Berufung zum Vorsteher der Abteilung für Angewandte Physiologie der Universität Mainz 1973. Berufung auf den Lehrstuhl für Physiologie der Universität Bonn 1981. Von 1981 bis 2003 Direktor des Physiologischen Instituts der Universität Bonn. Mitglied der Fritz Reuter Gesellschaft seit 1986, im Vorstand seit 1986, Präsident der Gesellschaft seit 1997.
Adresse: Professor Dr. Dr. Jürgen Grote, Am Eselsweg 44, 55128 Mainz.

Klaus Lüders, geboren 1940 in Hamburg, verbrachte seine Schulzeit in Lübeck. Nach dreijähriger Ausbildung im Auswärtigen Amt in Bonn ging er 1963 zum Studium der Politologie an die Freie Universität Berlin (Otto-Suhr-Institut). Nach dem Examen 1968 folgte ein England-Aufenthalt, zumeist im Central Asian Research Centre in London und danach die Promotion bei Professor Richard Löwenthal (1976 an der FU Berlin) über ein Thema der sowjetischen Schwarzafrika-Politik. Berufliche Stationen in der Erwachsenenbildung waren dann Haus Rissen in Hamburg und die Politische Bildungsstätte Helmstedt. Seit 1989 Leiter des Hauses Mecklenburg in Rat-

zeburg, erstellte er mehrere Publikationen zur Mecklenburger Demokratiegeschichte. Seit 2005 im Ruhestand.
Adresse: Dr. Klaus Lüders, Uranusweg 5, 22562 Lübeck.

Wolfgang Mahnke, geboren 1937 in Malchin, dort Abitur 1956. 1956 bis 1962 Studium der Meeresbiologie in Rostock mit Diplomabschluss. 1962 bis 1973 Wissenschaftlicher Mitarbeiter, 1973 bis 1991 dann Leiter der Abteilung Fischereibiologische Forschung im Institut für Hochseefischerei in Rostock-Marienehe. Von 1960 bis 1992 als Student, Wissenschaftler und Expeditionsleiter viele Seereisen auf verschiedenen Forschungs- und Fangschiffen, vornehmlich auf der „Ernst Haeckel". Seit 1993 im Ruhestand. Ab 1994 freischaffender niederdeutscher Autor. Seit 1998 Mitglied im „Bund Niederdeutscher Autoren e.V.", seit 2000 Vorsitzender dieses Bundes. Fritz-Reuter-Literaturpeis 2003, Literaturpreis des „Nordkurier" 2005.
Adresse: Wolfgang Mahnke, Pawlowstraße 18, 18059 Rostock.
w-mahnke@t-online.de

Jürgen Manthey, geboren 1932 in Forst/Lausitz. Studium der Germanistik und Geschichte in Frankfurt am Main und Hamburg. 1962 bis 1970 Literaturredakteur im Hessischen Rundfunk, Frankfurt am Main. 1970 bis 1983 Lektor und Herausgeber im Rowohlt-Verlag, Reinbek bei Hamburg. 1983 Habilitation. 1986 bis zur Emeritierung 1998 Professor für Allgemeine und Vergleichende Literaturwissenschaft an der Universität Essen. Buchveröffentlichungen: Hans Fallada. Monographie (1962 ff.); Wenn Blicke zeugen könnten (1983); In Deutschland und um Deutschland herum. In: Andere Bibliothek, hg. von Hans Magnus Enzensberger (1995); Die Unsterblichkeit Achills. Über den Ursprung des Erzählens (1997); Königsberg. Geschichte einer Weltbürgerrepublik (2005).
Adresse: Professor Dr. Jürgen Manthey, Lerchenweg 40, 23562 Lübeck.

Irmtraud Rösler, geboren 1942 in Gumbinnen (Ostpreußen). Schulbesuch in Schwerin, nach dem Abitur Lehre Akzidenzschriftsatz, Studium in Jena 1963 bis 1967 (Germanistik/Anglistik); 1967 bis 1972 Lehrerin in Schwerin, 1972 bis 1977 Deutschlektorin in Bagdad und Kairo, 1981 Promotion an der Universität Rostock, 1981 bis 1992 wissenschaftliche Mitarbeiterin an der Universität Rostock im Bereich Germanistik/Sprachwissenschaft, 1989 bis 1991 Gastdozentur an der Universität Gdansk; 1991 Habilitation an der Universität Rostock, ab September 1992 Professur für Niederdeutsche Philologie an der Universität Rostock, Gastlehrtätigkeiten an den Universitäten Oslo, Halden, Kopenhagen, Moskau, Riga, Danzig, Triest. 2001 Doctor honoris causa Universitatis Latviensis. 2007 Emeritierung. Seit Wintersemester 2007 Professur Germanistische Sprachwissenschaft an der Universität Zielona Gora.

Forschungen und zahlreiche Veröffentlichungen zum Mittelniederdeutschen (DFG-Projekt 1994–2004), zur Historischen Soziolinguistik, zur Sprachgeschichte Mecklenburgs, zu Niederdeutsch und Schule.
Adresse: Professor Dr. phil. habil. Dr. h. c. Irmtraud Rösler, Pappelweg 20, 18209 Hohenfelde.

Anja-Franziska Scharsich, geboren 1966 in Dresden, aufgewachsen in Berlin. Von 1992 bis 1998 Studium der Neueren Deutschen Literaturwissenschaft, der Älteren Deutschen Literaturwissenschaft, der Deutschen Sprachwissenschaft und der Kunstgeschichte an der Christian-Albrechts-Universität zu Kiel. Abschluss als Magistra Artium. 2002 Promotion zum Dr. phil. Seit 2002 freiberufliche Literaturwissenschaftlerin, u. a. von WS 2002 / 2003 bis WS 2008 / 2009 tätig als Mentorin an der Humboldt-Universität Berlin für die FernUniversität Hagen und beteiligt an Konzeption und Aufbau des Literaturhauses „Uwe Johnson" in Klütz. Seit 2006 Leiterin des Literaturhauses „Uwe Johnson".
Adresse: Dr. Anja-Franziska Scharsich, Pingelshäger Straße 48, 19057 Schwerin.

Barbara Scheuermann, geboren 1946 in Lüneburg, aufgewachsen in Stadensen, Kreis Uelzen. Studium für das Lehramt an Gymnasien von 1965 bis 1969 in Hamburg und Göttingen. Anschließend rund dreißig Jahre lang Lehrerin für Deutsch, Geschichte, Politik am Theodor-Heuss-Gymnasium in Göttingen, zeitweise zugleich Fachberaterin für Niederdeutsch und die Region im Unterricht bei der Bezirksregierung Braunschweig. Von 2001 bis 2007 Leiterin des Gymnasiums Wilhelm-Raabe-Schule in Lüneburg. 1997 Promotion an der Georgia Augusta in Göttingen mit einer Arbeit über die Funktion des Niederdeutschen in Uwe Johnsons Romanen. Mitglied der Fachgruppe Niederdeutsch des Niedersächsischen Heimatbundes.
Adresse: Dr. Barbara Scheuermann, Wellweg 3, 37079 Göttingen.

Dieter Stellmacher, geboren 1939 in Klosterheide, Kreis Neuruppin. Studium in Leipzig 1959 bis 1964 (Germanistik, Niederlandistik, Slawistik). Promotion 1968. Ordentlicher Universitätslektor in Finnland 1969 bis 1971. Wissenschaftlicher Mitarbeiter am Deutschen Sprachatlas in Marburg 1971 bis 1975. Habilitation 1975. Germanistikprofessor in Gießen 1975 / 76. Professor für Niederdeutsche Philologie in Göttingen ab 1976. Emeritierung 2005. Leiter der Arbeitsstelle und Herausgeber des Niedersächsischen Wörterbuches an der Universität Göttingen. Mitglied der Fritz Reuter Gesellschaft seit 1990. Mitglied des Beirates.
Adresse: Professor Dr. Dr. h. c. Dieter Stellmacher, Waldrebenweg 6, 37077 Göttingen.

Helmut Wischmeyer, geboren 1935 in Berlin, Schulbesuch bis zur Mittleren Reife in Berlin und Ratzeburg, Lehre bei der Allgemeinen Deutschen Schiffszimmerer-Genossenschaft in Hamburg, Prüfung als Kaufmannn in der Grundstücks- und Wohnungswirtschaft 1956. Weiterbildung im materiellen deutschen Steuerrecht. Tätigkeiten im Prüfungsverband Verband norddeutscher Wohnungsunternehmen. Geschäftsführer der Heimstätten Gesellschaft mbH in Lübeck, der Lübecker Siedlungsgesellschaft mbH, der Sanierungsgesellschaft Lübecker Wohnungsunternehmen mbH und der Lubeca Verwaltung GmbH. Zahlreiche ehrenamtliche Tätigkeiten in Bereichen von Verwaltung, Kultur und Sport, u. a. von 1976 an als Mitglied der Vorsteherschaft der Gesellschaft zur Beförderung Gemeinnütziger Tätigkeit in Lübeck; deren Direktor von 2002 bis 2005, seit 2006 stellvertretender Direktor.
Adresse: Helmut Wischmeyer, c/o Gesellschaft zur Beförderung Gemeinnütziger Tätigkeit, Königstraße 5, 23552 Lübeck.

Hans Wißkirchen, 1955 in Düsseldorf geboren, Studium der Germanistik und Philosophie. Promotion über Thomas Manns „Der Zauberberg" und „Doktor Faustus". Von 1993 bis 2006 Leiter des Buddenbrookhauses, seit 2001 als Direktor der Kulturstiftung Hansestadt Lübeck auch für das Günter Grass-Haus verantwortlich. Seit 2006 Geschäftsführender Direktor aller Lübecker Museen und Honorarprofessor für Neuere Deutsche Literatur an der Medizinischen Universität zu Lübeck. Vorstandssprecher der Arbeitsgemeinschaft Literarischer Gesellschaften und Gedenkstätten in Berlin. Präsident der Deutschen Thomas Mann-Gesellschaft und Vizepräsident der Heinrich Mann-Gesellschaft.
Adresse: Professor Dr. Hans Wißkirchen, Kulturstiftung Hansestadt Lübeck Die LÜBECKER MUSEEN, Schildstraße 12, 23552 Lübeck. Hans wisskirchen@luebeck.de.

Bildnachweis
Titelfoto: Lübeck, Fotografie von Thomas Grunder – S. 34, 37, 40: Reuter-Kalender auf das Jahr 1911. Hg. von Karl Theodor Gaedertz. Leipzig: Theodor Weicher 1910. – S. 51: Willy Sanders: Sachsensprache, Hansesprache, Plattdeutsch. Göttingen 1982, S. 239 Karte 2. – S. 59, 60, 62, 67: Privatarchiv Dr. Wolfgang Brandes. – S. 87, 88: Postkarten aus der Sammlung Konrad Kleist. Wiedergaben mit freundlicher Genehmigung. – S. 111: Porträt in Privatbesitz. Wiedergabe erfolgt mit freundlicher Genehmigung. – S. 123: Erstdruck der Porträtskizze mit freundlicher Genehmigung der Künstlerin.